UN CENTENAIRE

LE PROCÈS
DES 132 NANTAIS

AVEC

UNE RELATION INÉDITE DE LEUR VOYAGE A PARIS

PAR

LE COMTE DE LA GUÈRE

ET DES

Notices biographiques, une Préface et des Notes

PAR RENÉ KERVILER

Bio-Bibliographe Breton

OUVRAGE ILLUSTRÉ DE PLUSIEURS PORTRAITS INÉDITS

VANNES
LIBRAIRIE LAFOLYE

1894

LES 132 NANTAIS

Reliure serrée

AUTRES OUVRAGES DE M. RENÉ KERVILER
SUR LA BRETAGNE

La Bretagne à l'Académie française au XVII° siècle et au XVIII° siècle. — *Paris*, Palmé, 2° édition, 2 vol. in-8° (couronné par l'Académie française.)

Recherches et notices sur les Députés de la Bretagne aux Etats-Généraux de 1789. — *Rennes*, Plihon, 2 vol. in-8°

Cent ans de représentation bretonne, 1re et 2° série. — *Paris*, Perrin, 2 br. in-8° et portraits.

Armorique et Bretagne. — *Paris*, Champion, 3 vol. in-8°.

Répertoire général de Bio-bibliographie bretonne (en cours de publication.) — *Rennes*, Plihon. Lettres A à C, 8 vol. in-8°.

UN CENTENAIRE

LE PROCÈS

DES 132 NANTAIS

AVEC

UNE RELATION INÉDITE DE LEUR VOYAGE A PARIS

PAR

LE COMTE DE LA GUÈRE

ET DES

Notices biographiques, une *Préface et des Notes*

PAR RENÉ KERVILER

Bio-Bibliographe Breton

OUVRAGE ILLUSTRÉ DE PLUSIEURS PORTRAITS INÉDITS

VANNES

LIBRAIRIE LAFOLYE

1891

AVIS

Cette étude, étant de première main, a présenté au point de vue biographique de très grandes difficultés. L'auteur des notices, qui remercie tout spécialement M. Alfred Lallié, M. le marquis de l'Estourbeillon, M. le comte de La Guère, et M. Raymond Pouvreau de leur précieux concours, prie instamment les personnes qui possèderaient quelque document original non cité sur un ou plusieurs des 136 Nantais, de vouloir bien lui en faire part pour une nouvelle édition.

ERRATA

P. 5. — Pellerin ne donna sa démission qu'après le vote de la constitution civile du clergé, mais il ne la vota pas.

P. 13. — *Alix* est un nom de famille et non pas un nom de baptême.

P. 16. — Jean P. de la *Hamelière* ; lisez de la *Hamelinière*.

P. 32. — Intervertir les deux notes 1 et 2.

P. 35, 39, et 57. — *Garel* ; lisez *Gazel*.

P. 67. — A la note *Perichou de Kerversault*, supprimez : ex député à l'Assemblée nationale pour Paris.

P. 70, note 3. — *Grignon* ; lisez : *Crignon*.

P. 110. — Supprimez en tête : Seconde partie.

P. 124. — Ajoutez en tête : Suite des interrogatoires.

P. 126, notices *Aubry* ; p. 225, notice *Garnier* ; p. 227, notice *Gautier* et p. 236, notice *Lepot* ; ajoutez les notes additionnelles qui suivent le chapitre des notices, avant la conclusion.

INTRODUCTION

Le voyage à Paris des 132[1] Nantais envoyés par Carrier au tribunal révolutionnaire de Paris est l'un des épisodes les plus importants et les plus dramatiques de l'histoire de la Terreur à Nantes. Il est pourtant mal connu, sinon dans les faits matériels de ses cruelles péripéties, du moins dans ses causes et dans l'appréciation de la situation politique de ses principales victimes.

Une relation de cette lamentable odyssée fut imprimée à Paris presque aussitôt après l'acquittement des prisonniers restants. Elle a pour titre : *Relation du voyage des cent trente-deux Nantais envoyés à Paris par le Comité révolutionnaire*

---

[1] Ils partirent 132, mais à Angers on en relâcha 4 qui furent remplacés par 8 autres. Total 136.

de Nantes (Paris, sans nom d'imprimeur, an II, in-8°, 45 p.) : elle est signée de dix noms seulement parmi lesquels ceux de Villenave, de Dorvo et de Pineau du Pavillon[1], et datée de Paris « maison Belhomme, rue Charonne, faubourg Antoine, le 1ᵉʳ messidor an II de la République française, une et indivisible. » Bien qu'un grand nombre d'éditions en aient été tirées aussitôt après sa première publication, elle est devenue assez rare, et Verger l'a reproduite dans ses *Archives curieuses de la ville de Nantes*. Elle est précédée d'un avertissement ainsi conçu :

« Cette relation n'était point destinée à l'impression. Quelques-uns d'entre nous l'avaient rédigée comme on rédige des notes sur les événements les plus remarquables de sa vie, c'est-à-dire sans soin et sans prétention. Tant que le Comité révolutionnaire de Nantes a exercé, dans cette commune et dans le département de la Loire-Inférieure, la puissance la plus arbitraire, la crainte bien légitime d'exposer à sa fureur nos familles entières nous a imposé la loi du plus rigoureux silence. Pleins de confiance dans la justice nationale, nous avons dû étouffer nos plaintes, mais aujourd'hui qu'il est bien prouvé que le comité de Nantes a épuisé sur nous tous ses moyens de nuire, nous devons à la vérité, à la justice et à l'humanité, de déclarer toutes les persécutions auxquelles nous avons été en butte. »

Cette relation empreinte d'un assez vif esprit républicain est généralement attribuée à Villenave. Il est, en effet, fort probable qu'il en fut le principal rédacteur et qu'il eut pour collaborateur Phélippes de Coëtgoureden de Tronjolly, cet ancien substitut du procureur du Roi près le présidial de Rennes, qui, devenu président du tribunal révolutionnaire de Nantes, avait d'abord exécuté, sans mot dire, les ordres de Carrier et s'était fait ensuite

[1] Sur tous ces personnages, nous donnerons ci-dessous des notices détaillées.

l'accusateur de son ancien patron[1]. Phélippes n'avait point fait partie du voyage des 132; mais lorsqu'il se décida à se faire l'accusateur de Carrier, c'est-à-dire quelques mois plus tard, il se constitua prisonnier, fut expédié seul à Paris et joint pour le procès aux 132 Nantais. Or l'œuvre de ces deux transfuges de l'ancien régime a été jusqu'à présent la seule base des appréciations des historiens. Il en est résulté des erreurs capitales. Je n'en veux pour preuve que ce passage d'un compte-rendu de M. Anatole de Barthélemy, un des érudits parisiens qui connaissent le mieux la Bretagne et ses annales les plus intimes, présentant aux lecteurs de la *Revue de Bretagne et de Vendée*, en 1862, le livre de M. Campardon, un historien lui aussi fort consciencieux, archiviste aux archives de l'Empire, sur l'*Histoire du tribunal révolutionnaire de Paris* :

« J'ai rarement vu, dit M. de Barthélemy d'après M. Campardon, quelque chose de plus navrant que le récit du voyage de Nantes à Paris des malheureux Nantais que le Comité révolutionnaire expédia le 27 novembre 1793. *C'étaient cependant des républicains qui avaient fait leurs preuves, qui avaient même obéi à quelques-uns des ordres de Carrier. Un beau jour, celui-ci ne les avait plus trouvés ni assez purs, ni assez zélés.* Leur voyage dura quarante jours, au milieu des souffrances de la faim, de la soif, du froid, exposés aux insultes et à la mort violente, enfermés à leurs longues étapes dans des

---

[1] François-Anne-Louis Phélippes de Tronjolly appartenait à une ancienne famille qui figure aux réformations et montres du XV° siècle, en Bourgbriac et Plésidy, et qui portait « *de gueules à la croix enhendée d'argent* », mais qui ne comparut pas à la réformation de 1669. Petit-fils d'un échevin de Rennes, il fut juge-garde de la monnaie de Rennes en 1775, avocat du roi au présidial en 1778, lieutenant-colonel de la milice bourgeoise, député de Rennes aux États de 1788, et son zèle révolutionnaire lui valut en 1793 la présidence du tribunal révolutionnaire de Nantes. Il mourut en 1823.

locaux insalubres où une simple paillasse était payée jusqu'à dix livres par nuit. Ils n'étaient plus que 97 à leur arrivée : *la démagogie leur faisait payer durement le concours dévoué qu'elle leur avait prêté.* A leur tête était Phélippes de Tronjolly qui, après avoir invectivé les aristocrates à la fin du dix-huitième siècle, se vantait en 1808 d'être d'extraction noble. Il eut la chance d'être oublié avec ses compagnons d'infortune jusqu'à la réaction de thermidor et, après la chute des terroristes, il fut l'un des plus ardents à dénoncer ce même Carrier, à qui le 15 germinal an II, il écrivait : « Personne ne te rend plus justice que moi qui suis patriote et républicain... Je ne me consolerais pas d'avoir perdu la confiance d'un représentant tel que toi. » C'est le courage du roquet devant le loup enchaîné. — M. Campardon donne les noms des malheureux républicains nantais qui auraient fait une *fournée*, si Robespierre eût encore régné ; il entre dans des détails complets sur leurs interrogatoires. Le grand crime qui leur était imputé était d'appartenir à la faction scélérate du fédéralisme. Grâce à l'éloquence de Tronson-Ducoudray, les Nantais furent acquittés, et le comité révolutionnaire de Nantes dut à son tour venir rendre compte de sa conduite au tribunal[1]. »

A ce compte, il faudrait considérer les 136 Nantais comme un groupe de Girondins au petit pied, parallèle à celui des 36 administrateurs du Finistère, reconnaissant pour chef Phélippes de Tronjolly, et assez peu récompensés de leur zèle à se faire pardonner leurs tentatives de fédéralisme, même en sacrifiant à Carrier, pour avoir été jugés dignes des dernières vengeances de la Montagne. Le malheur, — ou plutôt les malheurs, car cette théorie rencontre beaucoup d'obstacles insurmontables, — c'est d'abord que Phélippes de Tronjolly n'a jamais fait partie du voyage

---

[1] *Revue de Bretagne et de Vendée*, 1862, I, p. 300.

des 132 Nantais commencé le 27 novembre 1793 et continué pendant tout le mois de décembre, attendu qu'un mois après ce départ, il fonctionnait encore comme président du tribunal révolutionnaire de Nantes ; — c'est ensuite : qu'il ne fut jamais le chef politique de ce groupe fort hétérogène, dont il avait fait incarcérer un grand nombre de titulaires, comme suspects, longtemps avant qu'on songeât à les adresser au tribunal révolutionnaire de Paris ; — c'est enfin que, loin de former un groupe politique, ces malheureux ne se connaissaient même pas et que plusieurs d'entre eux, fort éloignés des opinions républicaines, n'étaient que de simples aristocrates ou contre-révolutionnaires. Au moment de partir, tous ces malheureux se regardent et constatent qu'ils sont pour la plupart étrangers les uns aux autres : « Nous nous examinions, dit Villenave : notre surprise était extrême : nous ne nous connaissions point : nulles relations, d'aucune espèce, n'avaient existé entre presque tous. » Il est certain que ni les Bodin des Plantes, ni les de Biré, ni les Bruneau de la Souchais, ni les Charette de Boisfoucauld, ni les de l'Estourbeillon, ni les Onfroy de Bréville, ni les Elpivent de la Villeboisnet, ni les de la Guère, ni les Luette de la Pilorgerie, ni les Sarrebourse, ni les de Monti, ni les de Menou, pour n'en citer à la volée qu'une douzaine, ne pouvaient être soupçonnés de complicité avec les Dorvo et les Sotin. Pas davantage ne pouvait l'être l'ex-constituant Pellerin, qui jadis, à la déclaration des *droits* de l'homme, avait opposé la déclaration de ses *devoirs*, qui avait donné sa démission de député pour ne pas voter la constitution civile du clergé, et qui depuis avait été enfermé au château de Nantes parce qu'on l'accusait d'avoir mal parlé de la garde nationale en défendant les religieuses des Couëts... Et Bernède, arrêté 4 mois avant l'arrivée de Carrier à Nantes pour avoir donné asile à un prêtre ! Et Duchesne, et les deux Pichelin, et tant d'autres !

La vérité, c'est que ce procès historique est à réviser. M. de la Pilorgerie ayant présenté quelques unes des considérations qui précèdent, dans la *Revue de Bretagne et de Vendée*, quelques semaines après le compte-rendu de M. de Barthélemy, celui-ci reconnut avec franchise que ses paroles avaient dépassé sa pensée lorsqu'il avait écrit : « C'étaient cependant des républicains : » il déclara qu'il aurait dû écrire : « il y avait cependant parmi eux des républicains[1]. » Cela ne nous suffit pas ; et bien que M. Wallon, dans sa récente *Histoire du Tribunal révolutionnaire de Paris*, ait mieux apprécié les choses que M. Campardon, en disant : « On imagina une conspiration : royalistes, fédéralistes, patriotes tièdes et riches surtout, étaient de droit conspirateurs : on en dressa une liste à l'aide d'un almanach et des registres de la municipalité[2]... », nous pensons qu'il importe d'examiner de près le dossier de chacun des 132 Nantais.

L'occasion nous en est fournie par une relation jusqu'ici inédite, qui émane du comte Bernardin-Marie Pantin de la Guère, un des aristocrates que nous mentionnions tout à l'heure et qui nous a été communiquée par un de ses descendants. Il est intéressant de la comparer avec la relation de Villenave : nous allons donc la publier tout d'abord pour bien établir les faits entre le départ et le jugement ; puis nous tâcherons de reconstituer la *Biographie des 132* : nous ferons suivre cette Revue de la publication des audiences du tribunal révolutionnaire de Paris, et nous conclurons.

Mais il est bon de ne pas terminer cette courte préface sans dire quelques mots de ce que nous croyons d'ores et déjà être l'expression de la vérité. Carrier arriva à Nantes le 8 octobre 1793 ; les prisons contenaient déjà beaucoup de suspects ; il les

[1] *Revue de Bretagne et de Vendée*, 1862, I, 492.
[2] Wallon, *Hist. du Trib. révolut.*, V. 220.

en fit bientôt regorger et la question se posa alors de savoir comment on s'en débarrasserait. La première noyade eut lieu le 17 novembre 1793, la seconde le 7 décembre : l'envoi des 132 Nantais à Paris, le 27 novembre, juste à égale distance entre ces deux monstrueuses opérations, fait donc partie du système général : se défaire des prisonniers en masse ; car pour les 132 Nantais, il paraît bien prouvé qu'ordre avait été donné au citoyen Boussard, commandant le bataillon d'escorte, de les fusiller en route. Aucun d'eux ne devait arriver à Paris ; sept jours après leur départ, Goullin s'exprimait sur leur compte comme s'ils n'existaient déjà plus. « Une citoyenne, dit une note de la relation Villenave, s'étant rendue à la municipalité pour y demander quelques pièces justificatives pour l'un de nous, il lui fut répondu : « Vous prenez un soin désormais inutile : ce sont des hommes qu'on a sacrifiés : ils ne sont plus. »

Or les propos antérieurs de Carrier sont bien connus : « Tous les riches, s'écriait-il à la *Société populaire de Nantes*, tous les marchands sont des contre-révolutionnaires ; dénoncez-les moi et je ferai rouler leurs têtes sous le rasoir national. Il est des fanatiques qui ferment leurs boutiques le dimanche ; dénoncez-moi cette espèce de contre-révolutionnaires et je la ferai guillotiner... » Et à celle d'Ancenis : « Je vois partout des gueux en guenilles : vous êtes ici aussi bêtes qu'à Nantes ; l'abondance est près de vous et vous manquez de tout ; ignorez-vous donc que les richesses de ces gros négociants vous appartiennent, et la rivière n'est-elle pas là ? »

Écoutez encore cette déclaration de Villenave : « Quelques jours avant le départ des Nantais pour Paris, Nau, d'abord négociant, bientôt banqueroutier, ensuite commissaire bienveillant

---

[1] Berriat Saint-Prix, *la Justice révolutionnaire*. p. 36.

du Comité, se rendit à la maison d'arrêt de l'Esperonnière, fit appeler dans le jardin sept à huit d'entre nous, et là, en présence de l'officier de poste et d'un capitaine des grenadiers de la légion nantaise, il leur parle en ces termes : *C'est maintenant ici la guerre des gueux contre ceux qui ont quelque chose. Je vous conseille de vous exécuter : faites des sacrifices ; le temps presse. Il est question d'un voyage de Paris ; et d'ailleurs l'aventure des 90 prêtres qui viennent d'être noyés est un motif suffisant pour vous déterminer promptement.* — Nos camarades surent braver la mort, plutôt que de consentir à racheter leur liberté ou leur vie par une lâcheté, et, jusque dans les fers, ils montrèrent un orgueil républicain. »

Tout cela est caractéristique : arrestation en masse des suspects, et parmi les suspects les principaux sont les riches et les négociants : puis proscription, noyades et fusillades, aussi en masse, pour se partager les dépouilles des victimes. C'est bien la guerre des gueux contre ceux qui ont quelque chose.

Pour multiplier les arrestations et se donner des apparences de châtiment légitime, Carrier et le Comité répandirent, peu de jours avant l'expédition, le bruit d'une conspiration contre les représentants du peuple et contre les autorités constituées. Le 22 brumaire, la générale fut battue, la garde nationale rassemblée ; des canons furent braqués sur plusieurs places ; un grand nombre d'arrestations eurent lieu. Un témoin[1] dut en opérer, sans motifs, à l'égard de parents et d'amis. Cette expédition était ainsi racontée dans une note insérée au *Moniteur*[2] :

---

[1] *Bulletin du tribunal révolutionnaire*, déposition de Sarradin, n° 78, p. 3. Et tout cela parce que quelques prisonniers avaient jeté le riz qu'ils ne pouvaient avaler.

[2] *Moniteur*, 1er frimaire an II, p. 245.

« Ce matin on a battu la générale pour prévenir un complot qu'on a découvert ; il ne s'agissait rien moins que d'égorger les représentants du peuple qui sont ici et toutes les autorités constituées ; mais grâce aux bons patriotes qui dominent toujours dans notre ville, ce complot a été déjoué. »

Le surlendemain, le Comité révolutionnaire de Nantes prenait l'arrêté suivant :

« Liberté, Indivisibilité, Egalité. »

« Le Comité révolutionnaire instruit, par divers rapports unanimes, qu'un grand complot se tramait dans le sein de cette ville ; que les jours des administrateurs, des représentants du peuple, de tous les républicains même étaient menacés ; convaincu par des écrits saisis sur les brigands, que plusieurs ennemis intérieurs et opulents avaient alimenté et alimentaient encore de leur or et de leur correspondance la rébellion de la Vendée.

« Considérant que pour couper le fil de communications aussi funestes, et faire avorter les projets liberticides, il était indispensable de frapper des coups prompts et révolutionnaires ;...

« Considérant qu'il ne suffirait pas de se saisir des conspirateurs ;.. que leur présence plus longue dans cette cité pourrait entretenir l'espoir des malveillants, etc.

« Arrête,

« ARTICLE Ier. Il sera dressé une liste exacte de toutes les personnes suspectées d'avoir trempé dans ce complot.

« ART. II, III. — (Arrestation de ces personnes par les *Marat* etc..., scellés sur leurs appartements).

« ART. IV, V, VI. — (Dépôt à l'Esperonnière et puis translation à Paris, à l'Abbaye, (cela fait songer aux massacres de l'Abbaye)! des personnes arrêtées, sous la conduite de deux commissaires civils).

« Art. VII. — Il est déclaré aux personnes arrêtées que si elles font le moindre mouvement pour s'enfuir, elles seront fusillées et leurs biens confisqués. Cet ordre sera exécuté irrémissiblement ; à cet effet l'appel sera fait deux fois par jour.

« Art. VIII. — Ceux qui se seront soustraits à l'arrestation et ne se constitueront pas prisonniers dans les trois jours, seront réputés *émigrés* et traités comme tels.

« Art. IX. —(Relatif à la sanction du représentant du peuple).

« Nantes, 24 brumaire an II.

« *M. Grandmaison, Goullin, Richelot.*

« Nous, représentants du peuple près l'armée de l'Ouest, sanctionnons la mesure ci-dessus. Nantes, 6 frimaire an II.

Carrier et plus bas : *Goullin*[1]. »

Le 6 frimaire, par deux arrêtés, le comité nomma, pour commissaires civils près le convoi, *Bologniel* un de ses membres, et *Nau*, de la trop célèbre compagnie Marat ; et comme inspecteur général, avec les pouvoirs les plus étendus, *Étienne Dardave*. Et le convoi partit. J'ai dit que l'on comptait bien qu'il n'arriverait pas à destination. Voici en effet ce qu'on peut lire à la fin du mémoire de Tronjolly, adressé à la Convention nationale pour l'accusation de Carrier et de ses complices :

« Je reçois à l'instant, écrivait-il, la pièce suivante ; je me hâte de la livrer à l'impression. Elle aurait seule suffi pour justifier

---

[1] *La Justice révolutionnaire* (Berriat Saint-Prix, p. 49.

mes poursuites contre le comité, dans mes fonctions d'accusateur public près le tribunal criminel du département de la Loire-Inférieure.

« J'ai été dénoncé, incarcéré, mis au secret pendant cinq jours, lié, garotté, couvert de fers et traduit au tribunal révolutionnaire, de cachots en cachots, etc.

« Quel est mon crime? J'ai poursuivi des assassins, des concussionnaires, des infâmes agents de Robespierre, j'ai vengé la Nation et la nature.

« Par qui ai-je été dénoncé? par les monstres que je poursuivais.

« Je demande à être interrogé, jugé. J'ai des révélations importantes à faire. Depuis trois mois, je n'ai pu me faire entendre ; il est temps que la loi prononce sur le comité révolutionnaire de Nantes et sur toutes ses victimes.

» J'ai établi ma justification, et j'ai fait connaître une partie des crimes du Comité révolutionnaire, dans les mémoires que j'ai adressés à la Convention nationale, aux Comités de salut public et de sûreté générale, à la Commission des tribunaux, à celle des revenus de la République et au Tribunal révolutionnaire. Ce mémoire est sous presse. — PHÉLIPPES. »

Et il ajoute cette pièce :

« Au nom du Comité révolutionnaire de Nantes :

« Le commandant temporaire de Nantes est requis de fournir de suite 300 hommes de troupes soldées ; pour une moitié se transporter à la maison du Bouffay, se saisir des prisonniers désignés dans la liste ci-jointe, leur lier les mains deux à deux, et se transporter au poste de l'Esperonnière ; l'autre moitié se porter aux Saintes-Claires, et conduire, de cette maison à celle de l'Esperonnière, tous les individus indiqués dans la liste également ci-jointe; enfin, pour le tout, arrivé à l'Esperonnière, prendre en route ceux détenus à cette maison d'arrêt, et les *fusiller tous indistinctement*, de la manière que le commandant jugera convenable.

» Nantes, le 5 frimaire, l'an deuxième de la République française, une et indivisible.

» Signé : J.-J. GOULLIN, M. GRANDMAISON et J.-B. MAINGUET.

» Cet ordre est revêtu du cachet du Comité révolutionnaire de Nantes.

» Ce *Mainguet* et autres exécrables agents du Comité révolutionnaire de Nantes sont... libres! plusieurs sont mes dénonciateurs! — PHÉLIPPES. »

Boussard, le commandant du détachement, n'exécuta point ces ordres sanguinaires, et fut incarcéré à Angers pour y avoir désobéi. Arrivés à Saumur, les prisonniers durent y séjourner quelque temps, parce qu'on était persuadé qu'ils ne devaient pas aller plus loin, et qu'on dût aller demander d'autres ordres à Nantes.

Nous en savons assez maintenant pour entamer la *Relation du comte de la Guère* : je ne donnerai pas ici une longue notice sur ce personnage : je la réserve à son rang dans la galerie des 136. Qu'il me suffise de dire que *Bernardin-Marie de Pantin*, comte, puis marquis *de la Guère*, appartenait à une ancienne famille originaire de Pantin près Paris, dont une branche, fixée en Bretagne, fut déclarée noble d'ancienne extraction par arrêt des commissaires de la Réformation, en date du 19 août 1669, et possédait la seigneurie de la Guère démembrée de celle d'Ancenis. Né à Ancenis le 5 juin 1747, il avait été sous-lieutenant au régiment de Penthièvre-infanterie en 1764, lieutenant en 1771, capitaine en second en 1779, capitaine commandant en 1787, et lorsqu'il donna sa démission, le 15 septembre 1791, il était, depuis le 13 février, chevalier de Saint-Louis. Il avait épousé à Orléans, en 1790, Thérèse-Delphine-Alix de Brouville, et il n'émigra point; mais il dut subir souvent des visites domiciliaires au château de la Guère, où lui naquit une fille le 2 décembre 1792 : on rapporte même que, lors de l'une de ces expéditions, les patriotes coupèrent le cou à un malheureux perroquet qui s'obstinait à crier : Vive le Roi ! Membre du comité royaliste qui s'organisa à Ancenis en juin 1793, pendant l'occupation de la ville par l'armée Vendéenne, il devait être naturellement désigné aux vengeances de la Montagne. Nous allons en voir les conséquences.

RENÉ KERVILER.

VOYAGE DES 136 NANTAIS

DE

NANTES A PARIS PAR ANGERS & ORLÉANS

Du 20 septembre 1793 au 5 avril 1794

PAR LE COMTE BERNARDIN-MARIE DE LA GUÈRE

Ex-noble et chevalier de Saint-Louis.

Le *20 septembre*, vieux style, j'étais chez mon frère[1] *à la Guère*[2], depuis le *17 août*; environ midi, arrive un détachement d'infanterie et de cavalerie pour fouiller un bois dans lequel on présumait qu'il pouvait y avoir des

« [1] Philippe-André Pantin, marquis de la Guère, capitaine dans le régiment Royal-Dragons, marié le 7 décembre 1774, avec Hyacinthe-Geneviève *Thierry de la Prévalaye*, fille de messire Pierre-Bernardin Thierry, marquis de la Prévalaye, commandeur de l'ordre de St-Louis, chef d'escadre, commandant le port de Brest (frère du chevalier de la Prévalaye, maréchal de camp), et de dame Jeanne-Geneviève de Robien » ; — Le marquis de la Guère né le 13 février 1746, est décédé le 7 mai 1813, ayant eu pour fille unique : Marie-Adélaïde de la Guère, mariée en 1790 à son cousin Louis-François-Jean Pantin, comte de Landemont, colonel, chevalier de l'ordre de Saint-Louis, auquel elle apporta la terre de la Guère. Le titre de marquis passa ainsi directement et légitimement à son frère et à ses petits neveux. (Lainé, *Histoire des Chevaliers de Saint-Louis*, — Mazas. *Etats militaires*, p. 92. — *Les Familles françaises à Jersey pendant la Révolution*, par le comte R. de l'Estourbeillon).

« La Guère (anciennement *la Guyère* — terre de Guy — d'après les vieux titres du chartrier), démembrement de la baronnie d'Ancenis

malveillants¹ de cachés. On ne trouve personne, on vient à la maison. J'étais à table avec ma femme², un de mes

avec les prééminences de la paroisse d'Ancenis et la terre des Salles en la paroisse de Mesanger et le fief des Salles en Saint-Géréon, qui vinrent dans la famille Pantin par le mariage de Marie des Salles, héritière de sa maison, dame desdits lieux, femme vers 1460 de Jacques Pantin, fils puisné de Pierre, seigneur de la Hamelinière, etc., capitaine et gouverneur pour le roy Louis XI, du chasteau de Saint-Florent-le-Vieil, et de Catherine de Savonnières, tige des seigneurs de la Guère jusqu'à présent. (*Mémoires du président des Etats de Vitré.* Lainé, Saint-Allais, d'Hozier, etc.) Une partie de ces terres étaient déjà venues dans la famille par le mariage de Jean P. de la Hamelière, vers 1378, avec Jeanne d'Ancenis-Barbotin, dame de Barbotin, la forêt du parc Laudémont, etc.

¹ Il est inutile de remarquer que, pendant tout le cours du mémoire, le style n'est pas tout à fait conforme aux idées personnelles ou aux opinions du comte de la Guère, mais qu'il se ressent du peu de liberté que l'auteur avait, lors de la rédaction de ces notes. La plus vulgaire prudence obligeait à voiler les sentiments et à dissimuler les moindres indications afin que ces confidences ne pussent enfanter de nouveaux malheurs.

² Bernardin-Marie de la Guère avait épousé, le 16 août 1790, Thérèse-Delphine *Alix de Brouville*, fille de messire Pierre-Simon-Etienne-Toussaint Alix de la Picardière, sieur d'Outreville, de Menainville, etc. en Beauce. La famille Alix parait remonter à Claude Alix, convoqué à l'arrière ban des nobles du baillage d'Aval de Salins en 1131 et 1361. Pierre Alix, chanoine de Besançon, prieur de Sainte-Madeleine de Salins, nommé par le pape à l'abbaye de Saint-Paul de Besançon en 1632, mourut l'an 1677, laissant une histoire manuscrite de son abbaye, qu'il avait gouvernée pendant 41 ans. Une branche vint s'établir à Orléans. Mᵐᵉ la comtesse Brossaud de Juigné, née de Trimont, possède un beau portrait de François Alix dont le *Journal de l'Orléanais* du 7 mai 1781 a publié un fort curieux article nécrologique dans le style ampoulé de l'époque. François Alix, écuyer, doyen du présidial, mort le 24 avril 1781 dans sa 86ᵉ année, était né en 1693. Les armoiries de la famille Alix étaient *d'azur au chevron d'or accompagné de trois alerions de même*, mais en 1756, le duc d'Orléans lui donna en souvenir de son estime : *d'azur au grand A d'or de même accompagné de 3 fleurs de lys d'or*. Mᵐᵉ de la Guère était la sœur de Mᵐᵉ de Juigné qui eut pour enfants le comte François Brossaud de Juigné, marié à Mᵐᵉ Alsacie de Trimont, et Caroline, mariée au comte de Bruc-Livernière.

neveux¹, et le citoyen Pionneau marchand de vin d'Ancenis
qui était venu me payer du vin que je lui avais vendu². On
me dit qu'il fallait aller à Ancenis; je m'y rendis escorté de
la troupe. En y arrivant, je priai le commandant de me
laisser aller chez mes sœurs³, où je descendis avec un gen-

¹ Une des sœurs de l'auteur, Marie-Aimée-Adélaïde Pantin de la
Guère, née le 9 mars 1753, avait épousé messire Henri-François Rousseau,
chevalier, seigneur de l'Orchère et de la Meilleraye, fils de Mre Jacques R.
chevalier, seigneur de l'Orchère, marquis de la Meilleraye, qui portait
d'azur à la fasce d'or, accompagnée en chef de deux têtes de lion et
en pointe de 3 besants de même ?. I., et de dame Rose Simon de Vouvantes qui portait : *de sable au lion d'argent, armé et lampassé de
gueules* (Notes de Bernardin-Jean, comte et marquis de la Guère, fils de
l'auteur). Elle eut 7 garçons, qui tous moururent à l'âge d'homme sans
avoir été mariés. Le plus jeune, Ozée, fut noyé vers 1823, en allant de
Niort à Nantes par un bateau à vapeur qui sombra malheureusement.
C'est un des fils de Madame de la Meilleraye dont il est ici question.

² A cette époque la terre de la Guère était composée par tiers de
bois, de terres et de vignes.

³ Outre la marquise de la Meilleraye, l'auteur avait pour sœurs
1° Jeanne-Angélique de la Guère, née le 10 novembre 1743, morte
sans alliance ; 2° Julie-Françoise de la Guère, née le 1 novembre
1744, morte sans alliance ; et 3° Marie-Renée-Hyacinthe de la Guère,
née le 8 novembre 1748, morte aussi sans alliance. Elles habitaient ensemble une maison d'Ancenis dans les environs de la Davraie
qui leur rappelaient les souvenirs de leur enfance et ceux de leur
famille. Elles avaient été élevées aux Ursulines d'Ancenis où leur
grande tante Marie-Angélique Pantin de la Guère était morte religieuse ursuline en 1755, avec une grande réputation de vertu,
tandis qu'au 17° siècle Jacques Pantin de la Guère, chapelain des
châteaux d'Ancenis et de Varades en avait été l'aumônier. Ogée
dans son *Dictionnaire de Bretagne* donne la description de la fondation de ce couvent en 1612, et raconte la visite qu'y fit « Sébastien-
Philippe Pantin, seigneur de la Guère, gouverneur des ville et château
d'Ancenis, avec les plus distingués de la ville » mais il fait une légère
confusion : Sébastien-Philippe Pantin, officier de dragons, tué en
Allemagne au mois de septembre 1693, par un capitaine de hussards
qu'il avait fait prisonnier et auquel il avait laissé ses armes, était
marquis de la Hamelinière et c'est sous son frère Charles, qui fut garde-

darme. J'y restai un moment, après lequel je priai ledit gendarme de me conduire au district pour connaître le motif de mon arrestation. On ne m'en donna aucuns[1]. On me dit

marine sous le titre de chevalier de la Hamelinière, que cette terre fut vendue après être restée dans sa famille depuis 700 ans. Le personnage dont il est question doit être Gilles Pantin, seigneur de la Guère, du Verger, de l'Isle Valin etc., qui, né en 1589, porta les armes pendant 49 ans, sous les règnes de Louis XIII et de Louis XIV. Le 21 mai 1621, il eut commission du premier de ces princes pour lever une compagnie de cent hommes de pied français dans le régiment du baron de Kerveno. Il eut une semblable commission, le 18 mars 1622, pour lever et commander une compagnie de cent hommes de pied français dans le régiment de Martigues. Il commanda une autre compagnie d'infanterie qu'il eut aussi charge de lever par commission du duc de Vendôme, gouverneur de Bretagne, du 20 janvier 1625. Les Etats généraux de Hollande lui donnèrent une commission, le 9 avril 1631, pour commander une compagnie de cent cinquante hommes de pied français sous la charge du prince de Martigues, dans la guerre que le Statnouder, allié de la France, soutenait contre les Espagnols des Pays-Bas. Il fut fait capitaine et gouverneur des ville, château et territoire d'Ancenis, par provisions du 12 février 1636. Le roi, pour récompenser ses services, lui fit don, pour en jouir pendant dix ans, de son droit de dixième sur les mines de Bretagne, par lettres du 22 mai 1616. Il fit aveu et dénombrement des fiefs et seigneuries de la Guère, le 9 mai 1618, à César, duc de Vendôme, baron d'Ancenis. Il avait épousé par contrat du 28 mars 1625, Françoise Laurens, dame de la Noë-Laurens, de Passay et de Léraudière, morte en 1631 (Lainé). Il contribua beaucoup à la fondation du couvent des Ursulines d'Ancenis, quelques uns le regardent même comme son principal fondateur. On conserve au château de la Guère deux gros volumes de ses mémoires et comptes de sa campagne de Hollande. L'endroit connu sous le nom de l'Esplanade, est le champ de manœuvre où il exerçait, devant le château de la Guère les volontaires Bretons. M. E. Maillard a répété l'erreur d'Ogée dans son *Histoire d'Ancenis*, et confond Sébastien-Philippe avec Gilles de la Guère.

[1] Il est présumable que M. de La Guère dût son arrestation à la haute position qu'il avait dans le pays, à sa naissance, à sa fortune mais aussi à la capture par les représentants du peuple de papiers compromettants. (Voir plus loin la *Notice biographique de M. Papin de la*

seulement que c'était par mesure de sûreté générale, que ça ne serait pas long et que dans quinze jours je pourrais présenter une requête pour mon élargissement.

Ne pouvant obtenir d'autres réponses, je me retirai avec le gendarme chez mes sœurs, chez lesquelles le citoyen Maussion, lieutenant de gendarmerie, vint me dire de me rendre chez Gautron, aubergiste d'Ancenis. J'y fus ; en arrivant je demandai une chambre. On me dit que je ne pouvais pas en avoir de séparée ; qu'il fallait entrer dans celle où il y avait plusieurs détenus gardés par un caporal et quatre hommes. J'y entrai, je trouvai les citoyens Lebec, Papin[1],

---

Clergerie.) Berriat de Saint-Prix a publié p. 36. (*Justice révolutionnaire*) les excitations de Carrier à la Société populaire d'Ancenis :

« Je vois partout des gueux en guenilles, vous êtes aussi bêtes qu'à Nantes ; l'abondance est près de vous et vous manquez de tout ; ignorez-vous donc que les richesses de ces gros négociants vous appartiennent et la rivière n'est-elle pas là ! »

Le peuple fut révolté, dit-il, de l'entendre prêcher une telle morale.

Le pillage, voilà le motif de bien des arrestations à cette époque.

[1] PAPIN DE LA CLERGERIE (*Louis-François*), — né à Ancenis, le 11 novembre 1738, était fils d'un procureur fiscal du marquisat d'Ancenis, dont quatre frères avaient été tués à la bataille de Fontenoy. S'étant fait recevoir avocat au Parlement, il devint *sénéchal* du comté de Sérent et de la baronnie de Montrelais, sur les marches d'Anjou, et fut choisi par la communauté d'Ancenis pour son député aux États de Bretagne en 1788, et son délégué à l'Assemblée de la sénéchaussée de Nantes, en 1789, pour les élections aux États-Généraux. Secrétaire de la Grande Assemblée électorale de la Loire-Inférieure en avril 1790, pour l'organisation des administrations départementales, il rédigea l'adresse de cette assemblée au Roi et fut élu membre du directoire du département. Il fut encore secrétaire de l'assemblée de mars 1791, réunie pour l'élection de l'évêque constitutionnel ; et le 28 août, il fut élu *député de la Loire-Inférieure* à l'Assemblée législative par 143 voix sur 179. Il y fit partie du Comité des assignats et monnaies, siégea parmi les modérés, et présenta à ses collègues, en février 1792, un ouvrage sur les banques de secours. Non réélu à la Convention, bien que les élections départementales

Roualné, Cornet prestre, Cornet huissier, Gorrichon boucher, Blanchet commerçant de bestiaux, Bregeon principal du collége, Fleuriot d'Omblepied[1], les citoyennes Barbot, Feuillet, Brochet et la femme du citoyen Legrand aîné ; nous passâmes la nuit tous dans la même chambre, fort gênés et sans pouvoir dormir. Le jour étant venu, on nous prévint que nous allions être envoyés à Nantes[2]. En conséquence, chacun fit ses petits arrangements pour partir. Nous nous

eussent lieu à Ancenis, il fut membre, au mois de juillet 1793, comme le comte de la Guère, du Comité organisé sous le patronage de l'armée royaliste, pendant l'occupation vendéenne, pour aviser aux mesures de prudence et pour approvisionner l'armée : le registre des délibérations de ce comité ayant été saisi par les représentants Gillet et Cavaignac, après la reprise d'Ancenis, Papin fut arrêté et *condamné à mort*. Mais il était en ce moment dangereusement malade, son exécution fut ajournée et ce sursis le sauva, pendant que sa malheureuse femme, réfugiée en Anjou, était arrêtée par une colonne républicaine, conduite à Angers et fusillée le 15 février 1794. L'ordre rétabli, Papin fut nommé *président du tribunal* de première instance d'Ancenis, fonctions dans lesquelles il mourut à soixante-quatorze ans, le 23 mars 1811.

Il ne faut pas le confondre avec un de ses cousins, Jacques Papin de la Clergerie, qui fut aussi avocat et qui devint, en 1791, président du tribunal criminel de l'armée de Hoche, séant à Nantes, puis, en 1811, juge au tribunal civil d'Ancenis, et enfin juge de paix dans cette ville où il mourut, en 1829, laissant un fils, président du tribunal civil de Nantes, qui donna sa démission en 1830, pour ne pas prêter serment au gouvernement de juillet. (René Kerviler, *Cent ans de représentation bretonne*, 2e série, Assemblée législative p. 88, 89).

[1] FLEURIOT D'OMBLEPIED était l'ami intime de M. de la Guère, c'est lui qui est ainsi mentionné dans la relation de Villesavre : « Le citoyen Fleuriot, natif d'Oudon, passa la nuit, couché sur la tombe de son père. » p. 3.

[2] Si l'on veut savoir de quelle façon les prisonniers étaient traités à Nantes voici quelques détails que j'emprunte à la *Revue historique de l'Ouest* (3e livr, 2e année, septembre 1886.)

« Un habitant de Rouans affirmait à celui qui a recueilli ces notes, que, se trouvant à la même époque dans une prison de Nantes, il ne

mîmes en route à onze heures du matin, escortés par cinq gendarmes, jusqu'à Oudon, qui furent relevés par huit autres qui nous conduisirent au département, dans la salle du comité de surveillance où nous trouvâmes le citoyen Francheteau, président, et deux autres membres qui nous demandèrent nos noms et les motifs de notre arrestation. Nous donnâmes nos noms ; mais nous ne pûmes déduire aucuns motifs, parce que nous n'en avions pas, et nous ne connaissions pas même de raison qui put nous détenir. Quand on eut pris nos noms, on dit qu'il fallait nous conduire *aux Saintes Claires* je suis resté jusqu'au 6 frimaire ou 20 novembre, vieux style,

recevait chaque jour, ainsi que tous les autres prisonniers, qu'un morceau de pain, grand à peu près comme la paume de la main. »

« L'un des prisonniers (enfermés au Bouffay), Jean Halgan, a raconté plusieurs fois le régime qu'il subit au Bouffay, et ce récit fait frémir. Le lit se composait de quelques bottes de paille ; mais le temps et la malpropreté avaient broyé cette paillasse et l'avaient remplie de vermine. « Elle était si brisée, disait notre témoin, qu'on la roublait avec les poux. » Une fois tous les vingt-quatre heures, un chaudron rempli de riz était apporté aux prisonniers. Chacun d'eux était muni, non d'une *écuelle*, ni d'une cuillère, mais d'un *morceau d'ardoise*, large comme une pièce de six francs ; et ils ne pouvaient, sous peine de mort, plonger qu'une seule fois ce morceau d'ardoise dans le chaudron. Une telle existence était pire que la mort. Un jour, un fort vigoureux breton venait de prendre sa maigre ration, qui disparut en un clin d'œil : dévoré par la faim et fou de désespoir, il s'écria : « Mourir pour mourir ! J'en prends une seconde fois. » Au moment où il retirait son ardoise chargée de riz, un des surveillants lui asséna sur la tête un coup de massue qui fit jaillir sa cervelle de tous côtés, et le malheureux tomba roide mort au milieu de ses compagnons d'infortune. Un autre détail, contre lequel la délicatesse se révolte mais qu'il est cependant bon d'exposer, montre mieux encore les souffrances des prisonniers. Le geôlier de la prison nourrissait un porc dans une des cours. A peine la personne qui lui apportait sa pitance avait-elle tourné le dos que les prisonniers se précipitaient, en se la disputant, sur cette vile et dégoûtante nourriture. On s'en aperçut au dépérissement de l'animal, et les prisonniers n'eurent plus, du moins à certaines heures, la permission de descendre dans cette cour. » (*Une famille de paysans sous la Terreur*, par M. E. R.)

époque à laquelle je fus transféré, moi quarante-sixième, à la maison *de l'Eperonnière*[1], sans vivres, ni effets ; je mangeai un peu de pain que j'avais mis dans ma poche, et m'étendit la nuit sur le matelas d'un de mes compagnons d'infortune, M. Caillaud de Beaumont.

Le 7 frimaire, ou mercredi 27 novembre 1793 vieux style, le sergent ou un caporal de garde vint, avant la pointe du jour[2], nous avertir de nous lever tous et de nous habiller promptement, que partie de nous allaient être transférés. Aussitôt que nous fûmes levés, nous apperçûmes ce jour des voitures à la porte de l'Eperonnière et dans la cour de cette maison d'arrest un détachement de gendarmerie rangé en bataille. Nous descendîmes environ, sept heures et demie dans le jardin ; on nous ordonna d'entrer. Là, le citoyen Boussard, commandant un des bataillons de parisiens destiné à nous servir d'escorte nous lut une liste composée de cent trente-huit citoyens qui devaient partir, il ne s'en trouva que cent trente-et-un[3] qui furent en état de le faire. Leurs noms se trouvent à la suite de ce récit, les sept qui restèrent savoir : les six premiers pour cause de maladie sont les citoyens Flammingue, Bertrand de Cœuvres, Laflton, Tourgouillet, Linche et Fleury, et le septième, qui eut le bonheur de rester,

[1] Ainsi commence la relation de Villenave : « L'an deuxième de la République Française une et indivisible, le 7 frimaire, (27 novembre 1793, vieux style,) nous sommes partis de la maison de l'Eperonnière, située à l'extrémité de la ville de Nantes, sur le chemin de Paris, au nombre de cent trente deux, conduits par un détachement du onzième bataillon de Paris, que commandait le citoyen Boussard. » — Cette maison de l'Eperonnière qui tire peut-être son nom du fief de l'Esperonnière sis en la paroisse de Bellingé, à 4 lieues d'Ancenis, est située sur la route de Paris, à la hauteur de Saint-Donatien dans le 2e arrondissement, et actuellement occupée par le couvent des dames du Sacré-Cœur : (*Plan de Nantes* par E. Robert.)

[2] Réveillés dès cinq heures du matin, dit la *Relation Villenave*.

[3] Pantin de la Guère doit faire erreur. Ils partirent au nombre de 132.

parce que la veille il avait été transféré de l'Eperonnière, maison sur la route de Paris, aux Saintes-Claires, est le nommé Gérard, perruquier. La liste une fois connue, on enjoignit à ceux qui devaient partir de faire leurs préparatifs de voyage et de descendre promptement dans la cour, ce qui, ayant été exécuté, sur ce que plusieurs déclarèrent que n'ayant pas de souliers, parce qu'ils n'avaient pas été prévenus du voyage que l'on se proposait de leur faire faire assez à temps pour pouvoir en faire venir de chez eux, ils ne pouvaient entreprendre la moindre route en sabots, le commandant donna sur le champ ordre d'aller chercher des souliers[1].

Pendant les entrefaites, il nous fit ranger sur deux lignes, et après nous avoir comptés et s'être assuré que nous étions tous présents, c'est-à-dire ceux qui devaient partir, il nous avertit de prendre garde de nous écarter de nos rangs, sans quoy nous serions attachés : et que si quelqu'un de nous paraissait vouloir ou cherchait à s'échapper, il serait à l'instant fusillé[2]. Il nous enjoignit ensuite de nous défaire de nos rasoirs, couteaux et ciseaux. J'ai remis deux rasoirs et un couteau. Il nous dit que quand nous serions arrivés à notre destination, ils nous seraient remis : plusieurs tirèrent les

[1] La consigne nous défendant de rentrer dans les chambres, ceux qui restaient nous jettèrent par les fenêtres nos couvertures ; c'est tout ce que nous pûmes emporter ; quelques-uns avaient eu la précaution de descendre leurs paquets. Toute communication, avant le départ fut refusée ; on repoussait nos femmes éplorées, nos parents consternés. Pour la première fois les tyrans furent, sans le vouloir, humains par l'excès même de leur barbarie ; ils nous épargnèrent l'horreur des adieux. Une épouse ne pouvant voir son mari, lui écrivit sur un chiffon, au dos d'un très court mémoire de blanchissage : l'officier de garde porta le scrupule jusqu'à refuser de remettre ce billet, dans la crainte que les chiffres ne fussent des caractères secrets. (p. 2. *Relation de Villenave*.

[2] On voit que les prescriptions du Comité étaient exécutées à la lettre car M. de la Guère se sert des propres termes de l'arrêté qu'il ne pouvait connaître.

instruments de leur poche, et les portèrent eux-mêmes au commandant ; d'autres tel que moi les remirent aux volontaires qui les mirent dans un sac à ce destiné. Depuis nous n'avons pas entendu parler de ces ustensiles[1].

Les souliers apportés et distribués à ceux qui en voulurent prendre, on appela ceux que leur âge ou leur infirmité mettait dans l'impossibilité d'aller à pied et on les fit monter dans les voitures que l'on avait fait venir à cet effet. Je fus du nombre jusqu'à Angers. On nous donna ensuite l'ordre de nous mettre en marche. Il était alors onze heures[2], et, dans le trajet de la maison de l'Esperonnière à la barrière de Paris, nous eûmes le déchirant spectacle de voir que l'on refusait à nos femmes et à nos familles la consolation de nous dire adieu et de nous embrasser. N'étant pas de Nantes, je fus seulement témoin des tendres adieux qui se firent de la part des personnes qu'on voulut bien laisser approcher. Le fils Poydras fut du nombre ; il m'attendrit à un tel (point) ainsi que son infortuné père, que les larmes m'en vinrent plusieurs fois aux yeux. Nous arrivâmes le même soir à Oudon, environ huit heures[3] ; nous fûmes déposés de suite dans l'église où nous étions destinés à passer la nuit sur la paille. Là, après nous avoir distribués du lard pourri[4] que nous fûmes obligés de jeter, du pain fort noir et très dur et d'assez mauvais vin, on nous donna à chacun une botte de paille sur laquelle nous nous couchâmes ; avant de me coucher, j'écrivis à ma femme pour l'instruire de mon sort et lui demander quelques se-

---

[1] Conforme à la relation de Villenave.

[2] Midi d'après Villenave.

[3] « Vers les neuf heures du soir, au milieu de l'obscurité la plus profonde, en marchant dans la boue, et n'ayant pris, depuis le matin, ni repos ni nourriture. *Relation Villenave.* »

[4] On nous distribua du vin, du pain noir et du lard rance, si mauvais que les volontaires s'en servaient pour graisser leurs souliers. *Relation Villenave).*

cours, et la prévenir que le citoyen Conrad gendarme, était chargé de ma lettre ; et de lui remettre un porte-manteau plein d'effets ; il remit bien la lettre, mais le porte-manteau a été perdu. On avait eu soin auparavant de faire un appel nominal pendant lequel il se débita entre nous que le citoyen Hernaud, l'un de nous, était absent, et qu'il avait trouvé moyen de s'échapper¹.

Le lendemain 8 *frimaire*, on battit un rappel à la pointe du jour et nous nous mîmes en route ; avant de partir, je vis le citoyen Commel² et lui donnai ma montre et dix louis que j'avais pour remettre à ma femme.

Environ trois heures de l'après-midi, nous arrivâmes à *Varades*³, sans nous arrêter à *Ancenis* où je ne pus voir ma femme qu'auprès de sa porte, qui me fit donner par Dugar une couverture de laine. On nous déposa également dans l'église où nous fûmes traités de la même manière qu'à Oudon, à cela près qu'on distribua du bœuf bouilli froid assez bon, en place du mauvais lard de la veille, et qu'au lieu de paille, nous n'eûmes que du mauvais foin tout mouillé. Trois heures après notre arrivée, ma femme et ma sœur La Guère, la citoyenne Fleuriot, et La Ferrière vinrent nous voir. J'eus un sensible plaisir

---

¹ La relation Villenave ne donne pas son nom que M. de la Guère nous révèle mais cite celui qui s'égara et revint parmi les prisonniers : « à la descente d'Oudon, l'un de nous disparaît, il était également facile à tous les autres de s'échapper. Le chemin était si mauvais et la nuit si noire que soldats et citoyens tombaient pêle-mêle dans les fossés et s'entraidaient à se relever. Tiger l'un de nous s'égara ; une vieille femme lui offrit un azyle sûr ; il refusa cette offre et se fit conduire à Oudon. » (p. 3).

² Ou Cornuel (?).

³ A Varades, notre entrée fut très inquiétante. Nous y entendîmes des injures et des menaces plus fortes et plus multipliées qu'à Ancenis. On nous logea à l'église sur du foin mouillé. (*Relation Villenave*).

à la voir. *Fleuriot* et moi, obtinrent de notre commandant que nous irions avec elles, escortés de deux fusiliers, souper chez la citoyenne *Rezé* qui nous reçut on ne peut mieux. Rendus là, j'ai changé de tout et ma femme me donna de l'argent; avec ce qui me restait, cela me fit une somme d'environ 1 100 liv.

Le 9 du même mois de frimaire, après un rappel également à la pointe du jour, nous ne nous mîmes en route qu'à près de neuf heures. Je fus en voiture; nous ne devions aller, suivant ce que nous avait dit le commandant, que jusqu'à *Saint-Georges*; mais sur un avis qu'il reçut que l'on craignait les brigands[2], il se décida à nous faire continuer notre route jusqu'à *Angers*; en conséquence lorsque nous eûmes passé *Saint-Georges*, entre ce dernier endroit et *Serrant*, il nous fit faire halte sur la route, et nous fit distribuer du bœuf bouilli et du biscuit qu'il fit tirer du chariot de vivres qui nous avait suivis, et une barrique de vin qu'il fit prendre à *Saint-Georges*. Cette halte fut d'environ trois quarts d'heure, après laquelle nous continuâmes notre marche sur *Angers* où nous arrivâmes environ sept heures du soir. Nous fûmes déposés de suite au grand séminaire où plusieurs pas-

---

[1] Villenave ne parle pas de ces tolérances du commandant en cours de route.

[2] « Le 9 frimaire nous nous mîmes en route à huit heures. Nous devions coucher à Saint-Georges. Mais nos conducteurs y furent informés que les brigands se disposaient à attaquer Angers; ce qui leur fit craindre d'être coupés de leur route, et les détermina à la poursuivre. Après une halte d'une demi-heure à deux cents pas au-delà du bourg, on nous distribua le reste des provisions de Varades avec du vin blanc qui ne ressemblait pas mal à de l'eau de lessive. Il faisait un froid rigoureux; nous fûmes obligés d'allumer du feu d'épines séchées sur le grand chemin. Un grand nombre d'entre nous fut chargé sur des charettes et porté de la sorte à Angers, où nous fûmes déposés au Séminaire. Il était dix heures du soir. » (*Relation Villenave*).

sèrent la nuit sans se coucher, faute de paille. Je fus assez heureux pour avoir une place sur un matelas, que nous mîmes au travers d'une cheminée où il y avait bon feu, quelques-uns trouvèrent des lits complets dont ils profitèrent. Le lendemain matin, nous apprîmes par quelques citoyens d'Angers qui étaient détenus dans ce séminaire, que peu avant notre arrivée on avait fait sortir plus d'un cent de citoyens détenus pour nous faire place; que les chambres, que l'on avait trouvées meublées, étaient occupées par une partie de ces mêmes citoyens; et qu'après les avoir déposés dans la ci-devant église cathédrale, on les avait fait partir à 4 heures du matin sans qu'on sût alors leur destination. J'omettais que le commandant Boussard, après nous avoir, au moment de notre arrivée, fait entrer dans une grande salle, et avoir fait un appel de noms, nous *félicita*[1] en quelque

---

[1] L'auteur de ces notes faillit être massacré par un patriote qui le reconnut, se précipita sur lui en le qualifiant de brigand et voulut le frapper. Quatre volontaires s'opposèrent à cette violence. Villenave rapporte le fait sans donner le nom du prisonnier. M. B.-M. de la Guère était fort connu à Angers où il avait de nombreux parents. Il avait fait beaucoup de bien à cet homme qui lui devait de l'argent et il n'aurait pas dû craindre de sa part les mauvais traitements qu'il en éprouva. Plus tard, le fils fut menacé comme le père. Lorsqu'en 1818 les têtes s'exaltaient, Le comte Bernardin-Jean de la Guère, fils de l'auteur de ces mémoires, reçut une lettre anonyme ainsi conçue : « Ce n'est pas la messe que tu entends tous les jours, ce n'est pas le cierge que tu portes à la procession (il était vice-président de la fabrique de la cathédrale de Bourges) qui te préserveront. Tu auras beau te renfermer dans ton fortin de Dâmes (cette habitation affecte les apparences d'un petit manoir avec ses tourelles et ses fossés pleins d'eau) nous saurons t'y retrouver. on a été assez bête pour l'épargner en 1793, mais toi, ta louve et tes louveteaux, vous y passerez tous et nous ne t'épargnerons pas. » Le comte de la Guère sut par une enquête restée secrète, que l'auteur était un individu qu'il avait fait élever de ses deniers et qu'il avait comblé de ses bienfaits. Cela ne le découragea pas dans sa manie de faire le bien. Il empêcha toute poursuite et il fut universellement regretté. Le dernier des louveteaux a bien voulu nous communiquer ce trait de grandeur d'âme de son vénérable père.

sorte sur la manière dont nous nous étions conduits ; mais il ne nous laissa pas ignorer qu'il était instruit de l'évasion du citoyen *Hernaud*, et qu'il avait donné des ordres et mis des gens en campagne pour qu'il fut arresté de suite.

Le 10 frimaire, nous passâmes une partie de la journée au dit séminaire ; mais environ 2 heures et demie à 3 heures, plusieurs de nous étaient même à dîner, on nous fit avertir de descendre dans la cour. Là on nous avertit que nous allions être transférés à la prison nationale, sous le prétexte que la maison où nous étions logés était destinée à recevoir des troupes qui devaient arriver dans le jour pour protéger la ville qui était menacée d'une prochaine attaque de la part des brigands¹. Avant de nous faire sortir on nous attacha deux à deux, d'autres une trentaine ensemble ; je le fus seul avec le citoyen *Fleuriot*. Cette occupation achevée, nous quittâmes le séminaire environ quatre ou cinq heures du soir, et après nous avoir fait faire un tour bien plus grand que nous ne devions, nous arrivâmes à la prison². On nous fit entrer dans

¹ Il est curieux de comparer le style de Villenave : « Lorsqu'au séminaire il eut fait l'appel nominal, qu'il nous eut tous comptés les uns après les autres, et vérifié qu'il n'en manquait aucun, hors celui dont il avait appris la fuite à Oudon, sa joie fut telle qu'il nous témoigna hautement que nous paraissions dignes de toute la confiance des républicains, puisque nous n'avions pas trahi la sienne, lorsque mille circonstances inévitables nous en avaient fourni l'occasion. » Et plus loin : « Quelques expressions du citoyen Boussart, lors de l'appel nominal fait à Angers, nous laissèrent beaucoup de doutes sur la réalité du voyage de Paris, et ces doutes furent accrus par une scène violente qui eut lieu au séminaire, en notre présence, entre Boussart et un membre du comité révolutionnaire d'Angers. » A la suite de cette scène, Boussart fut mis lui-même en état d'arrestation.

² C'est-à-dire des Vendéens. Le comte de la Guère n'emploie que l'expression consacrée en ce temps-là par mesure de prudence. Son style se ressent du temps de la persécution et du lieu qu'il habite. Soit dit une fois pour toutes.

³ Les Nantais devaient y rester vingt jours. « Là, dit Villenave, nous ne cessâmes d'être sous la surveillance de quatre citoyens (Naud, Bologniel,

une cour d'environ soixante à quatre-vingts pieds de long sur environ quarante-cinq pieds de large, fort mal propre, et dans laquelle il y avait un fort tas de fumier qui répandait une exhalaison très infecte ; nous restâmes plus d'une demi heure dans cette cour, sans qu'il y parût personne; nous gardions tous le plus morne silence : une sorte d'effroi semblait nous glacer tous¹. La terreur s'était même emparée de plusieurs qui l'ont avoué depuis. Nous vîmes enfin paraître le concierge, nommé Fricard, avec un garçon de geôle. L'un d'eux ouvrit une porte qui était au fond de la cour ; c'était celle de la chapelle ; elle me parut alors être la seule ; mais il y en avait une plus basse qui était cachée par quelques-uns de nos camarades dont 81 entrèrent dans cette chapelle, qui n'avait environ que 21 pieds de long sur 11 de large, et il donna aux autres deux petits cachots et deux chambres hautes, nommées *la collecte* et *le civil*. Dans cette dernière il y avait deux cabinets, je me logeai dans l'un avec le citoyen *Fleuriot*. Nous eûmes un lit qui avait une paillasse et une couverture avec un traversin. Dans les deux cabinets et dans la chambre, nous étions 40, les uns sur la paille, et les autres sur quelques matelas restés dans la dite chambre, nous avions à la porte un seillot pour faire nos plus pressants besoins. On nous enferma sur le champ jusqu'à 9 heures.

Joly et Dardare) dont l'un était membre et les autres commissaires du comité révolutionnaire de Nantes. Ils étaient chargés de nous préparer des logements et de pourvoir à notre subsistance. Ils connaissaient assez particulièrement plusieurs d'entre nous (Villenave et Dorvo en particulier, j'imagine); aussi notre surprise fut quelquefois extrême. Naud, l'un d'eux, était dans la cour du Séminaire lorsqu'on nous lia de cordes. Il nous accompagna jusqu'aux prisons et ses collègues s'étaient placés dans la rue pour nous voir passer. »

¹ Il est à croire que l'intention de Carrier était de les faire massacrer en sortant de cette prison. On verra plus loin quels avaient été les ordres secrets donnés au sieur Boussart commandant de l'escorte. Son refus de donner les mains à une telle boucherie fut probablement la cause de son arrestation.

Le lendemain *11 frimaire,* on ouvrit les portes environ les 9 heures, et nous nous vîmes entourés aussitôt de plus de cent prisonniers de toutes espèces, insurgés pris les armes à la main, militaires punis pour faits graves, gens soupçonnés de vol et autres crimes, d'autres enfin condamnés à garder prison plus ou moins de temps. Leur surprise à tous fut extrême de nous voir confondus avec eux; mais ils se familiarisèrent bientôt avec nous. Il n'y avait qu'un misérable guichet pour demander nos besoins. Les gens nous repoussaient en disant qu'étant plus anciens que nous, ils devaient être servis les premiers. Confondus d'ailleurs parmi eux, nous nous aperçûmes que plusieurs étaient couverts de poux, et, craignant d'en attraper, nous n'osions nous approcher d'eux, ce qui me faisait prendre mes repas à la geôle; il m'en coûtait à peu près 3 l. pour mon dîner. Il eut été à souhaiter pour moi que je me fusse borné à ce repas, sans chercher à faire rien apporter par le guichet; je n'aurais pas perdu un portefeuille dans lequel il y avait treize cent livres, environ dix heures du même jour. Sur ce qu'on s'était aperçu que mes compagnons d'infortune étaient trop gênés dans la chapelle[1], on en fit appeler une quinzaine que l'on fit monter dans nos chambres où il y avait un peu plus d'espace, et on distribua à peu près pareil nombre dans deux cachots voisins de la chapelle. Nous apprîmes à peu près en même temps que la veille il était arrivé en la même prison que nous, cinq de nos concitoyens qui étaient partis de la maison de l'Esperonnière le lendemain de notre départ. Leurs noms sont: *Chardot, Poton, l'Estourbeillon, Devay,* aîné, et *Chauchy*[2]. On nous

[1] Voir dans *Villenave* le récit épouvantable de la situation des prisonniers de la chapelle.

[2] « Ces cinq nouveaux prisonniers sont destinés à remplacer quatre des premiers dont l'élargissement avait été décidé et qui a été effectué quelques jours plus tard et un autre qui s'était évadé en route, mais qui a eu le malheur d'être repris plus tard et ramené à Angers. » (Note d'un fragment du *Journal de Pellerin* publié par Verger aux *Archives curieuses de Nantes*, II, 131).

parla dans le cours de la journée, mais vaguement, de l'approche des brigands. Le lendemain mardi, *13 frimaire ou 3 novembre*, nous entendions du canon, c'étaient les brigands qui attaquaient la ville pour entrer'. La prison n'est pas éloignée de la porte Saint-Michel ; une de leur principale attaque était dirigée vers cette porte. Les boulets passaient par-dessus la cour de notre prison. Il tomba même plusieurs balles, un biscayen, et plusieurs morceaux de mitraille, un entre autres de la largeur d'un pouce tomba aux pieds du citoyen *Buscher* qui le ramassa de suite ; ils continuèrent leurs attaques dans la journée et le lendemain ; ce fut en vain, ils se retirèrent environ dix heures du soir. Le soir du même jour, *14 frimaire*, le citoyen *Charette-Boisfoucaud* mourut d'une révolution de goutte².

Le 16 frimaire, nous vîmes entrer parmi nous le citoyen *Hernaud* qui avait été ramené de Nantes. Il compléta le nombre des 133 Nantais détenus.

Le 18 frimaire ou 8 décembre, les mêmes détenus nantais proposèrent entre eux une quête en faveur des blessés au

---

¹ On lit dans l'abbé Deniau : « En passant à Angers, les patriotes qui sont dans la bande (des 132 Nantais) demandent à défendre la ville, qui était sur le point d'être attaquée par les Vendéens ; on repousse leur sollicitation. » *Hist. de la guerre de Vendée*, (III, p. 509.) Cette demande est confirmée par la relation Villenave Il faut remarquer que l'abbé Deniau, p. 503, commet une erreur en parlant des 132 Nantais Il dit qu'ils furent embarqués sur la Loire à Nantes pour remonter le fleuve et qu'on devait les noyer en passant aux Ponts-de Cé. Le voyage s'effectua par terre. Il confirme cependant l'opinion générale où l'on était de leur massacre et le mélange de citoyens de toutes opinions. Leur arrestation était donc plus tôt motivée par des convoitises particulières ou des rancunes personnelles que par des raisons purement politiques.

² Villenave dit qu'on avait affecté de mettre son nom en tête de la liste des prisonniers, pour faire croire que tous « étaient des scélérats de la Vendée et pour attirer sur eux l'indignation des républicains. » Il lui fallut des vésicatoires : « à la demande qui en fut faite, on répondit : s'il en a besoin qu'il aille les chercher !. »

siège ; elle s'éleva à 2400 fr. qui furent envoyés à la municipalité[1]. Le seul citoyen *Billard*, un des nôtres, y contribua pour 1000 francs.

Le 10, le citoyen *Rousseau* étant tombé malade fut transféré de la prison nationale à l'hôpital Saint-Jean. Dans la nuit du 20 au 21 *frimaire*, le citoyen *Gauthier* (Gaulier) mourut d'une maladie de poitrine meslée de chagrin.

Le 21 frimaire, les citoyens *Duberne, Fleurenceau Descostières, Geslin* et *Boncalet* furent élargis et déclarés libres[2].

Le 26 frimaire, le citoyen *Joseph de Monti* paya le tribut à la nature, au bout de quelques jours de maladie.

Le 27 frimaire ou 17 décembre, le citoyen *Castellan* fils eut le même sort ; il était déclaré pulmonique dès en partant de l'Esperonnière et même longtemps auparavant. Il décéda environ les quatre heures de l'après-midi dans la chapelle où nous avions été déposés en arrivant, c'est-à-dire la majeure partie.

Dans le cours de la même journée, nous eûmes le chagrin de voir un jeune prisonnier qui était sorti le matin d'un cachot étant très-malade ; son état ayant empiré, il donnait encore signe de vie, on le jetta néanmoins sur trois cadavres qui étaient ensevelis et qui mis au bas de l'escalier en attendant le moment de les inhumer reçurent ses derniers soupirs.

Le même jour, il tomba presque mort à nos yeux un autre prisonnier en satisfaisant à ses besoins. Le malheureux était blessé dangereusement et on ne s'inquiétait aucunement de le faire soigner. Dans la même soirée, un ancien prisonnier se jeta dans le puits qui était très profond. Il en fut aussitôt retiré par un de ses camarades qui se précipita, pour ainsi

---

[1] Ce sont les quatre prisonniers dont il a été question ci-dessus, et pour le remplacement, de qui on en avait envoyé quatre autres.

[2] Confirmé par Villenave qui ne cite pas la générosité du citoyen Billard. N. S. priait pour ses bourreaux ; les Bretons prisonniers réunissaient de quoi soigner leurs meurtriers. Admirables sentiments chrétiens !

dire après lui, en s'aidant néanmoins de la chaîne ; nous lui donnâmes environ 50 fr. pour sa bonne action.

J'omettais de relater ici que depuis l'instant de notre arrivée on nous distribuait à peu près trois livres de pain pour deux jours à chacun. Cette distribution se faisait quelquefois tous les jours, d'autres fois tous les deux jours ; mais ce pain était si mauvais, si noir et si mal cuit, qu'il était presque impossible d'en manger. Il fallait cependant bien en faire sa subsistance, et malgré que nous en distribuions beaucoup aux prisonniers, il y en avait beaucoup de perdu. D'un autre côté, nous eûmes une peine infinie à nous procurer des vivres au dehors ; plusieurs traiteurs de la ville refusaient de nous en fournir ; il n'y eut que celui qui tient la *Boule d'or* qui voulut y consentir ; mais ayant plusieurs fois été dans l'impossibilité de le faire, nous étions dans ce cas obligés d'en faire demander au concierge par l'entremise de nos concitoyens qui étaient dans les chambres hautes ; alors on nous envoyait pour huit, et cela est arrivé plusieurs fois, une mauvaise soupe, environ une livre de bœuf, un quarteron de lard, que l'on nous faisait payer dix liv. Le vin d'ailleurs était fort dur, très vert, on ne peut plus épais ; en le buvant, on pouvait dire je bois et je mange tout à la fois. Il était tel enfin, que le concierge nous le donnait, car il ne souffrait pas que l'on s'en procurât du dehors. Nous le lui payions cependant 15 fr. la bouteille.

J'ai également oublié de relater que dans les jours qui suivirent l'attaque d'Angers ou, pour mieux dire, la retraite des brigands, on amena beaucoup de prisonniers faits sur eux et pris en partie les armes à la main. Un, entre autres, avait reçu un coup de feu dans la joue qui lui avait passé derrière la tête. Un autre qui nous déclara qu'il était prestre, et ne resta pas, ainsi que le premier, plus de deux heures en prison. On les retira avec plusieurs autres, pour aller au supplice.

Le *28 frimaire*, ou mercredi *18 décembre*, un des garçons guicheliers vint nous avertir, de la part des officiers municipaux, que nous eussions à nous tenir prêts à partir pour le lendemain matin à cinq heures. Il était alors neuf heures du soir. Il nous parla à travers la porte de l'un de nos cachots dont j'ai pareillement omis de donner les dimensions ; celui de l'entrée avait onze pieds de largeur sur environ quatorze pieds de longueur, six pieds et demi de hauteur. Il était d'environ un pied plus bas que la cour. La porte était fort petite, et il fallait se baisser pour la passer, ce cachot n'était éclairé, quand la porte était fermée, que par une ouverture de trois pouces quarrés qui était pratiquée à cette porte. Devant ce cachot à environ trois pieds de distance était un égout, en majeure partie ouvert, par où passaient toutes les immondices de la cour des femmes et de celle des hommes. Cet égout répandait souvent une odeur très infecte et fort incommode. L'autre cachot, auquel le nôtre servait de communication, était à peu près de la même dimension et n'était éclairé que par une petite ouverture pratiquée dans le mur. Nous étions dix détenus dans chaque, dont quatre étrangers. On nous renfermait tous les jours régulièrement à quatre heures du soir et même souvent dès trois heures et demie, et on ne nous ouvrait qu'après huit heures du matin ; nous n'eûmes de paille fraîche que la veille de notre départ, quoiqu'il nous en fût dû tous les quinze jours[1].

Le lendemain, *29 frimaire ou 19 décembre*, les garçons de geôle vinrent nous prévenir de nous préparer à partir. Ils nous donnèrent de la lumière, et, après nous être habillés, nous fîmes nos paquets et attendions que l'on nous donnât l'ordre du départ. Environ 7 heures, tous nos camarades des chambres hautes, à l'exception des malades, étant descendus dans la cour, nous y vîmes entrer des gendarmes qui avaient de grosses pelottes de corde avec lesquelles ils nous attachèrent six par six. Sortis de la prison, on nous fit mettre sur deux

---

[1] L'ancien capitaine au régiment de Penthièvre en était encore aux anciens règlements et à la discipline militaire qu'il connaissait si bien.

lignes devant les halles, et après avoir fait choix des plus âgés et des infirmes, on les fit monter dans des voitures et charettes préparées à cet effet. J'ai dit plus haut que nos camarades étaient descendus dans la cour, excepté les malades. Il s'en trouva 17 qui restèrent, sçavoir : les citoyens *Rousseau, Lepot, Crespin, Lamé-Fleury, Pilorgerie*[1], *Du Pont de la Roussière, Hamon Thébaudière, Du Fou, Bernède, du Rocher, Garet du Chatelier, Ballais, Cotel, Pisançon, Marie, Colas de Malmusse* et *Chevalier*. Les préparatifs du départ achevés, nous nous mîmes en marche au nombre de 111, et pour sortir de la ville on nous fit faire encore un tour beaucoup plus long qu'il ne fallait. Nous étions toujours liés six à six, c'est-à-dire qui allaient à pied : nous étions sur deux lignes au milieu d'un détachement de volontaires au nombre de quarante et sept gendarmes ; nous nous aperçûmes que le peuple nous regardait avec beaucoup d'intérêt, et semblait partager la peine que nous ressentions[2]. A une lieue de la ville le commandant nous permit ou du moins ne s'opposa pas à ce que nous eussions quitté nos cordes. Il nous laissa même toute liberté d'aller comme bon nous semblait, en

---

[1] On lit dans la *Relation Villenave* : « On ne pourrait voir sans attendrissement des vieillards, des goutteux, des infirmes, des convalescents emprunter le bras des gendarmes pour se soutenir. Le vieux Pilorgerie surtout, blessé dangereusement par une chute sur une bouteille brisée au fond de l'escalier le plus noir, et dont la plaie s'ouvrant au plus léger mouvement, le mettait à chaque instant en péril de la vie, qu'il a perdue depuis, fut arraché de son lit, amené presque nud, le bras en écharpe et la culotte sur les talons. La pitié que manifestèrent quelques hommes sensibles, attirés par la curiosité, détermina à le faire rester. »

[2] Villenave dit au contraire : « On nous fit traverser presque toute la ville : nous ne savons si cette traversée était nécessaire, mais une ou deux fois, sans la fermeté des militaires qui nous accompagnaient, elle nous eût été fatale. Nous arrivâmes au milieu *des cris et des menaces* à l'extrémité du faubourg que l'approche des brigands avait fait incendier dans presque toute sa longueur. »

nous recommandant cependant de ne pas nous écarter du chemin[1]. Nous arrivâmes de fort bonne heure à *Saint-Mathurin*. Je m'y rendis à pied ; et après qu'on nous eût fait entrer dans l'église ; nous nous procurâmes des vivres, et pendant que nous mangions nous apprîmes qu'il arrivait de Saumur 1.500 hommes de troupe pour coucher audit lieu de Saint-Mathurin. Le commandant, qui nous confirma cette nouvelle, nous prévint que, pour des raisons particulières, il avait décidé que nous nous rendrions le soir *aux Rosiers*, et de suite, nous ayant fait sortir de l'église, nous nous mîmes en marche et arrivâmes aux Rosiers environ 8 heures du soir[1]. Je m'y rendis encore à pied ; nous couchâmes, la majeure partie, dans une écurie; les autres furent assez heureux pour aller coucher chez des habitants, où ils furent parfaitement bien reçus.

Le vendredi *30 frimaire ou 20 décembre*, nous partîmes pour *Saumur*, nous y arrivâmes environ 3 heures, jour de décade, au milieu des huées et des menaces du peuple et surtout de beaucoup de militaires[2]. Ces menaces causèrent bien

---

Ce commandant n'était plus Boussard. Nous regrettons, dit Villenave qui confirme sa bienveillance, de ne pouvoir faire connaître son nom. Il était originaire de Mayence.

[2] D'après ce qui a été dit plus haut et les paroles de Naux à Boussard, on comprend que le commandant voulait ainsi éviter un massacre qu'il avait trop lieu de craindre s'il avait laissé les 111 Nantais en face des 1500 hommes de troupe envoyés pour coucher à leur place et combattre ensuite les brigands. Villenave est persuadé que le voyage d'Angers à Saumur avait été combiné pour ce massacre. L'officier municipal qui pourvut au logement des prisonniers aux Rosiers « s'étonna de nous voir encore en vie et nous assura *que nous avions été fusillés aux Ponts-de-Cé* »

A Saumur, dit l'abbé Deniau, on les place dans une cour où trente-six prisonniers de l'armée royale attendent la mort ; le bourreau leur offre comme spectacle de faire, devant eux, « cracher au bassinet » tous ces infortunés en moins d'une heure. » (III, p. 509). — Villenave

de l'inquiétude à la majeure partie de nos concitoyens. Ils craignaient fort que l'on ne se fût porté à quelques extrémités fâcheuses contre nous, d'autant qu'au bout du Pont-Neuf, un militaire, homme à moustache, apostropha le citoyen *Gautier*, l'un de nos camarades, en disant qu'il était un brigand, qu'il le reconnaissait pour lui avoir coupé les cheveux et qu'il avait envie de lui couper le cou.

Nous fûmes déposés dans la prison nationale, où en arrivant, nous aperçûmes cinq ou six cadavres étendus sur le pavé d'une espèce de remise ou de hangard ; plusieurs, nus, semblaient y avoir été mis depuis plusieurs jours, car ils répandaient une odeur infecte. Le lieu que l'on nous préparait était une grande salle basse vis-à-vis de cette remise. Elle était séparée en deux ; mais de beaucoup trop petite pour pouvoir nous contenir tous ; puisqu'on fut obligé de faire sortir d'un très grand grenier lambrissé des femmes couchées sur la paille, et dont plusieurs étaient bien malades. Il y monta environ vingt-cinq des nôtres. Le lendemain de notre arrivée, nous eûmes la visite du commandant de la place qui, après nous avoir écoutés avec assez d'intérêt, chercha à nous consoler en nous assurant qu'il ferait tout ce qui serait en lui pour adoucir notre sort et la rigueur de notre position, que déjà on avait, dès la veille, cherché à détromper la Société populaire sur notre compte, et que même il avait fait punir celui qui avait menacé un de nos camarades de son sabre ; comme de fait le même particulier fut amené

raconte ainsi la chose : « L'exécuteur étant un jour à la geôle avec plusieurs de nos camarades, s'informa de notre nombre, et nous regardant déjà comme une proie assurée. « *Savez-vous bien, dit-il, que je suis capable de vous expédier tous en moins d'une heure ?* » Tout ce que nous voyions, tout ce que nous entendions semait dans nos cœurs l'épouvante et l'horreur.

Après cinq jours de résidence dans les affreuses prisons de Saumur, le citoyen Follie, adjudant de la place, qui vint nous annoncer notre départ se servit de ces paroles remarquables : *Réjouissez-vous, mes amis, demain vous partez pour Paris.* »

dans la même prison que nous. Et sur la prière que nous fîmes à ce commandant[1] de donner des ordres pour faire enlever les cadavres dont il est parlé plus haut, et qui continuaient de nous infecter, il les fit enlever sur le champ et défendit qu'on en mît davantage dans cet endroit. Le matin du même jour on nous avait distribué du pain en même quantité qu'à Angers, mais infiniment meilleur ; nous eûmes toute facilité pour faire venir des vivres de la ville et les autres objets dont nous pouvions avoir besoin ; nous étions obligés de nous servir des volontaires qui étaient de garde ; ils nous rançonnaient beaucoup, mais c'était une nécessité à laquelle il fallait céder. Dans le cours de la journée, nous eûmes occasion de nous assurer qu'à la prison où nous étions détenus il n'y avait que des gens arrêtés pour cause de la Révolution. La commission militaire et le tribunal révolutionnaire paraissaient fort occupés à juger des détenus ; car on tirait de cette prison plusieurs citoyens et citoyennes pour être conduits au supplice[2]. *Le 23 décembre ou 3 nivôse*, nous vîmes une trentaine de ces citoyens que l'on garottait pour les conduire hors la ville et pour les fusiller. Le même jour, les citoyens *Du Fou, Pisançon, Ballan, Chevalier* et *Hamon-*

---

[1] La relation Villenave attribue cet acte d'humanité à plusieurs officiers de l'Etat major (p. 23).

[2] « L'avant-veille de notre départ de Saumur, nous eûmes sous les yeux le triste spectacle de trente-six individus liés et garottés, qui restèrent dans la cour depuis la pointe du jour jusqu'à dix heures du matin, et qui durent être fusillés le jour même à une demie-lieue de la ville. » *(Relation Villenave* p. 23). C'est à quoi elle faisait allusion lorsqu'elle dit : « Le commandant temporaire de Saumur vint aussi nous prévenir que nous partirions le lendemain pour Paris ; que nous ne devions plus concevoir aucune inquiétude ; qu'il était arrivé un événement sinistre à un convoi de détenus dont plusieurs avaient été victimes, mais que nous n'aurions point à craindre un semblable événement ; que nous serions escortés par un bon détachement, et qu'il marcherait lui-même à notre tête jusqu'à la sortie de la ville. »

Thébaudière qui étaient restés malades à Angers, nous rejoignirent et nous apprirent la mort du citoyen *Garet du Chatelier*.

Le *4 nivôse ou 24 décembre*, le citoyen Gomer, commandant de la force armée, chef de division, maréchal de camp et commandant de la place qui était en état de siège lors de notre passage, vint nous prévenir que le lendemain nous partirions pour aller à notre destination, mais que nous ne devions être nullement inquiets, que nous serions bien escortés par un détachement de volontaires dont nous pouvions être sûrs, et que, pour prévenir ce que nous avions éprouvé à Saumur en entrant, il marcherait lui-même à notre tête jusqu'à la sortie de la ville[1]. Ce fut le commandant temporaire qui nous tint ce langage qu'il effectua. Le général Gomer nous mit entre les mains d'un officier de gendarmerie[2] auquel il dit qu'il répondait de nous sur sa tête jusqu'à Paris. Le lendemain *5 nivôse ou 25 décembre*, nous partîmes de Saumur escortés de la manière que le commandant temporaire de la ville nous avait promis et sous la conduite du citoyen Beauvilliers, officier de gendarmerie, homme très borné et fort dur. Nous arrivâmes d'assez bonne heure à la *Chapelle-Blanche*[3]; on nous déposa dans un grand magasin; on

---

[1] On croirait d'après ce passage que Villenave a dû se servir du manuscrit de M. de la Guère dont il a peut-être eu communication pendant leur commun séjour en prison.

[2] « L'officier de gendarmerie qui devait nous conduire commença par jurer qu'il ferait fusiller le premier qui s'écarterait d'un pouce. Il fut mis en réquisition un nombre de charettes et de chariots tel que presque aucun de nous ne fut forcé d'aller à pied. La municipalité fit défense de nous invectiver à notre passage. Un des principaux officiers nous accompagna jusqu'aux barrières afin de protéger notre sortie. » (*Relation Villenave*).

[3] « Nous fîmes tranquillement notre route jusqu'à la Chapelle-Blanche, où nous couchâmes sur la paille, dans un grenier à blé. Un malade s'y procura un matelas pour 18 francs. Le commandant ayant requis

nous y distribua du pain et nous nous procurâmes des vivres que nous payâmes excessivement cher : la livre de pain, on nous la faisait 28 sols et la pinte de lait 20 sols. Ensuite de quoy on nous donna de la paille pour nous coucher que nous payâmes 1 l. la botte ; quelques-uns cependant qui étaient dans une pièce particulière furent obligés de se coucher sur les planches parce que vraisemblablement ils ne purent se procurer de la paille.

Le lendemain *6 nivôse* ou *26 décembre* nous arrivâmes à *Langeais*[1], et nous couchâmes dans une maison particulière proche le château, où les officiers municipaux vinrent nous visiter. Ils nous rendirent tous les services possibles dans les circonstances, en nous apportant eux-mêmes de la soupe et nous faisant procurer des matelas qui nous firent d'autant plus de bien, qu'il y avait longtemps que nous nous étions couchés autrement que sur la paille.

Le vendredi *7 nivôse ou 28 décembre*, nous couchâmes sur la levée, dans une auberge à l'extrémité du faubourg *de Tours*[2].

de la paille, on protesta qu'il n'y en avait point ; il ne s'en trouva que lorsque chacun de nous eut consenti à la payer. (*Relation Villenave*). »

[1] A Langeais, dit l'abbé Deniau, ils sont bien accueillis. (III, p. 509). La relation Villenave donne plus de détails, p. 31 : « à Langeais, la municipalité nous fit un accueil favorable. Elle nous logea dans une maison particulière ; nous eûmes la faculté de louer des matelas. Le maire donna tous ceux qu'il avait chez lui. Il apporta lui-même la soupe aux malades ; nous écrivîmes sur une des cheminées de la maison : *Les Nantais reconnaissants aux habitants de Langeais.* »

[2] « Auprès du pont de Tours s'élevèrent des clameurs non moins violentes qu'à Saumur ; heureusement nous n'entrâmes pas dans la ville. On nous parqua dans une auberge dont le propriétaire était mort depuis trois jours, et sur les effets duquel le scellé était apposé. Les chambres ne suffisant pas à la moitié de nous, quoique nous occupassions toute leur superficie, il fallut bien que l'autre moitié couchât dans l'écurie. On alluma dans la cour un grand feu : nous étions

Plusieurs se procurèrent des lits ; comme je ne pus pas en avoir, je passai une partie de la nuit à faire cuire du bœuf qu'on nous avait distribué, et le reste du temps, je le passai dans un fauteuil, et le lendemain matin, je m'en dédommageai en prenant un bon bouillon de ma façon ; mais la majeure partie qui n'avait point eu de lit fut obligée de coucher dans l'écurie et même d'acheter de la paille pour se coucher ; ils la payèrent 1 l. la botte. On nous donna l'étape en pain et en viande ; plusieurs refusèrent la viande ne sachant qu'en faire, mais il y en eut qui prirent le parti d'en faire de la soupe pour le lendemain, avant de se mettre en marche.

Le samedi *8 nivôse ou 28 décembre*, nous arrivâmes à *Amboise*[1]. Le commandant nous fit entrer de suite dans une chapelle dédiée à Notre-Dame de la Garde et servant de succursale. Tout ce qui était dans la dite chapelle était brisé et sens dessus-dessous. Le citoyen *Fleuriot* y perdit son portefeuille dans lequel il y avait à peu près 100 fr. Nous la trouvâmes remplie de décombres, de statues de saints qui avaient été, nous dit-on, brisées la veille de Noël par 5 hommes de la ville, au moment où le prestre commençait l'office de

fatigués ; nous avions plusieurs malades ; nos santés commençaient à s'altérer ; nous comptions sur un séjour, il nous fut refusé. Dès le matin l'on nous mit en route. Nos malades ne purent obtenir d'être déposés à l'hôpital. » (p. 31. *Relation Villenave*).

[1] « Nous couchâmes à Amboise dans la chapelle du Bout-des-Ponts. Elle était dépavée ; l'air en était putride. Nous comptions n'y être que par entrepôt. Il y avait des auberges, on ne pouvait nous y loger, mais l'on nous apporta de la paille ; les débris de l'autel et les statues brisées nous servirent d'oreillers. En effet, quelques jours auparavant, la fête de la Raison avait été célébrée dans cette église. Pour purifier l'air quelques-uns s'avisèrent d'allumer du feu. Le remède fut pire que le mal et pendant plus de trois heures nous fûmes fatigués par une fumée épaisse que nous n'avions pas de moyens de dissiper. » (*Relation Villenave*).

Noël. Ils avaient en outre chassé le prestre, déchiré et brûlé tous les livres, ornements, linge, etc.... dépendants de cette chapelle¹. Le commandant, en nous y faisant entrer, nous dit que nous n'y resterions pas, qu'il allait de suite nous chercher un autre guide ; mais nous ne tardâmes pas à éprouver qu'il ne fallait pas compter sur cette promesse, car au bout d'une demi-heure, on vint nous apporter de la paille, j'eus aussi un matelas, présage assuré que nous devions passer la nuit dans cette chapelle, qui, outre l'état de délabrement dans lequel elle était, se trouvait décarrelée dans presque tous les endroits et très humide; c'était une pure mauvaise volonté de ce commandant qui se refusa absolument à ce que nous fussions couchés dans les auberges qui avoisinaient cette chapelle, et dans lesquelles il était très possible de le faire. Nous y eûmes également l'étape en pain et en viande. Nous fîmes également faire de la soupe pour le lendemain avant de partir.

Le 9 nivôse ou 29 décembre, un dimanche, nous arrivâmes à Blois. Deux² officiers municipaux, accompagnés de notre commandant qui avait pris les devants, vinrent au devant de nous. Ils nous accompagnèrent jusqu'au couvent des Carmélites, où on nous déposa pour y passer la nuit. On nous y distribua du pain. Nous fîmes venir des vivres du dehors. Ensuite de quoy on nous donna à partie de nous des matelas et de la paille aux autres, parce qu'il n'y avait pas assez de matelas.

¹ C'est ce que la relation Villenave appelle célébrer la *fête de la Raison !*

² « Deux officiers municipaux de Blois vinrent au devant de nous, lors de notre entrée dans cette ville. Leur présence fit cesser les injures et les menaces dont nous ne manquions jamais d'être assaillis ; nous fûmes logés à la maison des ex-Carmélites; nous reçûmes à Blois des paroles de consolation, nous y trouvâmes de l'humanité ; nous y vîmes des Républicains sensibles à nos malheurs. » (*Relation Villenave*, p. 32).

Le lendemain *10 nivôse ou 30 décembre*, après avoir laissé malades, à *Blois*[1], les citoyens *Villenave*, *Saint-Brancard*, *Aubry*, jeune, et *Desbouchaud*. Nous partîmes au nombre de 112, nous arrivâmes à *Beaugency*[2], où le citoyen *Cornet*, notre concitoyen[3], établi au dit lieu, nous procura des logements dans trois auberges ; nous y fûmes fort bien traités, mais il nous en coûta fort cher.

Le *11 nivôse ou 31 décembre*, nous fûmes coucher à *Orléans*[4], dans le séminaire, où les habitants de la ville nous envoyèrent des draps pour tous ceux que nous étions. J'en profitai et me déshabillai pour la première fois depuis mon départ de Nantes. Dans ce lieu nous apprîmes la mort du citoyen *Le Pot* que nous avions laissé malade à Angers. Nous nous attendions à avoir séjour dans cette ville ; nous avions même intéressé la municipalité à l'effet de solliciter auprès

---

[1] « Nous eûmes le bonheur de laisser à Blois nos malades : ils étaient quatre ; deux sont morts. Nous partîmes au milieu des clameurs, escortés par la réquisition de *Mer*. » (*Relation Villenave*).

[2] « Nous fûmes bien reçus à Beaugency. On nous répartit dans trois auberges, deux par lit ou par matelas. C'était le premier repas que nous faisions à table et la première nuit que nous passions entre les draps aucun de nous ne s'était déshabillé depuis trente-quatre jours. Nous avions été conduits de cachots en cachots, d'églises en églises, d'écuries en écuries, couchant toujours sur la paille souvent pourrie. » (*Relation Villenave*).

[3] Cornet, qui était en effet de Nantes, fut sénateur sous l'Empire.

[4] « Nous étions accablés de fatigues quand nous arrivâmes à Orléans. Depuis notre départ de Saumur, nous avions fait chaque jour, sans discontinuer, six, sept, huit et même neuf lieues. Ceux qui étaient montés sur des charrettes ne souffraient pas moins que les piétons. Nous avions encore plusieurs malades ; nous demandions un séjour : l'humanité et la justice le réclamaient. Les trois agens nationaux, après s'être bien informés de notre qualité, étaient d'avis qu'on nous l'accordât ; le commandant de notre escorte s'y refusa opiniâtrement. On nous a dit que l'un des deux malades que nous avons laissé à Orléans y est mort. » (*Relation Villenave*).

du commandant Beauvilliers; mais il se refusa à toutes espèces de sollicitation. Il fallut bien se soumettre au désir qu'il avait d'arriver *à Paris*.

Le lendemain *12 nivôse ou 1ᵉʳ janvier 1794*, vieux style, après avoir laissé malades, à *Orléans*, les citoyens *De la Ville du Fou*, nous en partîmes pour nous rendre à *Arthenay*[1]; avant de sortir d'Orléans, ma belle-mère et ma belle-sœur[2], me firent passer chacune 300 livres que je leur avais fait demander en arrivant. Le commandant nous fit entrer dans les écuries de l'auberge et nous refusa la permission de prendre des lits. Il faisait très grand froid, nous fûmes obligés de coucher sur le fumier qui n'était pas relevé et sur lequel néanmoins nous étendîmes une botte de paille que l'on donna à chacun de nous; nous y reçûmes l'étape.

Le 13 nivôse ou le 2 janvier, nous arrivâmes à *Angerville*[3] où nous couchâmes dans une auberge. J'eus un lit. Je me des-

---

[1] « Nous ne pouvons que nous louer du traitement que nous avons reçu dans cette ville (Orléans). Il n'en est pas ainsi d'Arthenay. On nous logea dans des écuries fétides, sur une litière qui n'était autre chose que du fumier. Les consignes les plus sévères nous interdirent d'abord l'entrée de la maison et toute communication extérieure. Le froid était excessif, et l'on nous défendit d'allumer du feu dans la cour, mais ce qui est vraiment étrange, nous avions faim, il nous fut défendu de faire du feu, et l'on nous apporta de la viande crue. On nous donna à peine moitié de la paille qui devait nous être distribuée. Nous nous plaignîmes, mais l'aubergiste, qui était notable, nous menaça du cachot; ce ne fut qu'avec beaucoup de peine que nous obtînmes qu'on nous vendît de la paille. Sur le soir, cependant, quelques malades et infirmes purent pénétrer dans la maison et se procurèrent des lits moyennant dix livres, le très grand nombre ne sortit pas des écuries. » (*Relation Villenave*, p. 31.)

[2] Mᵐᵉ Alix de la Picardière et Mᵐᵉ de Juigné.

[3] Nous devions encore loger dans les écuries, à Angerville : on nous avait destiné celles de l'auberge que tenait le procureur de la Commune; mais elles étaient plus malsaines encore que celles

l'habillai et me mis entre des draps ; nous y payâmes tout fort cher. Un matelas mis dans la place avec des draps et une couverture pour deux personnes fut payé 10 francs.

Le lendemain *14 nivôse ou 3 janvier*, nous arrivâmes à *Étampes*, où nous couchâmes encore à l'auberge qui s'appelle les *Trois Maures*, où tout le monde se plaignit en sortant de cette auberge d'avoir payé fort cher. J'eus des draps, nous en profitâmes, le citoyen *Fleuriot* et moi, ayant toujours été compagnons de lit toute la route et pendant les séjours. Effectivement, nous les payâmes fort cher; mais nous fûmes bien chauffés.

Le lendemain *4 janvier ou 15 nivôse*, nous arrivâmes à *Arpajon*. Nous fûmes logés dans une auberge, on fit payer un lit entier, sçavoir le lit de plume, les draps, une cou-

d'Arthenay, et d'ailleurs, étant ouvertes de toutes parts, il eût fallu tripler la garde. Cela fit changer les premières dispositions ; mais les dernières furent si mal prises que, quoi qu'on nous eût mis dans deux auberges, cinq ou six ne purent esquiver l'écurie, malgré leurs réclamations. Plus nous approchions, plus nos fatigues croissaient. Le froid était vif; nous allumons, dans la cheminée d'une des chambres, un assez petit fagot ; l'aubergiste entre, dit que nous voulons incendier sa maison; il éteint le feu, culbute le bois, nous accable d'injures, et finit par menacer de nous assommer à coup de triques. Il semblait que presque tous les lieux de notre passage dussent être signalés par quelque déplaisir. » (*Relation Villenave*, p. 35].

' « Etampes nous consola d'Angerville ; nous y fûmes traités comme à Beaugency. Le maire et le commandant de la garde nationale nous visitèrent, et voulurent bien nous donner quelques marques d'intérêt.

« Il est impossible d'être plus mal logés et plus audacieusement pillés qu'à Arpajon Nous avons jugé inutile d'observer que tous les aubergistes nous ont écorchés ; mais l'hôte d'Arpajon passait les bornes. Au lieu de paille, il nous donna des paillasses détestables pour chacune desquelles il demanda un prix disproportionné, ainsi que pour son souper, qui n'était pas moins détestable que ses paillasses. Cela provenait de ce que les autorités constituées n'étaient pas instruites de notre passage sur leur territoire ; on nous jetait à discrétion au premier venu ; le

verture, 10 l., et le matelas de ce même lit mis dans la place sur une botte de paille, 8 l. Ceux qui se firent servir à souper payèrent en proportion. Quelques-uns de nos camarades furent tellement rançonnés, que, ne pouvant s'accorder avec l'hôtesse, ils partirent sans vouloir payer, en disant néanmoins qu'ils ne payeraient que d'après le règlement de la municipalité. J'ignore si depuis ils ont payé ; ce qu'il y a de certain encore une fois, c'est qu'ils partirent sans payer, parce que le commandant pressait trop pour le départ.

Le 16 nivôse ou dimanche 5 janvier, nous prîmes la route *de Paris*. On nous fit arrêter au *Bourg l'Égalité*, ci-devant la *Reine*, pour faire monter en voiture ceux qui étaient à pied ou

commandant ménage ceux qui se plaignaient de les attacher s'ils ne payaient pas. » (*Relation Villenave*).

L'abbé Deniau confirme le fait ainsi : « A Langeais ils sont bien accueillis mais à Angerville, et à Arpajon la foule vomit contre eux les plus cruelles imprécations et les dépouille de leurs vêtements. En arrivant à Paris, ils étaient morts de misère et de mauvais traitements... Ils restèrent oubliés à la Conciergerie, dans les cachots de la tour de Montgomery. Ils ne périrent pas. Le 9 thermidor étant survenu ils furent mis en liberté. » Non pas de suite mais longtemps après, comme on le verra.

' « Enfin le 16 nivôse, vers quatre heures du soir, nous arrivâmes à Paris. Nous y avions été précédés par la même erreur qui nous accompagnait sur la route ; on nous annonçait comme des rebelles de la Vendée ; on disait que nous étions l'état-major de l'armée catholique. Ce fut sans doute par l'effet de manœuvres qui seront un jour connues que, le lendemain de notre arrivée, tout Paris retentit de la nouvelle que cent dix brigands, venus de Nantes, allaient être fusillés dans la plaine des Sablons ; les journaux l'annoncèrent, les colporteurs crièrent nos noms dans les rues ; et le peuple trompé se porta sur les Champs-Elysées pour nous voir défiler. Chargés de cette inculpation, il n'est pas étonnant qu'on nous ait placés, à la mairie, dans un ci-devant grenier ; le pavé y était chargé de deux pouces de poussière de plâtre, dont l'aspiration n'a pas peu contribué aux maladies qui nous ont si cruellement affectés. Le concierge nous fit payer pour 50 francs de pots de chambre qu'il ne nous fournit point (*Relation Villenave p. 36-37*).

dans des charettes; de sorte que nous étions tous en voiture fermée.

A un quart de lieue de Paris, on envoya un détachement de 30 ou 40 gendarmes, pour renforcer notre escorte qui n'était composée que des volontaires de la première réquisition de Blois, dont la plupart étaient mal armés; enfin nous traversâmes tout Paris, c'est-à-dire depuis la barrière d'Enfer jusqu'à la mairie où nous arrivâmes à quatre heures de l'après-midi; nous fûmes hués par le peuple, qui d'après les impressions qu'on lui avait donné de nous, nous prenait, comme dans presque toute la route, pour des brigands de la Vendée; ils disaient même que nous étions de l'Etat-Major de l'armée catholique; nous avons même appris depuis que beaucoup de personnes avaient été au bois de Boulogne où elles avaient même loué des places pour nous y voir fusiller. On nous déposa à la mairie dans un grenier auquel on était à faire des réparations. Il y avait plus de quatre pouces d'épaisseur de plâtre très-humide répandu sur toute la place. Ce fut sur ce plâtre que nous étendîmes une botte de paille que l'on nous distribua à chacun à plus de dix heures du soir, que nous fûmes obligés de nous coucher; quelques malades eurent des matelas.

Nous arrivâmes 110 *à Paris*[1], c'est-à-dire le même nombre

---

[1] Barthélemy Maurice, élève de l'ancienne Ecole normale, dans son *Histoire politique et anecdotique des prisons de la Seine* (1840) nous dit que : « au fur et à mesure du besoin, on avait pris en France d'anciennes forteresses et d'anciens couvents pour garder les condamnés ou les prévenus; et nous n'avions pas un seul bâtiment qui eût été construit spécialement pour cette importante destination. » Louis XIV et Louis XV eurent bien autre chose à faire qu'à s'occuper des prisons. « Louis XVI qui venait d'abolir la question, tourna une pensée pieuse vers ces séjours du crime et de l'infortune. Il fit, de ses deniers, des changements pleins d'humanité à la Conciergerie, puis le 23 août 1780, il acheta l'hôtel du duc de la Force pour y renfermer les détenus du Fort l'Evêque et du Petit-Châtelet qu'il avait fait abattre. Ainsi, le premier de nos rois qui s'occupa de prisons devait être prisonnier, et cette

qui était parti d'Orléans. Il n'en eut cependant que 100 qui entrèrent à la mairie¹. Le citoyen *Cocaud de la Villeaudue* était tellement malade qu'on le conduisit de suite dans la maison de santé du citoyen Mahay, rue du Chemin-Vert, faubourg Saint-Antoine, où il mourut le lendemain, *17 nivôse ou 6 janvier 1794*, vieux style.

Le 18 nivôse ou le 7 janvier, à 11 heures du soir, nous fûmes transférés à *la Conciergerie²*; avant de sortir de la

Conciergerie, qu'il assainissait devait être pour la reine sa femme, et pour sa sœur le vestibule de l'échafaud.

Sous l'ancienne dynastie les prisons de la Seine étaient :

La Bastille et Vincennes, prisons d'État.

Le Fort-l'Évêque, maison de détention pour les dettiers ainsi que pour les comédiens réfractaires ou incivils :

La Conciergerie, la Tournelle, le Grand et le Petit-Châtelet, prisons proprement dites.

Bicêtre, Charenton, Saint-Lazare, la Salpêtrière, maisons de force et de correction, moitié hôpitaux, moitié prisons, également déplorables sous l'un et l'autre rapport.

En 1810, les prisons de la Seine étaient :

Le Dépôt de la préfecture de police.

La maison de justice (Conciergerie).

La maison d'arrêt de la Force.

Le dépôt des condamnés (Roquette)

Saint-Lazare, maison d'arrêt, de détention et de correction pour les femmes.

Les Jeunes Détenus (correction et détention).

Sainte-Pélagie, maison d'arrêt et de détention.

Clichy, maison d'arrêt pour dettes.

Les Madelonnettes (prévenus mâles).

Saint-Denis, maison de répression, maison d'arrêt.

Et Villers-Cotterets, dépôt de mendicité.

¹ La *Relation Villenave* dit : « Nous étions partis de Nantes au nombre de 132 ; nous ne sommes aujourd'hui que quatre-vingt-dix-sept. » Mais cela est écrit au moment du procès. Le comte de la Guère n'est pas tout à fait d'accord pour les chiffres.

² Le 18 nivôse, nous fûmes transférés à la Conciergerie, où nous

mairie, j'avais donné trois mouchoirs à laver, que je n'ai jamais pu revoir. Dans notre translation, nous fûmes escortés par la gendarmerie, la majeure partie de nous attachés deux à deux, et on en faisait descendre dix à la fois. Arrivé dans habitions, pour la plupart, les cachots de la tour Montgomery ; nos malades remplissaient l'infirmerie. *(Relation Villenave, p. 39).*

Le philanthrope anglais Howard dit de la Conciergerie dans son excellent livre des *Prisons de France* : « Les cachots y sont obscurs et infects. » Mais transcrivons ce passage de la brochure de Sirey sur le Tribunal révolutionnaire, an III. « *Entrée à la Conciergerie.* — Descends à la Conciergerie, et sache tout à la fois baisser *la tête, lever le pied*, pour pénétrer dans ce séjour de détresse et de douleurs (on affirma que cette espèce de porte de forme si bizarre avait été faite pour forcer la reine Marie-Antoinette à baisser la tête, ce qu'elle sut ne pas faire tant elle était digne ; c'est par cette porte que dut passer aussi M. de la Guère qui occupa quelque temps le propre cachot de Marie-Antoinette).

« Entre, mais ferme les yeux pour traverser ces corridors lugubres : des murs encore teints de sang rappelleraient à ton cœur les massacres de septembre ! (M. de la Guère le constate dans son mémoire) Rassure tes sens contre la voix rauque et sépulcrale d'un guichetier, contre le regard effroyable de son dogue, le seul être caressé, gras et heureux dans les prisons.

« Entre. Tes forces épuisées ont besoin de nourriture : Eh ! bien, tu recevras du pain et de l'eau que tu pourras assaisonner de tes larmes ; tes membres harassés appellent le repos, eh bien, le cachot de Bombec t'offrira une de ses trente-six bières ; de la paille pourrie, un séjour infect, éloigneront peut-être le sommeil de tes paupières : tant mieux, car les rats, pendant que tu dormirais, pourraient bien te dévorer, tant mieux encore, car dans les nuits d'été tu risquerais d'étouffer, si tu n'allais huit ou dix fois ouvrir ta bouche et rafraîchir tes poumons à l'air du soupirail. » *(La Démagogie à Paris p. 116).* Ces cachots infects ne servaient même pas de prisons sous la monarchie. C'étaient les substructions anciennes du Palais, abandonnées depuis longtemps. On connaît toutes les mesures prises par l'infortuné Louis XVI pour adoucir le sort des prisonniers et ses ordonnances spécialement bienveillantes pour les habitants de la conciergerie. Ce fut au nom de la *Liberté* de l'*Egalité* et de la *Fraternité* que la République entassa dans ces bouges les malheureux dont la plupart ignoraient les crimes qu'on leur reprochait !

« Mais n'oublions pas le rapiotement : lecteur, ce mot nouveau ne dit

une cour, un grand cocher, à la porte de sa remise, vint à moi, ouvrit sa tabatière et me dit : « Tiens, prends une prise de tabac, c'est moi qui ait conduit le ci-devant roi à la guillotine » ; je répondis que cela ne m'occupait pas et on nous fit prendre la route de notre nouveau gîte qui est peu éloigné de la mairie. J'y arrivai portant mon porte-manteau, ma couverture, et un petit sac sur le dos que j'avais fait faire exprès. Dans toute la route, je portais toujours mes petites affaires. Nous arrivâmes à la *Conciergerie*, environ les minuit ; nous fûmes distribués dans différents cachots, sur la paille.

rien à tes oreilles ? Apprends que ce nouveau terme signifie une atrocité nouvelle ; que pourrait-il signifier de plus, inventé sous le règne de la tyrannie, de la terreur, pendant le silence mortel des droits de l'homme ! Sache donc qu'aussitôt descendu de ton chariot, tu es empoigné par quatre goujats qui, de la tête aux pieds, dans la tresse de tes cheveux, dans les replis de ta culotte et jusqu'entre les semelles de tes souliers, furètent insolemment pour trouver des bijoux, des effets précieux : l'or, l'argent, les assignats, les doux billets de ta femme, jusqu'aux productions de ton génie, tout est soumis à leur investigation, à leur extorsion. Les femmes y sont sujettes comme les hommes ; pour elles on double de zèle, et chacun devine la délicatesse, le tendre souris, le mot plaisant dont un guichetier accompagne cette cérémonie. J'ai vu des femmes vertueuses, pudiques, s'évanouir à l'aspect, au sentiment de ces manipulations indécentes. (*La Démagogie à Paris*, par G. A. Dauban, p. 416).

¹ Le comte de la Guère avait la prestance et même la corpulence des membres de la famille de Bourbon. Son port de tête pouvaient lui donner une certaine ressemblance avec le roi Louis XVI ou avec Mᵍʳ le comte de Provence.

² Le palais de Justice, *l'édifice de nos lois* comme disent les guides, le capitole de la France, comme disait de Thou, ce monument le plus curieux et le plus ancien de la cité est le plus riche à coup sûr de grands souvenirs. Le comte Eudes y soutint et y repoussa un siège de deux années par les Normands : c'était alors une forteresse. Le fils de Hugues Capet, Robert le Pieux, en fit un château et saint Louis un palais, que Philippe Le Bel agrandit et où Louis le Gros se maria. Louis IX y promulgua les établissements et la pragmatique-sanction. Résidence officielle de nos rois de la première et de la

Je fus mis avec une quarantaine de mes camarades dans une ancienne chapelle à l'entrée du cachot nommé le *Grand César*. Fleuriot et moi étions à la porte, où on nous avait mis un seillot pour faire nos besoins; c'était une infection, et pour comble d'agréments, nous avions sous les yeux les traces du sang qui avait coulé dans les prisons les 2 et 3 septembre. Plusieurs de nos compagnons, logés dans la tour de Montgomery furent oubliés, lorsqu'on ouvrit les portes des cachots où nous étions, de sorte qu'ils restèrent jusqu'à plus de deux heures après-midi sans que l'on s'aperçut de cet oubli. Il y avait dans cette tour plusieurs des nôtres malades qui furent transférés à l'infirmerie[2], entre autres le citoyen

seconde race, ce palais même devint l'asile de la justice, la salle des fêtes ou des assemblées populaires, quand, pour aller habiter l'hôtel Saint-Paul et le Louvre, la royauté l'abandonna.

En 1518, un des ancêtres maternels de Bernardin-Marie, Pantin de la Guère, qui était un des plus grands capitaines du parti armagnac, Raymonet ou Œonnet des Salles, seigneur de la Guère, fut pris par les Bourguignons et massacré avec M⁸ʳ d'Armagnac, le connétable et le président de Marle. Son corps mis à nu et exposé sur la table de marbre de ce même palais pendant vingt-quatre heures, fut traîné sur une claye dans tout Paris et abandonné dans les cultures Sainte-Catherine après qu'on lui eût levé plusieurs bandes de chair sur le corps, pour y tracer d'une façon sanglante l'écu de ses armes devant lequel avait souvent tremblé la populace parisienne qu'il ne ménageait guère (V. de Barante, Monstrelet, le *Journal d'un Bourgeois de Paris*, *Histoire de Bourgogne*, et tous les historiens de cette époque et les chroniqueurs de l'un ou l'autre de ces partis.) Sa réhabilitation fut proclamée ensuite par le roi Charles VII et divers biens octroyés à ses enfants en compensation des tourments subis par leur père pour la cause du Roi, c'était alors dire pour la France.

[1] La dernière tour, moins haute que toutes les autres, est encastrée dans les murs. C'est la seule qui porte une couronne de créneaux et elle a pris le nom de Tour de César, de ce qu'elle fut élevée sur les fondations d'un fort bâti par ce conquérant.

[2] Pour se faire une idée nette de ce qu'était la Conciergerie, ouvrons encore l'ouvrage de Barthélemy Maurice qui certes ne peut être accusé

Rogier qui mourut dans la nuit du 24 au 25 nivôse. Le médecin de la Conciergerie, qui était le citoyen Thierry, jugea qu'il était nécessaire de transférer à Belhomme, maison de santé

de partialité : « Bien que nous ayons appelé, dit-il, la Conciergerie le vestibule du tribunal révolutionnaire, quelques accusés, en moindre nombre, sont allés au Luxembourg, aux Carmes, à Saint-Lazare et à la maison de la Bourbe, que par une amère anti-phrase on nommait alors Port-libre. Dans le fort de la Terreur, la Conciergerie eut une sorte de maison d'attente dans les collèges du Plessis et Louis le Grand (prison de l'Egalité); 1800 à 1900 détenus y attendaient des places vacantes à la Conciergerie. Nous avons vu qu'en 1785, au témoignage de Howard cette prison renfermait 182 détenus civils. Le voisinage du tribunal révolutionnaire, qui siégeait dans le local de la Cour de cassation, y fit affluer les justiciables de ce tribunal redouté, et on les y enferma, d'abord pêle-mêle avec les voleurs, puis, exclusivement, jusqu'au nombre effrayant de 1100 à 1200. Le local, moins bien distribué qu'aujourd'hui, était loin de suffire; aussi entassait-on jusqu'à 50 malheureux dans un espace de vingt pieds carrés. Nulle distinction de position, d'âge ou de sexe; la seule que l'on connaissait consistait en pistoliers, en pailleux et en gens au cachot. On mettait dans chaque chambre autant de lits qu'elle en pourrait contenir ; chacun de ceux qui les occupaient, même quand il n'en avait que la moitié, payait d'abord 27 livres 12 sous pour le premier mois et 25 livres dix sous pour les autres. Dans les derniers temps de Robespierre 10 à 50 lits étaient chaque nuit occupés par de nouveaux hôtes, de sorte que ce seul article donnait par mois au concierge. (Baule et ensuite Richard) un produit net de 20 à 22000 livres. Les pailleux, c'est-à-dire tous ceux qui n'avaient pas pu louer un lit, couchaient sur une paille moisie et pleine de vermine. Les rats y étaient en tel nombre que plusieurs prisonniers eurent leur culotte rongée en une seul nuit, et qu'il leur fallait se couvrir la figure de leurs mains pour préserver leur nez et leurs oreilles. On mettait au cachot les secrets et ceux qui étaient plus particulièrement recommandés. Parmi ces cachots, pour la plupart situés au dessous du lit de la rivière et dans lesquels on ne pénètre plus, les plus affreux se nommaient Grand-César, Bombec, Saint Vincent et Bel-Air. » (p 199). Ainsi donc la Révolution avait rouvert pour les Nantais les cachots que Louis XVI avait fait fermer et interdire pour les malfaiteurs. On sait en effet que ce bon prince avait, de ses deniers privés, condamné les cachots qui étaient au-dessous de la Seine et tous ceux trop sombres ou trop malsains, tels que Bombec et le Grand-César.

rue de Charonne, faubourg Saint-Antoine, n° 70¹, les plus
malades, 26 de nos camarades furent envoyés chez le dit citoyen Belhomme le 25 nivôse. Le lendemain 26 et 28 nivôse,
37 autres furent aussi transférés chez le dit Belhomme, ce
qui porte le nombre à 63. Onze autres ont été transférés, à peu
près dans le même temps, à l'hôtel de la Force, et depuis transférés dans des maisons de santé. Le surplus a été retransféré
au petit Bercy, chez le citoyen Piquenot, près Paris, n° 18, et
dans différentes maisons de santé et à différentes époques.

Je restai plusieurs jours dans ladite ancienne chapelle, et
j'habitai après un autre endroit nommé Saint-Vincent², jus-

¹ *L'Hist. d'Ancenis* de M. Maillard nous apprend que le marquis
de la Guère (Philippe André), le frère aîné de l'auteur de ces mémoires),
ancien officier de dragons avait été encore détenu dans cette maison de
santé qui servait de prison et renfermait presque en même temps
Madame la duchesse d'Orléans et plusieurs autres prisonniers de distinction. Ce fut sans doute à cette heureuse circonstance que le marquis
de la Guère dut de ne mourir que fort longtemps après cette triste
époque de notre histoire.

Le 31 août 1794, Belhomme n'avait plus que 19 prisonniers. Il est
vrai que c'était 35 jours après la chute de Robespierre. Constatons
que le 3 messidor (20 juin), 36 jours avant cet événement, la liste
de présence dans les 28 prisons de Paris s'élevait à 7165 individus de tout âge et de tout sexe, tandis que, 37 jours après la mort
de Robespierre, le même inventaire donnait un total de 5106 prisonniers
d'après Olivier et Mercy. Les maisons de santé étaient des sortes
d'infirmerie où l'on était plus facilement oublié, la surveillance y était
moindre, le secret moins rigoureux. Quoique bien malade lorsqu'on
y était envoyé, les prisonniers désiraient tous y être détenus.

² *L'Almanach des prisons* dit à la page 132 : « Rien de si terrible
que les cachots de la Conciergerie. Dans celui appelé Bombec, des
cadavres vivants étaient couchés entre des planches, dont la forme
représentait des bierres, et d'où l'on voyait sortir tous les matins des
vapeurs méphitiques qui pendant longtemps en bouchaient l'entrée.

Dans celui appelé Saint-Vincent, les prisonniers étaient si pressés
l'hiver dernier, et l'on y respirait un air si corrompu que sur 36 malheureux qui y étaient renfermés, 29 en ont été retirés morts successivement.
Au-dessus de ce cachot on voyait souvent Fouquier-Tinville, à travers

qu'au 6 pluviôse, qu'on me transféra avec *Fleuriot* et six autres chez le citoyen Picquenot. Nous y fûmes conduits par un huissier et un gendarme. Il nous en coûta 15 l. à chacun. Pendant mon séjour à la Conciergerie[1], il m'en coûtait par

les barreaux d'une fenêtre, plonger sa vue sur les victimes errantes dans la cour et sembler indiquer, désigner celles que l'on immolerait le lendemain.

[1] En 1810, le tarif des prisons était de 15 centimes par jour, soit 2 fr. 25 par mois, d'après Barthélémy Maurice. p. 21. Qu'on juge de la différence !...

L'*Almanach et le tableau des prisons* (p. 56) dit : « J'ai resté six mois à la Conciergerie en proie aux plus horribles anxiétés, j'y ai vu le tableau mouvant des nobles, des prêtres, des marchands, des banquiers, d'hommes de lettres, d'artisans, de cultivateurs et de sans-culottes. La faulx du temps en a moissonné les 99 centièmes... J'ai vu des curés respectables qui disaient leur bréviaire en se couchant, qui ont exercé dans leurs villages des actes de vertu et de bienfaisance, ils me parlaient des miracles du Christ... J'ai vu des marchands et des banquiers qui avaient reçu leur acte d'accusation, et qui, avant de se mettre au lit, faisaient le relevé de leurs capitaux, compulsaient Barrême et faisaient des règles de compagnie. J'ai vu des sans-culottes sacrifiés à des haines obscures. J'ai vu des cultivateurs dire leurs prières matin et soir, se recommander à la bonne Vierge Marie, faire le signe de la croix lorsqu'il tonnait, détester les brigandages de leur seigneur émigré, bénir la Révolution, mais ne vouloir pas entendre parler du curé *intrus*, regrettant les messes, les sermons et les prônes du *réfractaire*...

Je m'arrête... ici finit mon travail. Cœurs sensibles, n'approchez pas de la Conciergerie. Magistrats du peuple, parcourez ces lugubres enceintes ; ce ne sont pas des animaux qui les habitent, ce sont des hommes. »

Les plus anciens registres d'écrous de la Conciergerie datent de 1500, 1506, 1532, 1564, puis la suite continue avec quelques lacunes et forme ainsi une collection peut-être unique au monde mais dans un pitoyable état de dégradation, malgré la dissolution mercurielle dans laquelle on les a plongés sur l'ordre de M. Delessert. Ils sont depuis renfermés dans des cartons faits exprès. La période révolutionnaire comprend deux registres spéciaux, le premier entièrement plein et le second aux trois quarts seulement. Ils contiennent les noms des prisonniers de

jour environ 4 l., sans pain, parce qu'on nous en donnait tous les jours qui était fort bon. Chez le citoyen Picquenot il nous en coûte pour un seul repas et une demie bouteille de vin, pour notre garde, le feu et la chandelle, par jour 3 l. s 6ᵈ nous y sommes passablement bien, jusqu'à ce qu'il plaise au gouvernement de nous élargir. Nous sommes dans cette maison 21 Nantais, outre le citoyen La Vilette, imprimeur, la citoyenne et le citoyen Auriolle, ci-devant à la Monnaie dont il était un des juges, et sa femme, négociants en bijoux, le citoyen et la citoyenne Vermont, ci-devant accoucheur de la Reine, la citoyenne Desparbès et plusieurs autres pensionnaires libres et d'autres qui y sont pour folie, tels que la citoyenne Saint-Chamans de Canonville, normande, et 3 autres. La citoyenne Vermont est morte aujourd'hui, le 16 germinal ou 15 avril 1794, vieux style.

En arrivant chez Belhomme¹ le citoyen *Sarrebourse*, négociant de Nantes, mourut, ce fut le 25 nivôse ou 14 janvier 1794, vieux style.

la Conciergerie jugés par le tribunal *extraordinaire* qui prit depuis le titre plus franc de tribunal *révolutionnaire*, car il porte à la première page : « Registre contenant 328 feuillets cotés et paraphés par nous Jean-Antoine Lavau, président de la seconde section du tribunal criminel extraordinaire, le premier novembre 1792. » Mais bientôt, on pense que ce premier tribunal ne fonctionne que mollement et au 5ᵉ feuillet se trouve un nouvel en *tête* : « Registre contenant 315 feuillets pour servir au concierge de la Conciergerie à l'effet d'y enregistrer les prisonniers qui doivent être jugés par le tribunal criminel extraordinaire et révolutionnaire établi par la loi du 10 mars 1793, an IIᵉ de la République, tous lesquels feuillets ont de cotés été paraphés par nous Jacques-Bernard-Marie Montané, président, fait en la Chambre du conseil, au Palais à Paris, le 18 mars 1793, l'an deuxième de la République ; dès ce moment le tribunal révolutionnaire n'a plus que deux sentences : l'acquittement et la mort (Barthélemy Maurice p. 181-187).

¹ C'est de chez Belhomme que la *Relation Villenave* est datée : « Paris, maison Belhomme, rue Charonne, faux bourg Antoine, le 1ᵉʳ messidor, an deuxième de la République française, une et indivisible (p. 33)

Le lendemain 26 nivôse ou le 15 janvier, vieux style, 1794, le citoyen *Prebois* mourut également dans la même maison[2].

Les autres citoyens qui sont morts dans la même maison sont :

Decuy, aîné, mort............	le 28 nivôse ou le 17 janvier 1794.
Beconnais, mort	le 26 — ou le 15 —
Borgnier, mort...............	le 29 — ou le 18 —
Garreau, mort	le 3 pluv. ou le 22 —
Montréal, mort...............	le 5 — ou le 24 —
Aubry l'aîné, mort...........	le 10 — ou le 29 —
Lambais Dupé, mort.........	le 11 — ou le 30 —
Ballais, mort.................	le 11 — ou le 30 —
Chevalier, mort...	le 27 — ou le 8 février.

Noms de ceux qui sont morts à la Conciergerie.

Biclet, mort.................	le 3 pluviôse ou le 24 janvier.
Watin, mort.................	le 6 — ou le 25 —

Noms de ceux qui sont morts à la Force.

Cherrière, mort.....	le 25 nivôse ou le 14 janvier.
De Menou, père, mort......	le 3 pluv. ou le 22 —
De Menou, fils, mort........	le 5 — ou le 24 —
Huguet, aîné, mort.........	le 2 vent. ou le 20 février.
De Coutances, mort.........	le 6 pluv. ou le 25 janvier.

On lui trouva 59 louis d'or en deux bourses.

[2] On lit dans la *Relation Villenave* (p. 38) : « Nous étions partis de Nantes au nombre de cent-trente-deux ; nous ne sommes aujourd'hui que quatre-vingt-dix-sept. Trente-six étaient déjà morts de misère. Depuis notre translation au ci-devant collège du Plessis, le citoyen Abraham, juge de paix à Nantes, vient encore de mourir, et plusieurs

Noms de ceux qui sont morts à Bercy.

Fourcay de Salembenis, mort	le 12 pluviôse ou 31 janvier.
Fismçon, mort............	le 13 — ou 1ᵉʳ février.

Noms de ceux qui sont morts à Angers.

Charette-Boisfoucaud, mort.	le 14 frimaire ou 4 décembre.
Gautier, fils, mort..........	le 21 — ou 11 —
Joseph de Monti, mort......	dans le mois de pluviôse.
Garel du Chatelier, mort....	dans le mois —
Du Pont la Roussière, mort.	dans le mois —
Le Pot, mort...............	dans le mois de pluviôse.
Luette la Lillorgerie, mort..	le 27 frimaire ou 14 décembre.
Cotel, mort.................	dans le mois de pluviôse.

Noms de ceux qui sont morts à Blois.

Saint-Blancard, mort.......	dans le mois pluviôse.
Aubry, jeune, mort	dans le —

Total des morts

A Paris.........................	22
A Angers.	9
A Blois	2
Total général.......	33

d'entre nous sont menacés d'une rechute funeste. » « P. S. Les Nantais sont restés détenus rue Charonne, faubourg Antoine, au petit Bercy, à la Folie-Renaud et ailleurs, jusqu'au 5 thermidor, époque remarquable à laquelle ils ont été réunis maison de l'Egalité, ci-devant collège du Plessis, rue Jacques. »

Les citoyens *Villenave* et *des Bouchauds* laissés à Blois ont été conduits à Paris et mis de suite à la Conciergerie. D'où le citoyen *Villenave* a été transféré à Belhomme et de là au ci-devant archevêché, dans lequel lieu le citoyen *Des Bouchauds* est aussi ayant été transféré.

Le 9 pluviôse ou *28 janvier*, le maire de Paris avec plusieurs administrateurs, étant allés faire leur visite à la maison de santé tenue par le citoyen Belhomme, rue de Charonne, questionnèrent beaucoup les Nantais sur la manière dont ils étaient traités, sur le prix qu'ils payaient, et, d'après leur rapport qu'ils vérifièrent, ayant fait beaucoup de reproches au dit Belhomme, ils jugèrent à propos de verbaliser contre lui, et, en se retirant, de le faire arrêter et constituer prisonnier, ainsi que la nommée N... qui était attachée à cette maison ; mais celle-ci rentra le lendemain, et on plaça pour régisseur, en lieu et place du citoyen Belhomme, le citoyen Hervieux.

Le 26 pluviôse, ou le *jeudi 14 février*, nous apprîmes que la veille, environ sept heures du soir, la citoyenne *Borgnier*[1], qui était accourue de Nantes pour donner des soins à son mari, n'ayant pu survivre à sa mort, s'était jetée par la fenêtre d'un second étage de l'Hôtel de l'Europe, rue du Temple, et s'était tuée. J'ai omis de dire qu'à notre arrivée à Paris, les femmes d'une partie de nos compatriotes, s'empressèrent de venir joindre leur mari pour leur procurer les secours dont ils avaient besoin. Pour moi j'ai eu le plaisir d'embrasser la mienne et mon enfant, les premiers jours de ventôse[2];

[1] Nous lisons dans la relation Villenave à la 1ᵉ page : « Le citoyen *Borgnier*, qui est mort à Paris, et dont l'épouse s'est de désespoir jetée par une fenêtre de la rue du Temple (hôtel de l'Europe) réclama contre son envoi à Paris et protesta qu'il n'était point inscrit sur la liste ; mais bien un nommé *Borgnis* auquel on le substituait »

[2] Cette époque correspond au 20 au 25 février. Or, voici que nous trouvons dans l'*Almanach et tableau des prisons* le tableau suivant

depuis ce moment je suis toujours à Bercy où nous ne pouvons avoir de correspondance avec personne du dehors. Depuis le 25 ventôse à cause d'une conspiration, qui a été découverte et qui nous est on ne peut pas plus étrangère, enfin pour sécurité générale, on a pris cette précaution. Les auteurs de cette conspiration sont : Hébert, autrement le Père Duchesne, Ronsin, Momoro, Vincent et autres qui ont été guillotinés[1].

Depuis il s'est découvert que Danton, Camille Desmoulins, Fabre d'Églantine, Philippeaux et autres étaient complices de cette infernale machination. Ces derniers ont subi le même sort, hier 15 germinal ou 4 avril; puissions-nous après tout ceci avoir la paix.

5 avril 1794. — Quand tu écriras à la citoyenne Bonvoi-

(p. 20. Paris, chez Michel, rue des Prouvaires n° 51, an III de la République.) « Après avoir franchi la première grille, (j'ai déjà dit qu'il y en a quatre), vous vous trouvez dans une enceinte formée toute de barreaux de fer. Lorsque les communications avec l'extérieur subsistaient, c'était là que les prisonniers de ce côté voyaient leurs connaissances. Les femmes dont la sensibilité est plus grande, le courage plus résolu, l'âme plus compatissante, plus portée à secourir, à partager le malheur, les femmes étaient presque les seules qui osassent y pénétrer, et, il faut le dire, c'était surtout elles qu'on aimait à y recevoir. Là les maris redevenaient amans, et les amans redoublaient de tendresse ; il semblait qu'on fut convenu de se dépouiller de cette pudeur grimacière, très bonne quand on peut attendre des moments plus favorables ou chercher des lieux plus commodes. Les plus tendres baisers étaient sans cesse pris et rendus sans résistance comme sans scrupule. Il y avait de quoi faire enrager ces figures blêmes, qui, toujours jalouses du bonheur des autres, ne jouissent que par les tourmens dont ils sont les auteurs ou les complices ; il est vrai que ces plaisirs étaient quelquefois troublés par l'aspect des malheureux condamnés à mort, qu'on descendait du tribunal et qui traversaient l'enceinte dont je parle. Alors il se faisait un moment de silence, on se regardait avec crainte, puis on s'embrassait avec un tendre intérêt et les choses reprenaient insensiblement leur cours. »

[1] Tous ces personnages sont trop connus pour qu'il soit utile de rappeler ici leur biographie.

sie', prie-la de l'envoyer à l'adresse de la sœur Olympe les malles que tu as faites et ce qu'elle pourra, si la chose se peut sans se compromettre ; je te prie aussi de lui dire combien je suis sensible aux soins qu'elle prend pour ma chère Delphine et pour son mari. J'en serai reconnaissant toute ma vie. Marque-lui aussi que je prie François[2] de prendre en son nom le quartier de vigne que j'avais pris à la Guère pour m'amuser[3], il peut prendre aussi celui qui était réservé pour la maison. Dans son nom dis-lui mille choses et à sa famille de ma part. Son parent se porte bien. Adieu. Voici l'adresse dont le citoyen Picquerot nous avait parlé pour con-

---

[1] Son mari n'aurait-il pas été ce courageux jardinier qui est mort sur les marches du perron du château de la Guère en sauvant la vie de Mme de la Guère et de sa fille ?... Je le croirais volontiers. J'en verrais presque l'aveu dans cette expression naïve de reconnaissance. Cependant, ayant prié M. l'abbé Pasquier de faire une enquête à ce sujet, ce digne ecclésiastique me répond : « J'ai fait prendre des informations au sujet du jardinier de la Guère en 1793. Le seul témoin qu'on ait pu trouver est un vieillard de 95 ans nommé Caillet, qui se souvient avoir connu plusieurs jardiniers à la Guère dans son enfance et avoir souvent joué avec eux. Celui qui lui paraissait le principal, et dont il a le souvenir plus présent se nommait *Raimbert*. J'ai prié de se renseigner, si on le pourrait auprès d'autres personnes. Si on trouvait des données plus précises je vous les ferais connaître. » *Lettre du 15 septembre 1886*. (Note du Cte de la Guère.)

[2] François était probablement le fils de la femme Beauvoisie qui recevait déjà le prélude des récompenses que lui avaient méritées la mort courageuse de son père et son superbe dévouement.

[3] Bernardin Marie, quoique n'étant pas propriétaire du château de la Guère, administrait la propriété depuis que son frère le marquis avait été détenu, et il l'avait été avant lui. Du reste, comme autrefois c'était l'usage, la terre de famille resta longtemps indivise. L'aîné abritait dans ce nid de famille tous ses cadets, ses sœurs non mariées, qui prélevaient sur le revenu total leur entretien, leurs pensions, leurs dots en laissant le fond qui faisait après leur mort retour à l'aîné, à la famille. Et cela durait depuis les assises du comte Geoffroy en 1200 sans susciter de réclamations.

sulter l'affaire des biens de mon frère[1]. Il s'appelle Pochet, demeurant Vieille rue du Temple, vis-à-vis le cul-de-sac d'Argenpon. Tu as aussi une lettre pour le citoyen Legris, avec lequel tu conféreras sur tout ce que je lui marque ; tu lui parleras du citoyen Pochet comme d'un honnête homme qu'on nous a indiqué, et très en état de nous donner des conseils pour faire lever le séquestre.

Prison de Bercy, 5 avril 1794[2].

---

[1] Il s'agissait de faire lever le séquestre mis sur les biens du marquis de la Guère depuis son incarcération. Les démarches réussirent et le séquestre fut levé peu après.

[2] La libération n'eut lieu qu'en septembre 1794.

SECONDE PARTIE

LE PROCÈS

Nous avions eu d'abord la pensée, comme nous l'avons dit plus haut dans l'introduction, de faire suivre la relation de M. de la Guère de la biographie des 136 et de terminer par la publication des audiences du tribunal révolutionnaire : mais la rédaction de ces biographies nous a demandé beaucoup plus de recherches que nous ne l'avions supposé au début : on nous a promis de curieux documents que nous n'avons pas encore en notre possession, et force nous est, pour donner un travail aussi complet que possible, d'intervertir l'ordre de notre programme, d'ajourner les biographies et de publier tout de suite les audiences du procès en reproduisant, avec quelques notes essentielles, le *Bulletin du tribunal révolutionnaire*.

Comme il a été dit ci-dessus, les 136 Nantais, après plusieurs mois de détention préventive et de souffrances épouvantables, se trouvaient singulièrement réduits par la mort, lorsqu'ils comparurent, le 22 fructidor an II, c'est-à-dire le 8 septembre 1794, six semaines après la chute de Robespierre, devant le tribunal révolutionnaire de Paris. Il n'y en avait plus que 93 vivants et comme on leur avait adjoint, dans l'intervalle, le citoyen Phelippes de Tronjolly, ancien président du tribunal révolutionnaire de Nantes, ils se présentèrent au nombre de 94.

Or, après avoir été enfermés, partie dans la maison de santé du docteur Belhomme, rue de Charonne, partie à l'hospice de la Folie-Regnault, rue des Amandiers-Popincourt, et les autres dans la maison de santé du Petit-Bercy, ils avaient tous été, le 5 thermidor, réunis dans l'entrepôt de Fouquier, au Plessis. Ils allaient probablement être mis en jugement, lorsqu'arriva la chute de Robespierre Ce n'est pas faire injure aux Dumas, aux Coffinhal et C⁰, de dire que c'est assurément à cette chute qu'ils durent la vie, et que s'ils eussent paru à cette époque devant les redoutables juges, il est plus que probable qu'ils eussent été condamnés.

« Cependant, on s'est demandé, dit M Campardon dans son *Histoire du tribunal révolutionnaire*, comment il se faisait qu'ils fussent restés si longtemps en prison sans être mis en jugement ; comment arrivés à Paris le 16 nivôse, ils n'avaient pas encore été interrogés au 9 thermidor ; cette question a même été posée à Fouquier, et il a répondu que les pièces envoyées contre les Nantais lui avaient paru insuffisantes, et qu'il avait attendu, espérant toujours un changement dans la marche des choses qui lui permettrait de faire paraître les Nantais devant des juges devenus moins sévères et leur conserver ainsi la vie. »

Quoiqu'il soit de cette réponse, confirmée par la déposition d'un témoin lors du procès de Fouquier-Tinville (*Déposition de Duchâteau*), les Nantais comparurent enfin le 22 fructidor.

Le tribunal était ainsi composé :

Dobsent, président,

Ardouin, Lavallée, Poullenot et Godinet le jeune, juges ;

Leblois, accusateur public ;

Petit, substitut ;

Roussel, Métivier, Saulnier, Lecourt, Chéret, Magendie, Redon, Belhoste, Quichaud, Nantil, Lebreton, Sambat, Topino-Lebrun, Dubuisson, Rambourg, et Maguin, jurés.

Les accusés avaient pour défenseurs à la barre, les citoyens GAILLARD, GIRAUD, BEAULIEU et TRONSON-DUCOUDRAY.

L'entrée en scène est dramatique.

Les Nantais sont accusés de fédéralisme, de conspiration contre la République, d'intelligence avec les rebelles de la Vendée, d'accaparement de marchandises, etc.

« La relation de leur pénible voyage, imprimée depuis quelque temps déjà, dit M. Campardon qui a bien décrit la scène, est connue dans Paris et dans l'auditoire ; on se raconte avec intérêt quelques détails des souffrances qu'ils ont endurées ; le public actuel du tribunal ne ressemble plus à celui qui huait, avant le 9 thermidor, les accusés en jugement. De toutes parts, des murmures de commisération se font entendre, et l'on distingue une espèce de rumeur sourde qui témoigne de l'intérêt que prend la foule aux accusés.

« Cet intérêt est encore augmenté, lorsqu'on entend dire que le comité révolutionnaire de Nantes, cause première de l'arrestation des Nantais, est lui-même emprisonné et traduit au tribunal, et qu'il y répondra bientôt de toutes les infamies qu'il a commises ; on ajoute que les membres de ce comité, qui doivent déposer contre les accusés, seront extraits de leur prison pour paraître à l'audience ; et qu'après leur déposition ils rentreront dans la maison d'arrêt pour y attendre leur propre jugement.

« Le calme se rétablit à ces paroles d'usage prononcées par le président : « Accusés, vous allez entendre les charges qui vont être produites contre vous..... »

Mais laissons la parole au *Bulletin du Tribunal révolutionnaire.*

N° 16.   BULLETIN

DU TRIBUNAL CRIMINEL RÉVOLUTIONNAIRE

ÉTABLI AU PALAIS A PARIS

Par la loi du 10 mars 1793. (Signé) Clément.

Acte d'accusation et interrogatoire des habitants de la commune de Nantes, au nombre de quatre-vingt-quatorze, la plupart négociants et fonctionnaires publics.

Du duodi 22 fructidor.

Affaire de *François-Louis* Phelippe, dit : Tronjoly, et autres.
François-Louis Phelippe, dit : Tronjoly[1], âgé de 43 ans, né à Rennes, ex-avocat du tyran, ex-président du tribunal criminel révolutionnaire de Nantes.

Pierre-Jean-Marie Sotin, aîné, dit : Lacoindière[2], âgé de 30 ans, natif de Nantes, administrateur dudit département.

Jean-Marie Sotin, le cadet[3], âgé de 29 ans, natif de Nantes, ci-devant marin.

Arthur-Charles Pothon[4], âgé de 39 ans, né à Paris, ex-administrateur de la Loire-Inférieure.

[1] Lisez : *François-Anne-Louis* Phelippes de Coetgoureden de Tronjolly. Nous avons déjà donné sur ce personnage une note sommaire dans notre introduction.

[2] Lisez : *Pierre-Jean-Marie* Sotin de la Coindière, futur ministre de la police.

[3] Lisez : *Jean-Marie* Sotin, frère du précédent.

[4] Les Archives nationales (carton 88, 119, dossier 105) disent : Antoine-Charles Poton.

Jean-François BÉRANGER, dit : MERCIER. âgé de 43 ans, né à Flamicourt, département de la Somme, ex-notaire,

Antoine PÉCOT, âgé de 27 ans, rentier et administrateur de département, né à Nantes.

Sébastien-Augustin PINEAU, dit : PAVILLON¹, né à Saint-Jean-le-Courtois, ex-avocat, accusateur public.

Florentin BILLARD, âgé de 50 ans, né à Saint-Denis d'Amboise, boutonnier-drapier.

Jean-Marie DORVO, âgé de 28 ans, procureur de la commune de Nantes, ex-avocat.

Pierre FOURNIER, âgé de 47 ans, né à Paris, ingénieur de Nantes.

Guillaume-Mathieu VILLENAVE, âgé de 31 ans, natif de Nantes², instituteur à Paris, et ex-adjoint de l'accusateur public à Nantes.

Jean PLANCHY³, âgé de 31 ans, négociant à Nantes.

Jacques MARTIN, dit : DURADIER, âgé de 38 ans, commissaire du conseil exécutif à Nantes.

Philippes-Robert VALLOT, natif de Nantes, ci-devant courtier.

Joseph BRIÈRE, âgé de 39 ans, né à Versailles, commis de négociant à Nantes.

François-Marie PÉRICHOT-KERVERSEAUT⁴, âgé de 37 ans, né à Ploërmel, département des Côtes-du-Nord⁵ (sic), ex-constituant à Paris, capitaine au 15ᵉ régiment des chasseurs à cheval, à Nantes.

¹ Lisez : *Sébastien-Anne-Augustin* PINEAU DU PAVILLON.

² Erreur. Villenave n'était pas un Nantais. Il était né, le 13 avril 1762 à Saint-Félix de Caraman (Languedoc) ; mais il habitait Nantes, où il exerçait la profession d'avocat et où naquit, en 1796, sa fille Mélanie, depuis connue dans les lettres sous le nom de Mᵐᵉ Mélanie WALDOR.

³ Aliàs : *Jean* CLANCHY.

⁴ Lisez : *François-Marie* PERICHOU DE KERVESSAUX, ex-noble, ex-député à l'Assemblée nationale pour Paris, ex-capitaine au 15ᵉ régiment de chasseurs à cheval à Nantes, etc.

⁵ Lisez : du Morbihan.

René-Alexandre Bourotte, âgé de 40 ans, né à Poitiers, ex-religieux et curé, à Nantes.

Pierre Laporte, âgé de 40 ans, né à Nantes, y demeurant, fripier.

Jean-Baptiste Lemasne, âgé de 60 ans, né à Nantes, y demeurant, négociant.

François Cher¹, âgé de 68 ans, natif de Nantes, ex-secrétaire de l'église cathédrale de cette ville.

Guillaume Cassart, âgé de 50 ans, né et demeurant à Nantes, sellier.

François-Amable Pouchet, âgé de 30 ans, né à Rouen, chapelier à Nantes.

Philippes Biré, âgé de 65 ans, natif de Nantes, ci-devant agriculteur².

Alexandre Fleuriot³, âgé de 56 ans, né à Oudon, ex-noble, ex-militaire.

Salmon Monty⁴, âgé de 39 ans, né à Nantes, y demeurant, ex-noble, agriculteur audit Nantes.

Toussaint Charbonneau, âgé de 70 ans, né à Nantes, y demeurant, ex-noble.

Bernardin-Marie Pantin, dit : Laguerre⁵, âgé de 47 ans, né à Ancenis, ex-noble, capitaine commandant audit lieu.

René Estourbillon⁶, âgé de 61 ans, natif de Donges, ex-noble, militaire à Nantes.

René Martel⁷, âgé de 60 ans, né à Nantes, y demeurant, ex-noble.

¹ Aliàs : Chère, ou Chère; et lisez p être, sacriste (et non secrétaire) de la cathédrale de Nantes.

² Il aurait fallu ajouter, ex-noble. On écrit aujourd'hui De Biré.

³ Lisez : *Alexandre* de Fleuriot. Il a été question de lui ci-dessus, dans la Relation du comte de la Guère.

⁴ Lisez : *Salomon* de Monti.

⁵ Lisez : Pantin de la Guère.

⁶ Lisez : René de l'Estourbillon, chevalier de Saint-Louis, ancien capitaine au régiment de Picardie.

⁷ Lisez : *René* de Martel.

Jacques GAZET, 58 ans, né à Nantes, ex-noble, militaire en ladite ville.

François-René-Marie VARSAVAUX¹, âgé de 45 ans, né à Blay, notaire à Nantes.

Joseph BRUNO, dit : LASOUCHAIS², âgé de 45 ans, né à Nantes, y demeurant, ex-procureur au présidial de ladite ville.

Pierre-Julien MAUBLANC, âgé de 54 ans, né à Noirmoutiers, négociant audit Nantes.

François-André POIRIER, âgé de 53 ans, né à Nantes, y demeurant, négociant et tourneur.

Jean-Henri SOQUET³, né à Mésuy, âgé de 36 ans ; procureur de la commune de Nantes.

Nicolas LATOISON, âgé de 47 ans, né au Port-au-Prince, rentier à Nantes.

François-Marie-Joseph RAYMOND⁴, âgé de 49 ans, né à Vennozo, ex-greffier du présidial de Nantes.

François-Marie FORGET, âgé de 36 ans, né à Nantes, y demeurant, ex-maître des comptes audit lieu.

Jean-Marie PICHELIN, âgé de 23 ans, natif de Saint-Julien près Nantes, chez son père.

Julien PICHELIN, père, âgé de 60 ans, né à Nantes, y demeurant, ex-juge de la Monnaie audit lieu.

Charles-Augustin FAUVEL, âgé de 50 ans, né à Nantes, y demeurant, marin à la Priaudière.

Pierre-Colas MALMUZE⁵, âgé de 42 ans, natif d'Orléans, négociant à Nantes.

¹ Lisez : né à Blain et (non à Blay). Varsavaux de Henlée avait été député suppléant de Nantes aux Etats généraux. Voir : René Kerviler, *Recherches et Notices sur les Députés de Bretagne en 1789* (Rennes, Plihon, 1889, 2 vol. in-8°).

² Lisez : *Joseph* BRUNEAU DE LA SOUCHAIS.

³ Lisez : *Jean-Henri* SACQUET. Voy. à son sujet Mellinet : *Commune et Milice*.

⁴ Aliàs : RÉNARD, ex-greffier de la police.

⁵ Lisez : *Pierre* COLAS DE BROCVILLE, sieur DE MALMUSSE, de la famille des *Colas de la Noue*.

Joseph-Michel Pellerin[1], âgé de 42 ans, ex-constituant, à Nantes.

Timothée Arnoult[2], âgé de 30 ans, né à Nantes, y demeurant chez son père.

Pierre-Alexandre-Martial Latour, âgé de 37 ans, né au Cap-Français, rentier à Nantes.

André Delaunay, âgé de 41 ans, natif de la Chapelle-Basse-Mer, ex-avoué à Nantes.

René-Charles Dreux, père, âgé de 59 ans, natif de Nantes, y demeurant, conseiller au ci-devant présidial de Nantes.

J.-B. Thébaud, âgé de 41 ans, négociant à Nantes.

Jean-Pierre Défrondat, âgé de 43 ans, né à Rennes, y demeurant, négociant.

Julien Leroux, âgé de 61 ans, né à Nantes, y demeurant, ex-négociant.

Aignan Grignon[3], âgé de 38 ans, né à Orléans, négociant à Nantes.

Jean Castelan, âgé de 57 ans, né en Lombardie, bijoutier à Nantes.

J.-B. Duchesne, âgé de 42 ans, natif de Coyron, maître de langue, à Nantes.

Benoît Sue, âgé de 60 ans, natif de Cosnes, chirurgien audit Nantes.

Thomas Desbouchaud, âgé de 27 ans, né à l'Ile-Marat, demeurant à Nantes, marin.

René-Julien Ballan, âgé de 33 ans, natif de Nantes, ex-trésorier de France audit lieu.

Pierre-Augustin Pérotin, âgé de 28 ans, natif de Noirmoutiers, chez son père à Nantes.

Jacques Issottier[4], âgé de 28 ans, né à Paris, y demeurant, commis aux vivres de la marine à Nantes.

---

[1] C'est le député de la sénéchaussée de Nantes, pour le Croisic, aux Etats généraux. Voy. René Kerviler. *Loc. cit.*
[2] Aliàs : Arnoux.
[3] Aliàs : Grignon.
[4] Aliàs : Issartier.

Pierre MERCIER, âgé de 46 ans, natif de Chambéry, négociant audit Nantes.

Charles-François THOMAS, âgé de 32 ans, né à Rennes, négociant à Nantes.

Jean-Baptiste-François RÉTEAU², âgé de 53 ans, natif de de Nantes, y demeurant, ex-officier de marine audit lieu.

Aubin-Léonard TAILLEBOIS, âgé de 54 ans, natif d'Avranches, marchand d'ardoises à Nantes.

René-Alexandre GARNIER, âgé de 53 ans, natif de Bourquemèle, avoué à Nantes.

René-Claude POYDRAS, âgé de 42 ans, natif de Nantes, marchand de draps audit lieu.

Sébastien-Louis-Luc TIGER, âgé de 53 ans, natif de Fougeray, ex-avocat à Nantes.

P. D. CHARDOT², âgé de 45 ans, natif de Nantes, y demeurant, ex-avocat au parlement de Rennes en Bretagne.

Théodore GESLIN, âgé de 33 ans, natif de Soissons, marchand de toile, à Nantes.

Charles-Joseph DREUX fils, âgé de 29 ans, cultivateur à Nantes.

François PUSSIN, âgé de 26 ans, natif de Nantes, y demeurant, négociant.

François BRIAND, âgé de 37 ans, né à Rézé, notaire à Nantes.

Henri JAMES, âgé de 40 ans, né à Lépinay, médecin à Nantes.

M. P. Charles BASCHET¹, âgé de 45 ans, né à Nantes, ex-lieutenant particulier de l'amirauté de Nantes.

Pierre-Louis JAILLIANT², âgé de 40 ans, natif de Troyes, négociant à Nantes.

---

¹ Aliàs : RETAUD DU FRESNE.

² Lisez : *Pierre-Dominique* CHARDOT

³ Lisez : *Marie-Pierre-Charles* BASCHET.

⁴ Aliàs : VAILLANT. Je remarque que ce nom ne se trouve pas sur la liste des Archives nationales.

Pierre Charlemont¹, âgé de 43 ans, né à Nantes, négociant audit lieu.

Jacques Baudin², âgé de 46 ans, né à Machecoul, médecin à Nantes.

Paul Speckman, âgé de 42 ans, né à Bonn en Allemagne, chirurgien-marin à Nantes.

Jean-Baptiste-Bernard Onfroy, dit : Bréville, âgé de 41 ans, natif de Gaberoy, marchand à Nantes.

Bonaventure Marguerin, âgé de 31 ans, natif de Noyon, ex-juge de la Monnaie à Nantes et négociant audit lieu.

Jean-François Duparc, âgé de 62 ans, natif de Paris, ex-directeur des vivres, à Nantes.

Jean Allonzau, âgé de 67 ans, né à Nantes, ex-huissier.

Nicolas Huguet jeune, âgé de 25 ans, né à Niort, arrêté à Nantes.

Pierre-François Lainé-Fleury³, âgé de 43 ans, né à Nantes, y demeurant, négociant.

Antoine-Anne Espivent, âgé de 42 ans, natif de Nantes, ex-noble.

François Hervet⁴, âgé de 55 ans, né à Avranches, ex-avocat, à Nantes.

Augustin Hernault, âgé de 37 ans, né à Nantes, y demeurant, horloger.

Louis Chaurand, âgé de 45 ans, né et demeurant à Nantes, négociant.

Pierre-Marie de Vey⁵, âgé de 31 ans, natif de Nantes, ex-noble et militaire.

---

¹ Déformation de nom fort singulière. Il faut lire *Pierre-Charles* Havon (de la Thébaudière).

² Lisez : *Jacques* Bois des Plantes.

³ Lisez : Lainé-Fleury.

⁴ Aliàs : Hervé.

⁵ Lisez : de Vay : famille de conseillers au parlement, maintenue de noblesse à la réformation de 1669.

Pulchérie LECOMTE, âgé de 31 ans, natif de Nantes, commis aux douanes de cette ville.

François-Louis DUROCHER, âgé de 67 ans, né à Nantes, ex-auditeur des comptes, à Nantes.

Charles-Antoine CRESPIN, âgé de 40 ans, natif de Montpellier, ex-chanoine de cette cathédrale, et sergent-major du 11ᵉ bataillon révolutionnaire du département de Seine-et-Oise, demeurant à Versailles, arrêté à Nantes.

Jean-Clerc MABILLE[1], âgé de 31 ans, natif de Bouzillé (Maine-et-Loire) rentier au dit Nantes.

Pierre-Jean MARIE, âgé de 61 ans, né à Nantes, y demeurant, ex-avocat audit lieu.

Joseph-Marie-Hyacinthe CHAUVET, âgé de 26 ans, natif de Chambéry, négociant à Nantes[2].

Les susnommés étaient prévenus d'avoir conspiré contre la République, la liberté et la sûreté du peuple Français ; les uns, en employant des manœuvres tendant à favoriser et propager le système fédéraliste ; les autres, en entretenant des correspondances et intelligences avec les émigrés et les brigands de la Vendée, d'autres en employant des manœuvres tendant à égarer les citoyens et à corrompre l'esprit public par le fanatisme et en entretenant des liaisons criminelles avec les prêtres réfractaires ; d'autres enfin, en cherchant à discréditer les assignats par l'agiotage et l'infâme trafic du numéraire, en cherchant à occasionner la disette et introduire même la guerre civile dans les départements par l'accaparement de diverses marchandises de première nécessité.

---

[1] Lisez : MABILLE DES GRANGES, ex-noble.

[2] Cette liste n'est pas tout à fait complète. Il y manque un nom, celui de *Dominique Dubra*, mais nous le retrouverons dans le cours du procès. En revanche, il y a 93 noms avec celui de *Jaillant*, ce qui fait 94.

Quant aux autres Nantais arrêtés en même temps que les citoyens ci-dessus désignés et dont nous donnerons la liste complète avant les notices biographiques de chacun d'eux, la plupart étaient morts de misère ou restés malades à l'une de leurs douloureuses étapes.

Lecture faite de l'acte d'accusation, il en résulte que les susnommés, quoique prévenus de délits différents, mais qui tendent tous au système de la contre-révolution, semblent s'être concertés entr'eux pour anéantir, s'il leur avait été possible, le gouvernement républicain et rétablir le régime tyrannique.

En effet, d'abord il paraît constant qu'à l'époque où la faction liberticide du fédéralisme s'agitait en tous sens pour déchirer le sein de la République, les factieux qui, comme l'on sait, devaient faire entrer dans le plan de la conspiration une grande partie des départements du Midi, jetèrent un dévolu sur la commune de Nantes, qui par sa position et sa proximité avec plusieurs départements déjà livrés aux horreurs de la guerre intestine, notamment celui de la Vendée, leur offrait, dans cette circonstance, un foyer propice à leurs desseins perfides.

Aussi cette commune paraît-elle avoir trouvé dans son sein, à cette époque, plusieurs partisans de cette faction liberticide, notamment les nommés *Phelippes* dit : *Tronjoly*, *Vallot*, *Duradier*, *Kerverseaux*, *Planchy*, *Villenave*, *Fournier*, *Dorco*, *Billard*, *Pineau* dit *Pavillon*, *Pecot*, *Brière*, *Béranger*, *Fothon*, *Sotin* l'aîné et *Sotin* le jeune.

Parmi ces prévenus de fédéralisme, on distingue *Phelippes* dit: *Tronjoly*, ex-président des tribunaux criminels et révolutionnaires de Nantes ; *Sotin* l'aîné, dit *Lacoindière*, ex-administrateur du département ; *Villenave*, suppléant de l'accusateur public, qui paraissent avoir joué les principaux rôles à cette époque, et se sont montrés les agents les plus actifs de la faction.

Sotin, l'un d'eux, le 30 décembre 1792, vieux style, fut député avec Meuret près la commune de Nantes, pour présenter une adresse à la Convention ; et, le 10 janvier suivant, ce fut lui qui, conjointement avec son collègue, écrivait au directoire de Nantes que la Convention n'était pas libre et qu'elle était sous les poignards d'un parti désorganisateur, qui voulait relever un trône, pour y placer le fils de Philippe-Egalité.

Cette lettre donna lieu à l'arrêté pris par le Conseil général le 12 dudit mois, tendant à envoyer à Paris une force départementale.

Sotin paraît aussi avoir été l'un des députés envoyés par l'administration fédéraliste à Rennes et à Caen, où il a servi de tous les moyens la faction qui voulait former une force départementale pour marcher sur Paris.

Il est signataire de l'adresse émanée de la soi-disant assemblée des départements réunis à Caen. Il est en outre prévenu de délits qui lui sont personnels, tels que malversations et dilapidation des deniers publics.

Villenave, suppléant de l'accusateur-public, fut élu président du club de la Halle, auquel il avait fait adopter son système de fédéralisme ; il paraît même avoir accepté cette place. Il fut aussi nommé, avec *Sotin*, commissaire de l'administration fédéraliste près la commune de Rennes, place dont il a pareillement rempli les fonctions. Il est aussi signataire de l'adresse dont on vient de parler.

Il est encore prévenu d'avoir eu des liaisons intimes, et même criminelles, avec le traître Bailly, ex-maire de Paris, et d'avoir conspiré avec lui, en écrivant sous sa dictée des pamphlets contre la Convention.

Phelippes dit *Tronjolly*, fut aussi l'un des commissaires envoyés près les départements fédéralistes ; c'est lui qui revenant de mission avec Giraut, provoqua, dans la séance du 26 juin 1793, l'arrêté tendant à envoyer des commissaires à Rennes et à Caen.

A l'égard de *Dorco*, ex-procureur de la commune ; *Pecot* fils, ex-administrateur, et *Brière* ex-officier municipal, ils n'ont pas moins secondé les projets liberticides de la faction : ils sont tous trois signataires de l'arrêté du 5 juillet, tendant à ne plus reconnaître la mission des représentants du peuple dans ce département et à s'éloigner même de la Convention, qu'on regardait, par cet arrêté, comme n'étant plus libre.

Dorco est encore prévenu d'autres faits particuliers qui lui sont personnels, comme de s'être permis des propos dans le conseil, tendant à avilir la Convention ; d'avoir été l'un des rédacteurs de l'arrêté du 5 juillet, de s'être même chargé de le faire signer à ceux des membres du conseil qui ne s'étaient point trouvés aux discussions, et auxquels il le présenta comme un arrêté du conseil ; c'est encore à lui que fut adressé le traître représentant Du-hâtel, auquel il donna asile.

Brière est prévenu d'un délit particulier qui n'est pas moins contre-révolutionnaire, et qui consiste à avoir proposé au conseil de la Commune de tripler le prix des denrées, sous le prétexte perfide d'empêcher l'exportation des savons et autres objets de première nécessité.

Quant aux autres, il paraît qu'ils ont aussi servi de tous leurs moyens la faction, en se montrant, à cette époque, les ardents propagateurs de ce système liberticide.

N° 17. — BULLETIN

DU TRIBUNAL RÉVOLUTIONNAIRE

Établi au palais a Paris

Par la loi du 10 mars 1793.

Signé : Clément.

Suite de l'interrogatoire des habitans de la commune de Nantes, au nombre de quatre-vingt-quatorze, la plupart négocians et fonctionnaires publics.

En effet, 1° *Philippe Vallot*, courtier, est prévenu d'avoir été l'un des plus ardents prôneurs du fédéralisme au club de la Halle, le plus enragé détracteur de la Convention, le partisan le plus chaud des *Villenave, Pécot*, et autres chefs fédéralistes. Il est en outre prévenu d'avoir servi à la fois et les marchands et les accapareurs, en se mêlant de l'agiot.

2° *Martin*, dit *Duradier*, est prévenu d'avoir été l'un des orateurs du club de la Halle, le corrupteur du ci-devant commandant Beysser, et le trompette constant du fédéralisme[1].

3° *Kerverseaux*, d'avoir été rédacteur des proclamations de Capet, et aussi corrupteur de Beysser.

4° *Planchy*, négociant, s'est constamment montré le partisan des royalistes et aristocrates de la commune, en s'apitoyant sur le sort de ces derniers et des émigrés ; en protestant contre le décret du 15 mai, en faveur des noirs ; en rédigeant et signant toutes les pétitions liberticides au tyran ; en acceptant une mission près de lui, pour implorer servilement des grâces et pour se porter à des démarches liberticides.

Enfin, il est aussi prévenu d'avoir terminé sa carrière politique en cabalant dans les assemblées sectionnaires, lors du fédéralisme en faveur de la réunion des suppléants à Bourges, de la force départementale contre Paris.

5° *Fournier*, d'avoir accepté la place de voiturier de la force départementale.

6° *Pineau du Pavillon*, ex-avocat au ci-devant parlement de Bretagne, d'avoir été provocateur d'un jugement infâme contre la société populaire, lors de la fuite de Capet, et l'un de ces agents du fédéralisme que l'on avait distribués dans les sections pour y égarer et corrompre l'esprit public ; d'avoir péroré longuement, et voté pour la force départementale contre la Convention.

---

[1] Beysser, ancien chef des dragons volontaires de Lorient, devenu général en 1793, avait débloqué Machecoul au mois d'avril, mais il avait trop montré son mépris pour la lâche conduite des représentants Gillet et Merlin pendant l'attaque de Nantes par les Vendéens, et ceux-ci s'en étaient vengés en le faisant comprendre dans les hécatombes du parti Girondin.

7° *Pothon*, *Sotin* jeune, *Billard* et *Béranger*, de s'être montrés les chauds partisans du fédéralisme, et d'avoir calomnié les journées des 31 mai, 2 et 3 juin.

On n'ignore pas que le fanatisme est une des principales branches de la contre-révolution, et que ce monstre a fourni aux ennemis de la liberté des armes d'autant plus dangereuses, qu'en fascinant les yeux du peuple, sous le spécieux prétexte de la défense d'une religion attaquée par les principes de notre Révolution, elles offraient à ses ennemis un succès certain dans les divisions intestines.

Il paraît qu'il a existé à Nantes, comme dans beaucoup d'autres départements, une classe de ces intrigants fanatiques qui, de concert avec les ennemis de la Révolution, ont employé tous les moyens qui étaient en leur pouvoir, pour égarer le peuple par le prestige de la superstition et le porter, par cette manœuvre perfide, à des soulèvements contre-révolutionnaires.

François Pouchet, *Guillaume Cassart*, *François Cher*, *J.-B. Lemasne*, *Pierre Laporte* et *René-Alexandre Bourotte*, sont prévenus de ces délits fanatiques.

On distingue parmi ces prévenus, *François Pouchet*, que l'on assure avoir eu des liaisons criminelles avec les prêtres assermentés et d'avoir servi leur cause.

Cassart est prévenu d'avoir poussé le fanatisme jusqu'à colporter une pétition sacerdotale qui faillit allumer la guerre civile.

Lemasne, d'avoir tenu chez lui des conciliabules et rassemblements de fanatiques, et notamment d'y avoir recélé des prêtres réfractaires, et d'avoir entretenu des intelligences et correspondances avec des déportés.

Et *Bourotte*, d'avoir persécuté les patriotes.

La commune de Nantes paraît avoir eu aussi à combattre les manœuvres de la caste nobiliaire dont une grande partie n'est restée dans la République que pour y conspirer et servir la cause des despotes en se rangeant sous les bannières de la contre-révolution.

Jacques Gazet, René Martel, René Estourbillon, Marie Pantin, Toussaint Charbonneau, Salmon Demonty, Alexandre Fleuriot et Philippe Biré, sont prévenus de s'être montrés, par leur conduite, les agents du despotisme et de la tyrannie. Parmi ces prévenus on distingue : 1° l'*Estourbillon*, ex-chevalier de Saint-Louis, prévenu d'avoir été constamment le partisan de l'oppression, en ne se repaissant l'imagination que de la lecture des journaux et ouvrages les plus contre-révolutionnaires, tels que ceux de l'*Ami du Roi*, la *Gazette de Paris*, et autres feuilles de ce genre ; et en se refusant, au mépris de la loi, à remettre sa croix de Saint-Louis, et en répondant, lorsqu'on la lui a demandée, avec un ton et une morgue ordinaire à cette classe privilégiée, que la force seule pouvait lui arracher cette croix, mais que sans cela, l'attachement qu'il avait voué à son roi lui aurait fait garder jusqu'à la mort ce gage aussi précieux qu'honorable.

Pantin, dit *Laguerre, Salomon Monty* et *Fleuriot*, sont tous trois prévenus d'avoir eu des intelligences criminelles avec les brigands d'Ancenis, et même d'avoir été membres du comité de ces brigands.

Et enfin, *Charbonneau*, d'avoir manifesté son attachement à la tyrannie au point de se vanter d'être parent de Capet.

Une classe d'ennemis de la liberté, non moins dangereux, ce sont les agents de ces traîtres qui ont abandonné leur patrie pour se ranger sous les étendards des tyrans coalisés ; et ces ennemis sont d'autant plus perfides, que par leurs manœuvres, souvent couvertes du manteau du patriotisme, ils entretiennent dans l'intérieur un foyer de contre-révolution, tandis qu'ils fournissent aux ennemis extérieurs tous les moyens nécessaires pour les aider à déchirer le sein de la patrie.

La commune de Nantes paraît aussi avoir eu à redouter les attaques de cette classe de conspirateurs.

François-Marie-Joseph Raymaud, *Maublanc*, *Latoison*, *François Poirier*, *Henri Soquet*, *Varsavaux* et *Bruno*, sont prévenus d'avoir entretenu des intelligences avec les émigrés et d'avoir été leurs agents.

Parmi ces prévenus, on remarque *Maublanc* père, négociant, qui a un de ses fils émigré, auquel il est présumé avoir fourni des secours en argent.

Latoison, privilégié, ex-colon de Saint-Domingue, prévenu d'avoir correspondu avec les émigrés, d'avoir émigré lui-même, et de n'être rentré qu'au mois de mai 1792 ; d'avoir extorqué de faux certificats de résidence aux magistrats de Lille, enfin de s'être montré l'un des ardents propagateurs du système fédéraliste dans les assemblées sectionnaires, et d'avoir persécuté les patriotes.

Bruno, dit *Lasouchais*, d'avoir eu des relations avec l'émigré Coustard et d'avoir été son agent.

Varsavaux, notaire, d'avoir été l'agent de plusieurs aristocrates et agioteurs ; d'avoir même soustrait des sommes appartenant à la nation, et d'avoir, quelques jours avant son arrestation, passé un acte de vente entre un prêtre déporté et un particulier de Nantes.

On sait que la commune de Nantes a été, plus qu'aucune autre, en butte aux insinuations perfides des conspirateurs de la Vendée.

Les mânes des malheureuses victimes immolées au fanatisme dans cette contrée appellent toute la rigueur de la loi contre les auteurs et complices de cette guerre cruelle, qui déchire le sein de la République.

Dreux, père, *Delaunay*, *Latour*, *Arnoult*, *Pellerin*, *Malmuze*, *Faurel*, *Pichelin*, père et fils, et *Forget*, sont prévenus d'avoir trempé dans cette horrible conspiration, et d'avoir entretenu des intelligences et correspondances avec les rebelles de la Vendée.

1° *Dreux*, père, ex-juge, au ci-devant présidial de Nantes, s'est montré constamment l'ennemi juré de la Révolution et a contribué à l'insurrection de la Vendée.

2° *Delaunay*, ex-procureur, a été l'agent des émigrés, et le correspondant du nommé Tiger, son beau-frère, qui sert dans l'armée des brigands.

3° *Latour* a entretenu des intelligences très actives avec ces mêmes brigands et a été membre d'un de leurs comités ;

4° *Arnoult*, a été l'un des soudoyeurs de la Vendée, et a eu des liaisons intimes avec Tirol, chef des révoltés ;

5° *Pellerin*, homme de loi, ex-constituant, a, par fanatisme, lâchement abandonné son poste¹, lors de la loi sur le clergé, et a eu aussi des liaisons avec les brigands.

Colas, dit *Malmuze*, a fait passer des fonds dans la Vendée.

Faucel a été l'agent des émigrés ; s'est montré le plat valet des chefs des brigands, et s'est, jusqu'au moment de son arrestation, constamment tenu dans leur voisinage.

Pichelin, père et *Pichelin* fils, ont tous deux tenu chez eux des conciliabules et rassemblements de prêtres réfractaires ; ils ont souvent cherché à discréditer les assignats, et ont eu aussi des intelligences avec les brigands.

Enfin *Forget*, ex-auditeur à la ci-devant chambre des comptes, a fait enrôler un de ses domestiques dans l'armée des brigands, et a fourni à ces derniers des fonds pour soutenir la guerre contre la liberté.

René-Julien Ballan, Thomas Desbouchauds, Benoit Sue, Alexandre Garnier, Aubin-Léonard Taillebois, J.-B. Retau, Charles-François-Marie Thomas, Pierre Mercier, Jacques Isevolier, Augustin Perrotin, Charles-Joseph Dreux, Théodor, Geslin, Pierre-Dominique Chardot, Louis-Luc Tiger, Poidras, Hamon de la Thébaudière², Joseph-Marie-Hyacinthe Chaucel, Pierre-Jean Marie, Jean-Clair Mabille, Jean-Antoine Crespin,

---

¹ Son poste à l'Assemblée constituante. Pellerin donna sa démission dès qu'il vit qu'on était décidé à voter la loi schismatique sur la constitution civile du Clergé.

² Le texte porte *Charlemont-Thébaudière*.

François-Louis Durocher, Pulchéri Le Comte, Devey, Louis Jaillant, Baschet, Henri James, François Brilland, François Pussin, Marguerin, Onfroy, dit *Bréville, Speckman, Jacques Baudin Desplantes, Duparc, Jan Alloneau, Nicolas Huguet, Lainé-Fleury, Espivent, Hervé, Chaurand, Augustin Hernaud;* tous les ci-devant dénoncés, sont prévenus de délits différents mais qui tendent tous au système de contre-révolution ; parmi eux on en distingue plusieurs dont les propos et la conduite aristocratique ne permettent pas de douter des instructions perfides qui paraissent les avoir dirigés.

Ballan tenait chez lui des conciliabules et rassemblements contre-révolutionnaires.

Garnier, ex-avoué, était un des agents des ci-devant, et se glorifiait d'être le défenseur officieux des émigrés.

Il est en outre prévenu d'avoir dit publiquement que l'on était plus libre sous l'Ancien Régime que sous le régime nouveau.

Taillebois est prévenu d'avoir eu des liaisons criminelles avec les fanatiques et les prêtres réfractaires, d'avoir même recélé chez lui, et d'avoir souvent fréquenté le directeur du ci-devant Saint-Clair.

Thomas, de s'être constamment montré l'ennemi des clubs et des sociétés populaires, et d'avoir été le rédacteur des viles pétitions au tyran Capet.

Issotier, d'avoir manifesté son attachement à la tyrannie, en disant hautement qu'il assassinerait ceux qui ont voté pour la mort du roi.

Geslin, marchand de toile, royaliste décidé, prévenu d'avoir sollicité publiquement la demande de la clôture des tribunes de l'Assemblée nationale.

Chardot, ci-devant avocat au ci-devant parlement de Bretagne, est prévenu d'avoir, sans cesse et hautement, injurié les membres des autorités constituées, blâmé successivement tous les actes et arrêtés des diverses assemblées nationales : d'avoir osé dire que les défenseurs du peuple, que le parti de la Montagne était un vil ramas de scélérats et de fous ; d'avoir poussé l'aristocratie jusqu'à se refuser constamment au service de la garde nationale ; de s'être toujours refusé, quoique riche et célibataire, à toute collecte patriotique, de s'être même laissé contraindre pour porter l'habit national et la cocarde tricolore.

Tiger, homme de loi. défenseur et agent d'émigrés, cousin-germain d'un chef de brigands de la Vendée, prévenu de n'avoir manifesté que des sentiments royalistes et d'avoir provoqué la répression de tous les rapports et décrets de l'Assemblée constituante défavorables aux clubs ; d'avoir, de concert avec l'accusé *Pineau, dit Dupavillon*, provoqué l'infâme jugement contre les démarches de la société populaire de Nantes, lors de la fuite de Capet.

Poidras, d'avoir eu d'intimes liaisons avec les aristocrates, et d'avoir distribué des pamphlets liberticides.

Thébaudière[1], d'avoir prêché la contre-révolution dans tous les tripots littéraires, et de ne s'être déterminé à arborer la cocarde nationale qu'en 1791, lorsqu'il y fut contraint par les menaces du peuple.

Buscher, ex-juge de l'amirauté, d'avoir entretenu des intelligences avec les rebelles de la Vendée, notamment avec plusieurs de ses parents qui combattent contre la liberté dans cette contrée.

James, d'avoir prêché la contre-révolution dans tous les lieux publics.

Alloneau, ex-huissier, d'avoir eu des intelligences avec les émigrés.

Lainé-Fleury[2], royaliste outré, prévenu d'avoir été l'un des

---

[1] Lisez : *Hamon de la Thébaudière*, le *Charlemont* de la liste des prévenus donnée au n° 16 du *Bulletin*.
[2] Lisez toujours *Lainé-Fleury*.

chefs de l'infâme complot tramé contre la sûreté de Nantes et des patriotes de cette ville.

Quant aux autres, leur haine s'est manifestée contre la liberté par l'inertie criminelle dans laquelle ils paraissaient être restés dans la Révolution, et par leurs liaisons intimes et leurs fréquentes relations avec les aristocrates reconnus de la commune de Nantes.

Enfin, on sait que Nantes, par l'immensité de son commerce, a dû renfermer dans son sein une classe de riches négociants.

Les ennemis de la chose publique, qui empruntent toutes les formes pour parvenir à leurs fins, caressent l'amour-propre et l'égoïsme ; ils s'insinuent particulièrement dans l'esprit de ces hommes vils qui, jamais, n'ont pu assouvir leur soif inaltérable de l'or ; ils s'adressent à ces êtres avares et immoraux qui, pour satisfaire leur criminelle cupidité, rapportent tout à leur intérêt personnel, au détriment de la chose publique.

La commune de Nantes paraît encore avoir eu à combattre quelques-uns de ces indignes égoïstes, ennemis d'autant plus dangereux de la Révolution, qu'en servant leur intérêt particulier ils servent en même temps les projets liberticides des tyrans.

J.-B. *Duchesne*, *Dominique Dubra*[1], *Jean Castelan*, *Aignan Grignon*, *Julien Leroux*, *Jean-Pierre Defrondat* et *J.-B. Thébaud*, paraissaient avoir fait tous leurs efforts pour occasionner la disette, et exciter des divisions intestines en accaparant des marchandises de première nécessité.

Parmi ces prévenus, on remarque *Leroux* père, tanneur, ex-notable, soupçonné d'avoir accaparé une grande quantité de cuirs, que l'on a trouvés chez lui, et qu'il refusait de vendre, ne trouvant même pas le prix exorbitant auquel

[1] Nom cité dans la liste du n° 16.

il l'avait porté, avant la loi du maximum, suffisant à son ambition.

Il s'est permis d'expédier des cuirs dans un temps où il savait que ses concitoyens et le service public même étaient prêts d'en manquer. Il est en outre prévenu d'avoir signé l'arrêt fédéraliste du 5 juillet.

Defrondat, négociant, est prévenu d'avoir favorisé la distribution de faux assignats, dont *La Thébaudière* avait un entrepôt dans cette commune.

Quant aux autres, ils sont tous prévenus d'avoir fait l'agiotage et l'infâme trafic du numéraire, pour discréditer les assignats.

N° 18   BULLETIN

DU TRIBUNAL CRIMINEL RÉVOLUTIONNAIRE

Suite de l'interrogatoire des habitants de la commune de Nantes, au nombre de quatre-vingt-quatorze, la plupart négociants et fonctionnaires publics.

De tous ces faits, l'accusateur public a dressé la présente accusation contre les susnommés : il en a demandé acte au tribunal, pour, après l'instruction, être ordonné ce que de droit.

DÉBATS DE L'AFFAIRE DES NANTAIS.

Ainsi, d'un côté, manœuvres tendantes à favoriser et propager le système liberticide du fédéralisme, d'autres tendantes à égarer les citoyens et à corrompre l'esprit public par le fanatisme et les liaisons criminelles avec des prêtres réfractaires ; d'un autre côté, intelligence et correspondance avec les émigrés et les brigands de la Vendée, propos contre-révolutionnaires, tendants à provoquer la dissolution de la représentation nationale, l'avilissement des autorités constituées, et le rétablissement de la royauté ; enfin discrédit des assignats par l'agiotage et l'infâme trafic numéraire ; accaparement des marchandises de première nécessité pour occasionner la disette, et même introduire la guerre civile dans les départements : tels étaient les différents délits reprochés aux accusés.

Le président aux accusés : — Vous venez d'entendre ce dont on vous accuse ; redoublez d'attention, les débats vont s'ouvrir.

On procède à l'audition des témoins. Goullin[1], membre dudit comité révolutionnaire de Nantes, ayant, comme ses collègues, provoqué l'arrestation et même la traduction desdits accusés au tribunal révolutionnaire de Paris, est le premier témoin entendu. Il dépose contre plusieurs des accusés, tels que *Phélippe dit Tronjoly*, les frères *Sotin, Doreo, Villenave, Poton, Béranger, Pecot, Pineau, dit Pavillon, Dreux, Hernaut, Bodin dit Desplantes, Taillebois, Garnier, Durocher, Onfroy, Baschet, Estourbillon, Latoison* et autres.

Il a déposé contre *Phélippe*, que ce dernier fut du nombre des pétitionnaires auprès de la municipalité, pour demander l'ouverture des sections, lesquelles prirent, le 5 juillet, un arrêté portant que la Convention n'était pas libre dans les journées des 31 mai, premier et 2 juin ; qu'il serait envoyé une force départementale à Paris, pour protéger la Convention nationale, que les suppléants se rendraient à Bourges, au cas où la Convention serait dissoute par la force ; que de nouveaux députés seraient nommés pour réorganiser la Convention.

---

[1] Sur Goullin, v. y. l'excellente étude de M. Lallié, intitulée : *Le sans-culotte Goullin*, etc., Nantes, Grimaud, 1878, in 8°.

Cette déposition a été suivie d'une lecture de pièces par l'accusateur public, tendantes à prouver que les co-accusés *Phélippe* et *Sottin* avaient assisté aux assemblées des sections où il avait été arrêté qu'on ne connaissait plus les décrets de la Convention nationale, tant que trente-deux de ses membres seraient en arrestation, motivée sur ce que cette Convention n'était pas libre; qu'elle délibérait sous le poignard et le couteau des assassins, et que les départements dont les députés étaient retenus en arrestation n'étaient pas suffisamment représentés et ne pouvaient coopérer de leurs suffrages au vœu national.

De ces pièces il résultait encore la preuve qu'il devait être organisé une force départementale pour marcher sur Paris, briser les fers des détenus et délivrer la Convention du joug prétendu et de l'oppression sous laquelle elle gémissait; enfin, une assemblée fut indiquée à Bourges pour renouveler la Convention.

Le dit accusateur a encore donné lecture d'une lettre écrite par *Sottin* l'ainé, dit *Lacoindière*, au directoire de Nantes, le 10 janvier 1793, où ce *Sottin*, prétendait que Convention n'était pas libre et qu'elle était sous les poignards d'un parti désorganisateur qui voulait relever un trône pour y placer le fils de Philippe-Egalité, lettre qui donna lieu à l'arrêté pris par le conseil général, le 12 dudit mois, pour faire marcher sur Paris une force départementale.

Goulin a désigné *Sottin-Lacoindière* comme un envoyé de l'administration fédéraliste à Rennes et à Caen, pour obtenir et mettre promptement en activité la force départementale destinée à soumetttre Paris. Enfin il a dit que ce *Sottin* était signataire de l'adresse faite au nom de plusieurs départements fédéralistes et qu'on lui reprochait des malversations et dilapidations de deniers publics.

Le président à l'accusé Phelippe : — Vous avez entendu la déposition du témoin, qu'avez-vous à y répondre ?

R. — Je réponds que le sort m'ayant placé dans un département tel que celui de la Loire-Inférieure, où les papiers publics étaient interceptés, surtout depuis la journée du 31 mai, où la vérité ne pouvait pénétrer, j'ai été pendant quelques moments la victime de l'erreur et de l'intrigue. Oui, j'ai eu le malheur de figurer dans les assemblées de sections dont on me parle; mais qu'est-il arrivé dans ces délibérations? Ce qui devait arriver dans une commune où l'on cherchait la vérité de bonne foi.

Les plus chauds républicains, ceux que quelques scélérats ont voulu perdre depuis, furent souvent divisés d'opinions ; les uns voulaient que l'on déclarât que la Convention n'avait pas été libre, les autres, qu'il paraissait que la Convention n'avait pas été libre. Plusieurs s'opposèrent à la mesure de la force départementale, qu'ils trouvaient dangereuse. Plusieurs, en sentant qu'elle pouvait être dangereuse, la croyaient néanmoins nécessaire.

Presque tous improuvèrent l'envoi des suppléants à Bourges. Il est bien évident que s'ils eussent été complices de la section liberticide, ils auraient été d'accord avec elle et avec eux-mêmes.

Cependant les corps administratifs n'envoyent pas de suppléants à Bourges ; ils ne font point partir de force départementale pour Paris ; il se refusent aux instances du Finistère et des députés de Bordeaux.

Que n'ont-ils pu savoir alors que l'infâme Gironde retirait à cette même époque, pour les faire marcher contre Paris, les deux bataillons qu'elle avait dans la Vendée, et livrait ainsi Nantes à la merci des brigands!

Les corps administratifs, joints aux sociétées populaires, sollicitèrent en vain les départements voisins d'envoyer leurs forces départementales au secours de Nantes, que menaçaient les hordes victorieuses des brigands, après la prise de Saumur, d'Angers et de Machecoul.

Les discussions politiques avaient trouvé peu de place dans le grand intérêt qui occupait principalement tous les patriotes, celui de repousser les brigands ou de s'ensevelir sous les ruines de Nantes.

On discutait peu, on se battait tous les jours ; journellement, le tribunal et la commission militaire jugeaient sans relâche les traîtres et les conspirateurs. On servait, on sauvait la République, lorsque les fédéralistes faisaient effort en tous sens pour la détruire : on n'était donc pas fédéraliste à Nantes, on y était républicain, et, on peut le dire, dans cette commune l'erreur était bien près de la vertu ; elle était la vertu même si la vertu a ses erreurs.

L'accusé *Phélippe* continue. — Cependant les brigands, maîtres de Saumur, d'Angers, de Machecoul, s'avançaient sur Nantes : des sections, agitées par quelques aristocrates, entendent prononcer de traiter avec les brigands, et d'accepter, disait-on, une capitulation honorable : quelle est la conduite des administrateurs en cette rencontre ? A peine en sont-ils instruits qu'ils ordonnent la fermeture des sections, font imprimer, afficher au coin des rues le texte des différentes lois, portant peine de mort contre ceux qui parleraient de capituler, de rendre une place avant la brèche ou l'assaut.

Enfin, continue *Phélippes*, arrive la journée du 29 juin : Nantes est attaqué sur tous les points par les plus formidables armées que les brigands aient jamais eues; armées victorieuses abondamment pourvues d'armes et de munitions de guerre.

Quelques jours auparavant, le général Bonvoust avait déclaré au conseil général de la commune qu'il ne pouvait répondre d'une place ouverte de toutes parts, ayant deux lieues de circonférence et sans fortifications ; qu'à peine pourrait-il répondre d'une place fortifiée ; et les officiers municipaux et le général avaient déclaré qu'ils défendraient la ville, devenue par les circonstances le boulevard de la République; et ils avaient juré de s'ensevelir sous les ruines, plutôt que de la livrer aux vils esclaves des prêtres et de la royauté. Le combat se livre, six à sept mille hommes défendent Nantes contre soixante-dix à quatre-vingt mille brigands. Voilà quel était le fédéralisme des Nantais et de leurs administrateurs.

A la vérité, les corps administratifs, égarés par les bruits sinistres qui commençaient à se répandre, tels que le projet de la régence de Danton, du nouveau règne du petit Capet ; projets qu'on disait devoir être appuyés par les députés envoyés en commission dans les départements, continue l'accusé *Phélippe*, ont pris, le 5 juillet, un arrêté où ils professent le plus grand respect pour la Convention nationale, mais dans lequel ils déclarent que, conformément au vœu librement et légalement émis par les sections, les commissaires de la Convention ne seront pas reçus, et que l'établissement d'aucune commission centrale n'aura lieu dans la ville de Nantes et le département de la Loire-Inférieure ; mais cette erreur ne fut pas de longue durée, car, dès le 6 juillet, le conseil général de la commune avait réclamé contre l'arrêt du 5 ; la preuve en est consignée dans une lettre des représentants du peuple Merlin, Gillet et Cavaignac, adressée à la Convention nationale, en date du 15 juillet 1793.

La Convention apprit, dans le même jour, la nouvelle de l'arrêté du 5 et de son rapport ; elle rendit et rapporta dans la même séance son décret contre les corps administratifs de Nantes.

Phélippe continue son récit. — Le rapport de l'arrêt du 5 entraîna celui de toutes les mesures prises dans des moments d'erreur ; le 15, arriva le décret de la Convention relatif au rétablissement de l'ordre et de la tranquillité publique.

La municipalité, qui avait réclamé le 6 contre l'arrêté du 5, s'était rétractée le 12, le département le 14, ainsi on n'avait pas attendu l'arrivée du décret pour une rétractation solennelle qui entraîna successivement celle de tous les départements voisins.

La constitution arrive à Nantes le 15 juillet ; elle est proclamée le même jour : toute la garde nationale sous les armes, en présence des corps administratifs : le 17, elle est acceptée dans toutes les sections.

Jamais, depuis l'organisation des assemblées primaires, le nombre des votants n'avait été si considérable.

L'erreur était dissipée ; l'enthousiasme était général : les auteurs de la sublime déclaration des Droits de l'homme, s'étaient, n'avaient pu être que les amis de leur pays et les bienfaiteurs du monde.

Les corps administratifs restèrent encore en fonction pendant trois mois. Leur conduite, leur zèle infatigable leur méritèrent constamment l'approbation et souvent les éloges des représentants du peuple ; enfin ils ne furent destitués qu'à regret contre le vœu des représentants Gillet, Méaulle[1] et Ruelle, qui déclarèrent ne pas croire les fonctionnaires publics de Nantes dans le cas du décret concernant les administrations fédéralistes.

Mais les faux patriotes qui depuis ont porté leurs fureurs contre-révolutionnaires dans le département de la Loire-Inférieure, maintenant livrés au bras vengeur de la justice et qui, pour pallier leurs crimes, m'ont dénoncé et fait incarcérer pour les avoir poursuivis en ma qualité d'accusateur public, étaient alors avides de places et d'autorité. Leurs vociférations, toujours renouvelées, emportèrent enfin la destitution des administrateurs, dont les représentants du peuple avaient déjà refusé d'accepter la démission.

Maintenant, je le demande, continue l'accusé *Phélippe*, des administrateurs de département, qui, en septembre 1792, félicitaient la Convention d'avoir décrété la République ; des fonctionnaires publics qui, en décembre 1792, demandaient à la Convention le jugement du tyran, et en février 1793, la félicitaient sur la mort de ce despote ; enfin ceux qui, en mars, faisaient décerner des honneurs funèbres à la mémoire de Michel Lepelletier ; des amis aussi chauds de la liberté, des

[1] Gillet était député du Morbihan à la Convention et Méaulle, député de la Loire-Inférieure.

antagonistes aussi prononcés de la tyrannie, peuvent-ils être considérés comme des fédéralistes ?

Honoré de la confiance de mes concitoyens dans plusieurs postes importants, tels que ceux de juge au tribunal du district de Nantes, administrateur du département, ensuite président des tribunaux criminels et révolutionnaires, enfin accusateur public au dit tribunal, j'ai répondu dans tous les temps à la confiance du peuple, qui m'avait investi de sa magistrature; comme homme public et comme homme privé, termine *Phélippe*, je défie mes accusateurs de me faire le moindre reproche fondé; je n'ai cessé de reconnaître la Convention nationale et l'unité de la République, lors même que des apparences trompeuses semblaient m'accuser, lors même que livré à l'erreur je paraissais, ainsi que presque tous les patriotes de Nantes, contrarier les sages mesures de la Convention, pour se délivrer des traîtres qui paralysaient ses travaux.

Si donc, dans le département de la Loire-Inférieure, on a voulu ce que la faction voulait, on a été fédéraliste ; mais si, comme toute la conduite de ce département le prouve, on a voulu le contraire des fédéralistes, si l'on n'a cessé de leur être opposé, on a été républicain.

Il est donc bien démontré, dit *Phélippe*, qu'il n'y a point eu de fédéralisme dans le département de la Loire-Inférieure ; on y a été égaré par vertu, par patriotisme ; on n'y a été qu'égaré, l'erreur était inévitable, involontaire, et pour incriminer les administrateurs de Nantes et les habitants, il faudrait commencer par prouver que l'erreur n'a pas été possible à l'époque du fédéralisme en France ; il est de toute évidence que le comité révolutionnaire de Nantes, maintenant traduit au tribunal révolutionnaire et prêt d'expier ses crimes, a été l'origine et le moteur de toutes les vexations que les meilleurs républicains ont éprouvées : que l'acharnement de ce comité, de ses complices ou adhérans, est la preuve surabondante de l'innocence des patriotes qu'ils ont persécutés

ce comité, à présent incarcéré et livré au bras vengeur de la justice, comme ultra-révolutionnaire et concussionnaire, s'est couvert de tous les crimes, et notamment le témoin Goulin. Je l'en accuse en face ; je contracte l'engagement d'établir sans réplique tous ses délits ; de développer sa turpitude, toute cette chaîne de forfaits et d'atrocités qui lui ont valu l'exécration générale et qui provoquent contre lui la vengeance des lois.

Telle a été la défense du coaccusé *Phélippes*, défense qui, à bien des égards, pouvait convenir et s'appliquer à tous ceux des accusés signataires d'arrêtés fédéralistes et ayant rempli des fonctions publiques, tels que *Poton*, *Sottin* l'aîné, dit *Lavoindière*, *Prost* fils, ex-administrateur du département, *Villenave*, ex-adjoint de l'accusateur public, *Brière*, ex-officier municipal, et *Forro*, ex-accusateur public, ex-procureur de la commune de Nantes.

Le président au témoin Goulin : — Vous avez entendu les déclarations de l'accusé *Phélippes*, avez-vous des observations à présenter au tribunal ?

R. — Dépositaire, conjointement avec mes collègues, des mesures de sévérité dont la loi fait une obligation impérieuse aux membres des comités révolutionnaires, ayant eu occasion plus souvent que je ne l'aurais voulu de déployer ces mesures de sévérité contre les individus qui m'étaient dénoncés, il n'est pas surprenant que certaine portion du peuple ait moins envisagé en moi l'organe et l'instrument de la loi répressive qu'un homme prévenu, aveuglé par quelque passion particulière, qui abusait de cette même loi pour couvrir et légitimer des haines et des vengeances ; cependant j'affirme n'avoir, comme membre du comité révolutionnaire, frappé aucun citoyen qu'il ne m'ait été désigné comme répréhensible, soit par quelque dénonciation particulière, soit par le cri public des patriotes.

Phélippes, de son aveu, a été destitué pour cause de fédéralisme ; il est encore, de son aveu, signataire de l'arrêté du 5 juillet ; il s'avoue égaré ; j'ai donc dû déployer contre lui les mesures révolutionnaires, parce que les faits l'accusaient, parce qu'il était suspect aux yeux de la loi, et qu'il n'était pas de mon ministère de juger ses bonnes ou mauvaises intentions

N° 19 BULLETIN
DU TRIBUNAL CRIMINEL RÉVOLUTIONNAIRE

Suite de l'interrogatoire des habitants de la commune de Nantes, en nombre de quatre-vingt-quatorze, la plupart négociants et fonctionnaires publics.

Le président à Sottin l'aîné. — Avez-vous quelque chose à dire pour votre défense, à ajouter aux détails donnés par *Philippe* ?

R. — Je vais m'expliquer pour ce qui me concerne.

Incarcéré depuis sept mois, j'ai été envoyé de Nantes à Paris : tout ce qu'on peut imaginer d'horreurs a été amoncelé, entassé sur ma tête et sur celle de mes malheureux compagnons, dont trente-cinq ont péri de misère et dont plusieurs languissent encore dans une convalescence équivoque, et cependant, depuis le crépuscule de la Révolution, il ne s'est pas fait dans la commune de Nantes un seul acte de patriotisme auquel je n'ai participé, non d'une manière indirecte, non en me laissant entraîner par le courant de l'opinion, mais avec toute la chaleur, tout l'enthousiasme d'une âme profondément éprise de l'amour de la liberté.

Dès le mois d'août 1788, je prononçai publiquement, dans la salle des actes du collège de Nantes, un discours tellement révolutionnaire, que je fus menacé d'être poursuivi par le procureur général du ci-devant parlement de Bretagne, que la Faculté de Théologie de Nantes parla de me censurer, et que mes amis me conseillèrent de me cacher.

A l'époque du 27 janvier 1789, les jeunes gens de Nantes partant au nombre de 1200, pour aller au secours de leurs frères de Rennes, que les ci-devant gentilshommes bretons faisaient assassiner par leurs valets, je fus nommé l'un des douze commissaires qui dirigèrent les apprêts du voyage et la marche.

A Nozay, nous reçûmes du ci-devant comte de Thiard un ordre de la part du roi de ne pas aller plus loin.

Ce fut moi qui fus envoyé avec Lory vers ce commandant pour lui déclarer que nous péririons jusqu'au dernier plutôt que de reculer, et nous entrâmes à Rennes.

De retour à Nantes, je fus nommé par mes camarades pour conduire les jeunes gens d'Angers ; et malgré l'importance de mes affaires, tels qu'un mariage prochain à conclure, un traité à rédiger pour l'achat d'une charge de notaire, seul moyen pour moi de subsister, et qui me fut enlevé pendant mon absence par le neveu du notaire, je partis, sur l'observation qui me fut faite que les affaires générales devaient l'emporter sur toutes les autres.

A Nantes, les caisses publiques sont saisies : dès lors je monte des gardes chez les caissiers ; on s'empare du château et de l'arsenal : je suis un des premiers qui y pénètre.

Les jeunes gens se forment en compagnies volontaires : à la première nomination des officiers, je fus nommé major du corps appelé *l'Union*.

Plusieurs nobles sont arrêtés dans les campagnes ; les châteaux sont désarmés : il n'est aucune de ces courses que je n'aie faites.

Au mois de mai 1790, nommé administrateur du district, j'ai, dans cette place, poursuivi sans relâche l'aristocratie sacerdotale et nobiliaire.

Fondateur de la Société populaire de Nantes, j'ai été, dans les temps de crise où elles ont été persécutées, un de leurs soutiens les plus déterminés ; j'y ai toujours professé les opinions les plus populaires, les principes les plus démocratiques.

J'ai été l'un des premiers désabusés sur le traître Lafayette.

et je l'ai attaqué sans ménagements en face de ses nombreux partisans.

Lors de la fuite du tyran, les administrations de Nantes tinrent une conduite remarquable. leur adresse à l'Assemblée constituante est assez connue pour que je me dispense d'en parler. A la Société populaire, où la discussion fut ouverte sur cette trahison de Capet, je demandai hautement le jugement et la tête du tyran ; je proposai hautement le gouvernement républicain, malgré les préjugés d'alors, et sur le grand nombre des patriotes qui composaient la société, à peine fûmes-nous cinq ou six qui osassent aborder cette importante question.

Enfin arrive ce jour tant désiré : la journée du 10 août renverse le trône, et frappe la royauté à mort. A cette époque, nommé électeur et porté au directoire du département (la Convention s'occupait alors du jugement du tyran), j'appuie fortement, dans une assemblée des corps administratifs de Nantes, une adresse dans laquelle, convaincus de ses crimes, ils ont demandé sa tête.

Sur l'appel au peuple, dont je n'ai jamais été partisan, j'ai dit publiquement que s'il était décrété... le département de la Loire-Inférieure a voté unanimement une adresse de félicitations à la Convention, lorsqu'elle eut donné à l'univers ce grand exemple de la justice et de la souveraineté du peuple français. La même administration a ordonné, dans tout son arrondissement, une fête funèbre en l'honneur de Michel Lepelletier ; et cette fête fut célébrée à Nantes, avec tout l'appareil convenable. Je ne parle pas de mes travaux comme administrateur, j'ai fait mon devoir. Il n'est pas une de nos délibérations qui ne porte le caractère du patriotisme le plus ardent et le plus pur.

A Saint-Philibert, point de ralliement le plus nombreux et le plus dangereux des brigands, à Machecoul, actions que j'ai été chargé spécialement de diriger, j'ai montré toute l'énergie qu'on pouvait attendre d'un zélé républicain.

Enfin, le 5 juillet, les trois administrations réunies prennent un arrêté dans le sens des départements coalisés ; je n'avais suivi aucunes nouvelles depuis le 10 avril que j'étais parti pour Machecoul, je ne connaissais les événements du 31 mai que depuis le 9 juin ; je les avais entendu peindre des couleurs les plus odieuses.

Toutes les sections de Nantes avaient pris pendant mes absences des délibérations qui avaient servi de base à cet arrêté. Les meilleurs patriotes de Nantes, ou au moins la très grande majorité, partageaient la manière de voir des administrateurs, les y confirmaient par des applaudissements : je fus égaré comme les autres.

Je croyais prendre un parti qui devait sauver la République ; j'en pris un qui eût pu la perdre. Cependant, peu de jours après, les esprits s'éclairent ; l'arrêté pris le 5 juillet fut rétracté le 13, et l'acte de rétractation fut envoyé par des députés aux représentants du peuple. Ceux-ci le firent passer à la Convention, qui reçut l'acte du 5 et celui du 13 presque en même temps.

Elle avait décrété, sur la connaissance du premier, que si nous ne nous rétractions dans trois jours, nous serions déclarés traîtres à la patrie et poursuivis comme tels. Or, nous nous sommes rétractés, non seulement avant les trois jours, mais même avant l'arrivée du décret : donc nous ne sommes pas traîtres à la patrie !

Les représentants du peuple entrés à Nantes, nous ont si bien regardés comme des hommes égarés, qu'ils nous ont laissés en place ; qu'ils nous ont confié, comme ils avaient fait avant l'arrêté, l'exécution de tous leurs ordres, et qu'ils nous ont donné depuis mille marques d'égards et de considération. Ils nous ont dit plusieurs fois qu'ils ne nous croyaient pas dans le cas de la destitution.

Quant à moi, pendant les trois mois que j'ai passés dans l'administration après notre rétractation, j'ai donné les mêmes preuves de zèle et d'attachement à la République qu'avant ;

j'ai exécuté la plupart des réquisitions qui exigeaient le plus d'activité.

Sur la nouvelle qu'on répandait d'un complot pour livrer Brest, j'ai proposé aux représentants de m'y rendre sous quelque prétexte et d'en découvrir les auteurs, et ils ne me refusèrent que parce que la présence de Bréard dans ce port leur ôtait toute inquiétude ; en un mot, il n'était aucun de nous qui, sûr de sa conscience, confiant dans un décret de la Convention, ne se crût à l'abri de tous reproches et de toutes recherches.

Enfin, nous avons été destitués ; mais les représentants du peuple, en nous le notifiant, loin de nous traiter avec la sévérité qu'ils eussent employée envers des coupables, nous ont permis de croire qu'ils ne le faisaient que pour obéir à une loi qu'ils ne pouvaient éluder.

Loin de nous faire arrêter, ils se sont contentés de nous consigner chez nous, sur notre parole de républicains.

Un mois après, lorsque ces représentants ont quitté Nantes, plusieurs de nous ont été incarcérés ; enfin le Comité révolutionnaire nous a choisis au nombre de cinq pour nous envoyer à Paris avec cent vingt-sept autres citoyens, à travers mille dangers renaissants chaque jour.

Nous avons été traînés de cachots en cachots, d'écuries en écuries, liés comme des forçats ; et pour comble d'atrocité, sur la liste de nos noms nous étions qualifiés de complices des brigands de la Vendée.

Moi, complice des brigands de la Vendée ! Républicains de toute la France, prononcez, et qu'on ne croie pas que les maux que j'ai éprouvés aient altéré mon patriotisme, aient diminué mon profond amour pour la République ; qu'ils aient arraché de moi le moindre murmure contre ce gouvernement révolutionnaire qu'on a outré, que dis-je ! qu'on a violé pour me persécuter.

Ah ! sans doute, il m'a été permis de ressentir quelques mouvements d'indignation contre ceux qui m'ont traité d'une manière si révoltante ; mais contre la République qu'on outrageait en moi, ah ! jamais.

Républicains, toute protestation de ma part doit paraître suspecte dans l'état où je suis, c'est par des faits que j'ai prouvé mon patriotisme, étant libre, c'est par des faits que je vais prouver que ma détention, mes chagrins, mes malheurs n'ont rien diminué de l'énergie de mon patriotisme.

A Angers, dans les prisons nationales de cette commune, non, rien n'approche de l'horreur de ce cachot. Le canon tire, la générale bat, les brigands sont sous les murs.

Aux armes! s'écrient tous les Nantais ; qu'on nous donne des armes, et l'on verra qui nous sommes.

Nous jurons, sur notre foi, de rentrer dans la prison après le combat.

Une pétition est rédigée dans ce sens ; on l'accueille, mais on n'y fait pas droit. Cependant le combat devient terrible ; les balles, les boulets sifflent en se croisant sur nos têtes ; plusieurs tombent au milieu de nous.

Des nouvelles désastreuses se répandent ; des hommes arrivant du dehors annoncent que la ville va être rendue, qu'on est à capituler.

Au même instant, un des nôtres vient à moi et s'écrie : Quelle horreur ! il y a un projet de dénoncer tous les républicains aux brigands. — Me dénoncer ! m'écriai-je ; ah ! vous n'en aurez pas le temps ; ce sera moi qui me dénoncerai. Amis, dis-je à plusieurs de mes camarades, amis, c'est ici qu'il faut mourir en héros ; donnons un exemple à la République, vengeons-nous de ceux qui nous ont proscrits, en leur laissant le regret de nous avoir fait périr. Je jure de me faire fusiller plutôt que de rien faire d'indigne d'un républicain, plutôt que de trahir des serments chers à mon cœur, et que je renouvelle ici.

Ce serment fait au milieu du tumulte, au bruit de cent canons, au fond d'un cachot où nous étions confondus avec des brigands qui attendaient là leur jugement et leur supplice.

fût répété avec enthousiasme par un de mes amis, qu'on avait même honoré avant du nom de *la Montagne*.

Voilà ma vie depuis le mois d'août 1788. Je suis pauvre ; j'ai une femme, trois enfants : j'ai à peine trente ans : j'avais un état, je n'en ai plus, et je languis depuis sept mois dans les prisons, attendant qu'on me rende une liberté que je n'ai jamais employée, et que je n'emploierai jamais, qu'à faire le plus de bien possible à mon pays et à mes concitoyens.

A l'égard de la lettre qui m'a été représentée, continue *Sottin* aîné, dit *Lacoindière*, elle est encore le fruit de l'erreur et des faux résultats qui m'ont été donnés dans mon voyage à Paris, où je m'étais rendu pour connaître la vérité, et la communiquer à mes concitoyens.

Mais à cette époque on connaît toutes les factions qui agitaient la République, et même combien la Convention était divisée ; on m'avait persuadé que la faction de Philippe-Egalité voulait établir sa domination sur les ruines du trône de Capet ; que cette faction s'agitait en tous sens pour réaliser les projets destructeurs de la liberté, et qu'elle était même secondée par quelques membres de la Convention. J'ai cru la patrie en danger ; je me suis alarmé sur sa situation critique, j'ai peut être sonné le tocsin sur tous les patriotes ; mais si j'ai fait un faux rapport, si j'ai provoqué de fausses mesures, c'est que ma bonne foi a été surprise, c'est que moi-même j'ai été égaré et n'ai pu faire le mal qu'avec de bonnes intentions.

Le président à Dorco : — Vous êtes aussi signataire de l'arrêté du 5 juillet ; avez-vous à proposer des moyens de justification ?

R. — Le tableau de ma vie politique suffira pour détruire les mauvaises impressions résultant de la part que j'ai malheureusement prise à l'arrêté qui m'est opposé.

Je puis dire, sans blesser la vérité, que j'ai été l'un des premiers apôtres de la liberté, un ardent ami de toutes les époques révolutionnaires, et voici comme je le prouve.

En 1788, il s'élève une lutte entre le gouvernement et les parlements. Quoique étudiant en droit, je ne prends aucune part à cette affaire. Je détestais trop les uns et les autres pour épouser leurs querelles, et je formais en secret des vœux pour la liberté ; au mois de janvier, les amis de cette liberté se prononcent en sa faveur.

A cette époque, mes amis et moi passions les jours et les nuits dans la tribune des États.

Là, nous luttions contre les menaces des nobles, et soutenions le courage des députés de ce que l'on appelait le tiers-état.

Une lutte pareille devait finir par un grand éclat. Toute la France a retenti des fameuses journées des 26 et 27 janvier ; elles présagèrent à la nation les succès qu'obtiendrait la liberté.

A l'affaire du 27, soixante à quatre-vingts jeunes gens, animés du feu sacré du patriotisme, soutinrent pendant quatre heures entières un combat aussi sanglant qu'inégal. Dans ce combat, je partageai les dangers communs.

Ma redingote fut percée d'un coup d'épée que me porta un gentilhomme à la porte des États.

Trois jours après, la jeunesse nantaise vint au secours de de celle de Rennes ; alors se formèrent des assemblées régulières, auxquelles j'assistai en qualité de secrétaire-rédacteur ; Ce fut moi qui rédigeai un ouvrage ayant pour titre : *Procès-verbal et résultat des délibérations par les étudiants en droit, les jeunes citoyens de Rennes*). Nous établîmes un bureau de correspondance, dont le représentant Sevestre[1] était le chef, et dont j'étais membre, mais cette mesure n'était pas suffisante, il fallait des moyens plus actifs.

Plusieurs députations furent envoyées dans la ci-devant province, ma destination fut pour Nantes.

---

[1] Sevestre de la Mettrie, député d'Ille-et-Vilaine à la Convention.

N° 20   BULLETIN
DU TRIBUNAL CRIMINEL RÉVOLUTIONNAIRE

Suite de l'interrogatoire des habitants de la commune de Nantes, au nombre de quatre-vingt-quatorze, la plupart négociants et fonctionnaires publics.

Malgré les menaces du commandant Thiard, je rassemblai la jeunesse nantaise; et c'est de cette assemblée, et de plusieurs autres antérieures et subséquentes, que sortirent ces fameux pactes, précurseurs de la destruction de la royauté et de l'établissement de la République.

Je ne parlerai pas des dangers que je courus à cette époque; si l'on n'en voulut pas à ma tête, du moins on essaya d'attenter à ma liberté.

Arrive la révolution du 14 juillet. Le 20, j'étais revêtu de l'uniforme national.

A la même époque, la garnison qui, depuis quelques jours, était consignée dans les casernes et occupée à préparer des cartouches, se répand dans les différents quartiers de la ville de Rennes. La cour en méditait la ruine et l'incendie. Les mèches, les bayonnettes, les potences étaient prêtes; tout s'évanouit dans un instant.

Les chants patriotiques succédèrent aux menaces du despotisme.

Les soldats sont devenus citoyens, et cet heureux changement est dû au dévouement de mes concitoyens, au mien.

Cependant l'infâme Langeron[1] comptait sur d'autres succès. Désespéré de ce qu'il appelait la défection de ses soldats, il rassemble autour de lui son état-major et tous les officiers de la garnison.

On harangue les grenadiers du ci-devant régiment d'Artois, qui étaient de garde; on leur distribue de l'or et du vin, et

---

[1] Le lieutenant-général Andrault de Langeron, commandant en Bretagne.

l'on charge à mitraille quatre pièces de canon qui sont placées aux avenues de l'hôtel des commandants.

Les projets de Langeron sont aussitôt déjoués que connus.

Dans un instant, les fusils sont renversés, les crosses élevées en l'air, et les cris de : *vive la Nation!* se font entendre de toutes parts.

Les canons sont enlevés, traînés au collège ; les gardes disparaissent, nous pénétrons dans l'appartement de Langeron ; l'ordre de sortir de la ville lui est notifié, et il part de suite avec une escorte de volontaires, chargée de présenter à l'Assemblée nationale le procès-verbal des évènements qui s'étaient passés à Rennes et de demander le supplice des traîtres.

La garde nationale est organisée de suite ; j'y entre, puis dans l'artillerie, où j'ai constamment servi jusqu'à mon voyage à Paris, où je fus assister à la fédération du 14 juillet en qualité de volontaire.

Telle est ma moralité révolutionnaire comme homme privé. Voici quelle a été ma conduite comme homme public.

A mon retour de Paris, je fus appelé à Nantes pour y remplir les fonctions d'accusateur public.

En acceptant ce poste, je jurai une guerre à outrance aux nobles, aux prêtres et aux aristocrates de toute espèce. Tous passèrent par mes mains.

Je fis pleuvoir des décrets de prise de corps, que j'allais mettre moi-même à exécution à la tête de la force armée.

Les communes de Sautron, Cambon, la Chapelle-sur-Erdre et autres, rentrèrent dans l'ordre dès que j'eus enlevé leurs prêtres.

C'en était fait, si le modérantisme ne m'eût arrêté dans ma course, peut-être l'exécrable guerre de Vendée n'eût-elle jamais éclaté dans le département de la Loire-inférieure[1].

Mais j'agissais trop révolutionnairement. La loi qui éta-

---

[1] Quel aveuglement! Dorro n'a pas l'air de se douter que c'est précisément son inexorable chasse au prêtre qui a déterminé la guerre civile.

blissait les accusateurs publics, sans s'expliquer bien positivement, semblait exiger 30 ans, et je n'en avais pas 26.

Le tribunal, après cinq mois d'exercice, consulte le ministre de la justice, Duport. Ce dernier répond que mes procédures sont valides, et cependant je suis remercié.

Réduit à la profession d'homme de loi, qui ne convenait pas à mon activité patriotique, je cherchai un autre aliment dans les sociétés populaires, continue l'accusé Dorco, c'est dans leur sein que je me livrai aux nobles fonctions de défenseur des patriotes opprimés.

Thébaud, de la Chevrolière, massacré depuis par les brigands, fut arraché des cachots par mes soins. Il en fut ainsi de tous les patriotes qui vinrent se réfugier dans la société, où nous avions établi un comité de jurisprudence charitable.

Lorsque le perfide comité de révision de l'Assemblée constituante voulait abuser de la permission pour tuer la liberté française, on vit les Vadier et autres amis de l'égalité dénoncer les traîtres et leurs intrigues.

La Société populaire de Nantes, éveillée de même par le danger que courait la patrie, fit une adresse, dans laquelle elle dénonça formellement à la Constituante les Barnave, les Chapelier, les Desmeusniers et autres amis du tyran.

L'adresse était violente ; elle fut dénoncée au tribunal, qui rendit un décret contre le rédacteur.

Il n'y avait qu'un moyen pour le sauver, c'était de faire intervenir la Société. Elle intervint, et me choisit pour son défenseur. Dans la défense, je dénonçai les dénonciateurs au tribunal de l'opinion publique, et la procédure fut livrée aux rats.

Enfin, nommé tout à la fois aux fonctions d'administrateur du district et de procureur de la commune, j'optai pour ce dernier poste.

Bientôt après, je dénonçai au conseil général les agioteurs et les accapareurs. Je fus traité de tête exaltée, d'homme dangereux.

Le lendemain j'étais bon à pendre à la Bourse.

Je voulus m'y rendre en écharpe; mes amis m'en empêchèrent.

Je m'occupai ensuite de l'instruction publique ; la jeunesse était confiée à des mains fanatiques.

Je fis une guerre si cruelle aux instituteurs et aux institutrices, que les parents furent forcés de remettre leurs enfants en des mains pures et capables d'en faire des patriotes.

Les administrateurs de Nantes s'assemblent, votent la mort du tyran, et je signe ce vœu en criant : *Vive la République* !

La Convention fait de ce vœu un arrêt national. Ce jour est pour moi un jour d'allégresse : Société populaire, corps constitués, tous les républicains se rassemblent, et chacun de nous prononce un discours respirant la haine des rois et l'amour de la République.

A ces mouvements de joie succède bientôt la douleur.

Lepelletier voit nos larmes, il a nos hommages ; une pompe funèbre et civique est par nous rendue au martyr de la liberté, à l'ennemi des rois, procès-verbal est rédigé des honneurs funèbres décernés aux mânes de la victime de la tyrannie ; je suis chargé de présenter le tableau de cette fête lugubre à la barre de la Convention, qui le reçoit avec le plus grand attendrissement.

Les trois administrations de la ville de Nantes n'ont pas moins fait preuve de républicanisme et de courage dans la guerre de la Vendée.

Dans les différentes sorties que cette commune avait faites contre les rebelles, elle avait à regretter l'absence d'environ 900 de ses concitoyens, chargés d'indignes fers à Montaigu.

D'un autre côté, les prisons de Nantes étaient remplies de prisonniers faits sur les brigands; l'échange des prisonniers est aussitôt rejeté que proposé ; d'un commun accord nous nous écrions : Plutôt mourir que de traiter avec les brigands.

Peu de temps après, Machecoul, Saumur, Angers et tous

les postes avancés tombent au pouvoir de l'ennemi : Nantes est investi de toutes parts ; cette ville est sommée de se rendre trois jours avant l'attaque générale. Faute de déférer à cette sommation, nous devons tous être passés au fil de l'épée et la ville livrée au pillage.

On sent la nécessité d'organiser un corps dont les individus, par leur force physique, leur républicanisme et la force de leurs actions, se porteraient de suite où serait le plus grand danger.

Une proclamation énergique et républicaine est par moi rédigée : elle peint avec chaleur les dangers de la patrie. A sa voix la jeunesse Nantaise se réunit. Une légion se forme : je m'inscris sur les registres : deux administrateurs en font autant, et nous donnons l'exemple en marchant contre les brigands le 17 juin dernier.

Le 29 suivant, jour de l'attaque, j'étais à mon poste, et je servis pendant quatre heures une pièce de canon, quoique je pusse m'en dispenser.

Le 15 juillet suivant, je reçois la constitution ; à l'instant même je la proclame dans un réquisitoire. Dans deux jours tout est prêt. Le troisième, les citoyens délibèrent, et le quatrième, l'acte constitutionnel est accepté unanimement. Le 27, nous proclamons l'acceptation devant toute la garnison. Le canon tonne, et va annoncer aux brigands l'arrêt de mort des bandes royales et catholiques.

A quoi donc attribuerai-je mon arrestation ? Ce ne sera sans doute pas à mes liaisons : elles étaient peu nombreuses ; je ne voyais et ne vivais qu'avec des patriotes.

Ce ne sera pas comme ami ou protecteur des aristocrates, des royalistes et des modérés. Je les poursuivis sans relâche. Sera-ce donc comme signataire de l'arrêté du 5 juillet? Mais tous mes anciens collègues qui sont paisibles à Nantes auraient dû être du voyage.

D'ailleurs, les membres du comité révolutionnaire conviennent eux-mêmes, dans leur compte rendu, que l'erreur était inévitable : ils savaient d'ailleurs qu'elle avait été aussitôt réparée que commise ; que nous avions obéi à la loi, non seulement avant le délai prescrit par elle, mais même avant qu'elle nous fût connue.

Ils savaient que la Convention nationale, reconnaissant notre bonne foi, avait, par son décret du 22 ou 23 juillet dernier, rapporté les dispositions de rigueur, ils savaient que nous avions été jugés dignes de continuer nos fonctions ; ils avaient été témoins de la justice que les représentants du peuple Merlin, Gillet, Ruelle, Thureau et Méaulle nous avaient rendue plus d'une fois ; ils savaient également les égards que ces mêmes représentants avaient eus pour nous en nous destituant ; plusieurs avaient entendu leurs expressions ; et ce qu'il y a de plus inconcevable, ils n'ont pu disconvenir que je fus toujours un excellent républicain.

Il est essentiel d'instruire le tribunal que c'est dans la séance du 21 juillet au matin que non seulement la municipalité rapporta l'arrêté du 5 mai, mais qu'elle déclara n'avoir aucunement entendu en prendre.

Ainsi on ne peut pas dire que notre rétractation soit l'effet de la terreur, puisque les arrêtés des représentants du peuple, qui étaient à Ancenis, ne nous étaient pas, et ne pouvaient nous être connus.

Ce fut *Brière*, officier municipal, et moi *Dorco*, qui proposâmes et amenâmes le rapport de l'arrêté du 5, et alors nous ne connaissions point la loi qui déclarait traître à la patrie quiconque ne rétractait pas. Elle ne nous fut connue que le 15. On peut maintenant apprécier nos intentions.

J'établis l'époque de ma rétractation par plusieurs pièces authentiques.

1° L'extrait des lettres des représentants du peuple Merlin, Gillet et Cavaignac, adressées à la Convention nationale le 15 juillet 1793, ensuite au numéro 201 du *Moniteur*, sous la date du 20 même mois. Elle est ainsi conçue :

« Citoyens mes collègues, les nouvelles que nous avons

données hier de l'état de la ville de Nantes ont dû affliger tous les amis de la République ; celles que nous vous annonçons aujourd'hui doivent les rassurer.

» La vigueur des mesures que nous avons prises par nos arrêts du 13 en a imposé aux malveillants.

» Les troupes de la République se sont montrées dignes des causes qui les ont armées.

» Les concitoyens que la ville de Nantes renferme dans son sein, le conseil général de la commune et le district se sont prononcés fortement, et le premier effet a été le rapport de l'arrêté fédéraliste du 5 de ce mois.

» Aujourd'hui il nous est venu quatre députations de Nantes ; une du département, une autre du district, une troisième du conseil général de la commune, et la quatrième de la garde nationale.

» Elles nous ont demandé que l'un de nous voulût bien se rendre à Nantes avec le général en chef, pour calmer les agitations qui y régnaient encore ; vous jugerez aisément, citoyens mes collègues, de l'empressement avec lequel nous avons accueilli cette proposition.

» Nous avons en conséquence nommé notre collègue Gillet, pour accompagner le général Canclaux.

» Au surplus, vous apprendrez avec plaisir que dès le 6 de ce mois le conseil général de la commune avait réclamé contre l'arrêté du 5, et vous ne serez pas étonnés, d'après cela, des avantages qu'ont eus hier les principes véritablement républicains sur les erreurs de la coalition départementale de Caen et autres communes rebelles. »

Voilà donc, sans doute, le témoignage tout à la fois le plus authentique et le plus honorable pour tous les corps administratifs de Nantes, et d'après cette pièce, émanée de la représentation nationale, l'époque de notre rétractation antérieure au décret de la Convention ne peut être révoquée en doute. Cette pièce vient corroborer la preuve consignée dans mon réquisitoire et c'est moi, conjointement avec mon co-accusé

Brière, qui ai provoqué le rapport de l'adhésion de la commune, en date du 5, aux arrêtés fédéralistes.

De l'extrait des registres du greffe de la municipalité de Nantes, extrait bien certifié et en bonne forme, voici ce qu'il suit et comment mon réquisitoire était conçu.

« Le procureur de la commune a exposé au conseil qu'il
« croyait devoir lui faire les observations qu'il lui avait déjà
« présentées le 6 de ce mois, à l'occasion de l'adhésion donnée
« par le conseil aux arrêtés pris par la commune de Quimper,
« que d'excellents citoyens lui avaient dit que le citoyen
« Terrien, qui était parti le lendemain, n'était rien moins
« qu'un patriote ; il a ajouté qu'il était possible que la journée
« du 31 mai eût été le salut de la République ; qu'il était fon-
« dé à le croire, que le citoyen Duchâtel, qui avait présenté
« cet événement à la Société populaire et aux corps adminis-
« tratifs, était un ci-devant qui ne jouissait pas d'une excel-
« lente réputation en fait de patriotisme, et qu'il venait d'ap-
« prendre qu'il avait quitté la Convention nationale sans
« congé ; qu'il était possible que ces hommes, qui se disaient
« patriotes ne fussent que des ennemis de la République et
« des ambitieux, qui auraient pour but de déchirer la Répu-
« blique et de diviser les citoyens. »

Il a, en conséquence, demandé que le conseil rapportât son adhésion du 5 de ce mois.

Le conseil a décerné acte au procureur de la commune de sa demande, et rapporté l'adhésion qu'il a donnée aux délibérations de la commune de Quimper.

Ce réquisitoire prouve bien évidemment que je n'avais été que la victime de l'erreur, et que je me suis empressé d'éclairer mes collègues, de les ramener aux bons principes et de les réunir au sein de la République, lorsque j'ai pu connaître la vérité et la manifester à tous mes concitoyens.

SECONDE PARTIE

N° 21 BULLETIN

DU TRIBUNAL CRIMINEL RÉVOLUTIONNAIRE.

Suite de l'interrogatoire et des débats de l'affaire des habitants de la commune de Nantes.

Qui plus que moi fut l'ami du peuple, et l'ennemi de ses ennemis? Qui me reprochera un seul discours, une seule parole immorale? Qui me reprochera une seule démarche approchant de l'intrigue? Vieillards, femmes, enfants, dans le sein desquels je déposais les dons du patriotisme et des consolations; citoyens de toutes les classes, dites si je fus juste envers vous? Patriotes opprimés, dites si vous ne trouvâtes pas toujours en moi un ami chaud, un défenseur intrépide?

Et vous, républicains austères, dites si jamais je cessai de suivre le sentier de la vertu et du patriotisme.

Le président au témoin Goulin. — Que reprochez-vous à *Dreux* père?

R. — Je l'accuse de n'avoir jamais professé que des opinions contre-révolutionnaires, d'avoir été saisi d'un petit Jésus, point de ralliement de tous les rebelles de la Vendée; il vous dira peut-être que, pour ces motifs, traduit au tribunal révolutionnaire, il a été acquitté; mais des faits postérieurs ont obligé le comité révolutionnaire de s'assurer dudit accusé, comme suspect, et dangereux par ses opinions dans la société.

Le président à Dreux. — Vous avez entendu la déposition du témoin ; vous allez y répondre.

R. — Je réponds que des calomniateurs, des ennemis de la liberté m'avaient traduit au tribunal révolutionnaire, et que des juges intègres ont proclamé mon innocence ; et je défie mes accusateurs de citer un seul fait qui puisse m'être opposé avant et depuis mon jugement d'absolution.

— Témoin, quels sont vos griefs contre l'accusé *Hernault* ?

R. — *Hernault* a été arrêté comme faisant l'agiotage et le commerce d'argent.

— Accusé, quelle est votre réponse ?

R. — Comme horloger, je payais mes achats en numéraire, et j'étais obligé, par cette raison, de m'en procurer ; mais j'ai cessé ce commerce avant la prohibition de la loi.

— Témoin, qu'avez-vous à dire contre *Bodin* dit : *Desplantes?*

R. — L'accusé ne paraissait jamais aux assemblées de section ; il fréquentait journellement les aristocrates, et n'a pas accepté la constitution.

— Accusé, répondez à ces faits.

R. — Je soutiens d'abord avoir concouru de mon suffrage à l'acceptation de la constitution ; à l'égard de mon peu d'assiduité à la section, je réponds qu'il m'était impossible de me trouver aux assemblées, attendu la multiplicité des malades que j'avais à traiter et le grand nombre d'indigents auxquels j'administrais des secours gratuits : comme médecin, j'étais appelé par toutes les classes de citoyens ; et il était possible que parmi ces malades il se trouvât des ennemis de la Révolution ; mais je déclare qu'aucun d'eux ne m'a jamais manifesté d'opinions contre-révolutionnaires, mon civisme leur étant trop connu.

— Témoin, expliquez-vous sur le compte de *Taillebois*.

R. — *Taillebois* avait la réputation d'un fanatique ; il avait des liaisons particulières avec les prêtres réfractaires, il protégeait les religieuses de Sainte-Claire, maison où il a été trouvé des pamphlets et des presses contre-révolutionnaires.

— Accusé, qu'avez-vous à répondre ?

R. — Je conviens d'avoir eu des liaisons avec Bazile, directeur de cette maison ; mais j'ai cessé de le voir du moment où il s'est refusé au serment prescrit par la Constitution civile du ci-devant clergé, et n'ai eu connaissance d'aucunes feuilles contraires à la Révolution.

Le témoin persiste à désigner *Taillebois* comme un fanatique entré dans la Société populaire pour la troubler, et couvert de l'improbation populaire dans une des séances de cette société.

Le co-accusé *Pellerin*, ex-député de l'Assemblée Constituante, invité à donner des détails sur ce qui se passait alors dans la ci-devant maison religieuse de Sainte-Claire, et si on n'a pas dénoncé à cette Assemblée des presses contre-révolutionnaires, répond qu'à la vérité on a dénoncé cette maison comme un foyer de contre-révolution, mais que, d'après perquisition faite dans ce ci-devant couvent, il n'avait été trouvé que des papiers royalistes, et point de presses destructives des principes d'un gouvernement libre ; il profite de cette occasion pour se disculper du reproche de fanatisme qui lui était fait ; il proteste de sa soumission à tous les décrets, et qu'il ne s'est retiré de l'Assemblée que pour cause de maladie.

— Témoin, que reprochez-vous à *Garnier*.

R. — Je l'accuse d'avoir dit, dans un jardin servant de rendez-vous à plusieurs sociétaires, que l'on était plus libre sous l'ancien régime que sous le nouveau ; d'avoir tenté de ridiculiser un citoyen qu'il voyait décoré de la cocarde nationale, en lui disant : Vous voilà donc à la mode, cela ne durera pas longtemps.

— Accusé, répondez à ces faits.

R. — Le témoin dit vrai en parlant d'un jardin où nous nous réunissions un certain nombre d'amis, et dont nous avions expulsé le témoin : je pourrais me contenter de le récuser comme mon ennemi juré ; mais j'observe que le propos qu'il m'impute n'est ni vrai ni vraisemblable ; et à cet égard il est un dilemne sans réplique : ou j'étais libre, ou je ne l'étais pas ; si j'étais libre, je ne devais avoir aucun sujet de plainte ; si je ne me reconnaissais pas libre, je me serais bien gardé de tenir des propos qui auraient pu me compromettre, et exposer mon existence ; incarcéré, je devais être suspect. Goulin est d'autant moins digne de foi qu'il est en contradiction avec lui-même, puisqu'il a attesté, par sa signature, de mon civisme.

Le combat s'engage entre le témoin et l'accusé. Le premier prétend que *Garnier* n'a obtenu son certificat de civisme qu'à force de manœuvres auprès de gens suspects et revêtus de fonctions publiques, et qu'il prêtait journellement son ministère à des émigrés.

Garnier, interpellé sur les prétendues manœuvres dont le témoin l'accusait et sur les secours par lui donnés aux émigrés, a répondu que l'obtention de son certificat de civisme n'était que le résultat de l'opinion publique prononcé en sa faveur, et qu'il n'était ni vrai, ni vraisemblable qu'il eût cherché à défendre des émigrés, parce que tous les tribunaux devant lesquels il était dans le cas de porter la parole avaient la liste des émigrés, et qu'ils avaient grand soin de la consulter à chaque cause que l'on appelait.

— Témoin, qu'avez-vous à dire contre l'accusé *Poton*?

R. — *Poton* est signataire de l'acte du 5 juillet, et a participé à tous les actes fédéralistes.

— Accusé, qu'avez-vous à répondre ?

R. — Il est possible que j'aie signé l'acte dont le témoin parle ; mais ce n'a été que par erreur, et ma rétractation a précédé le décret de la Convention nationale ; je n'ai point été membre du conseil général de Nantes, je n'ai point provoqué la force départementale, comme le prétend le témoin, et je n'ai point assisté à la prestation du serment fédéraliste.

Quant à moi, dit le témoin, si j'ai signé le certificat de civisme de l'accusé *Garnier*, je déclare n'avoir suivi en cette occasion que l'impulsion de mes collègues, que *Garnier* avait eu l'adresse de réunir pour la majorité ; n'avoir fait en cela qu'un acte de faiblesse commandé par la présence de l'accusé, que je ne voulais point humilier, et lorsqu'il se plaignait de n'avoir pas, sous le nouveau régime, eu tant de liberté que sous l'ancien, je lui ai observé que j'étais d'accord avec lui *Garnier*, parce que sous le régime de la tyrannie, il était plus libre de piller ses clients.

Le Président au témoin. — En écartant les gentillesses qu'il vous plaît de débiter sur le compte de l'accusé *Garnier*, il faudra toujours convenir que si vous eussiez été aussi patriote que vous voulez le faire croire, le vœu majeur de vos collègues pour l'adhésion au certificat de civisme demandé par *Garnier*, ne vous faisait pas une loi d'y donner votre assentiment, et vous faisait au contraire un devoir impérieux de présenter vos observations, si elles étaient fondées, et de vous opposer, comme membre des autorités constituées, à la délivrance de ce certificat de civisme ; et d'ailleurs, quelle foi devons-nous à votre témoignage, lorsque vous affichez vous-même votre propre turpitude ; lorsque vous convenez n'avoir pas déployé, dans une occasion importante, toute l'énergie d'un républicain, avoir cédé à la faiblesse, vous être laissé entraîner au torrent ; et lorsque d'ailleurs les propos dont vous déposez n'ont d'autre témoin que vous-même.

— Témoin, qu'avez-vous à reprocher à *Durocher?*

R. — Je lui reproche d'avoir eu des correspondances avec les émigrés ; d'avoir même un fils émigré, avec lequel il était en relation.

— Accusé, que répondez-vous ?

R. — J'assure le tribunal que je n'ai point correspondu avec ce fils depuis son départ.

Ce fils est parti en 1791 pour aller voir son aïeule à Dijon ; j'ai consenti à ce voyage, parce que je me persuadais qu'il irait pas plus loin : mais en janvier 1792, j'appris qu'il s'était embarqué pour Rotterdam : je suis en état de représenter son certificat de résidence dans cette ville. J'ai également appris qu'en 1793 ce fils était passé en Amérique ; il m'a mandé ce passage, mais je ne lui ai pas répondu.

Le président à l'accusé. — Ce fils était-il porté sur la liste des émigrés, et avez-vous payé la taxe prescrite par la loi?

R. — Il n'a pas été question de l'émigration de mon fils ; aucune demande ne m'a été adressée à ce sujet.

— Témoin, quels sont vos griefs contre l'accusé *Onfroy*?

R. — Je reproche à l'accusé d'être le rédacteur et le signataire de deux adresses au tyran, et d'une autre pétition en faveur des noirs, relativement aux troubles de Saint-Domingue.

— Accusé, vous entendez la déposition du témoin, qu'avez-vous à répondre?

R. — Je réponds que l'humanité seule a pu m'aveugler sur le sort des noirs, et que j'ai eu l'approbation générale pour les secours sollicités en faveur des gens de couleur ; j'ai d'ailleurs protesté.

Le témoin déclare que la protestation de l'accusé est incertaine ; mais il n'est pas douteux que l'accusé improuvait le décret qui accordait le droit de citoyens aux gens de couleur[1].

— Accusé, qu'avez-vous à répondre à cette déposition?

R. — Je réponds que les faits sont faux, et que je défie le comité révolutionnaire d'en administrer en aucune manière la preuve.

— Témoin, avez-vous des pièces probantes à l'appui de votre déposition?

R. — Je ne puis à la vérité présenter aucune pièce contenant la preuve de ce que j'avance, mais je n'en certifie pas moins la vérité de ma déposition.

— Et moi, répond l'accusé, je persiste à nier les faits, et je crois que c'est le cas d'instruire le tribunal de toutes les

---

[1] Et voilà le régime qui s'intitulait régime de la liberté.

atrocités commises par le comité révolutionnaire de Nantes, et de ses menées sourdes pour nous sacrifier à son arbitraire ; j'invite le président à demander au témoin si, lorsque nous avons été envoyés à Paris, l'ordre qui nous concernait ne portait pas de nous expédier promptement, au nombre de cent trente-deux accusés, si l'ordre de route n'était pas tracé par le comité, et si l'on ne nous avait pas désignés, partout où nous devions passer, comme des brigands de la Vendée?

R. — A la vérité, l'ordre donné par le comité portait d'expédier promptement, mais par ces mots nous n'entendions autre chose si ce n'est qu'il fallait s'occuper promptement du jugement des accusés ; et si nous les avons indiqués comme brigands de la Vendée, c'est que nous regardions plusieurs des accusés comme complices avec ces brigands et ayant servi même sous leurs étendards.

D'ailleurs, nous n'avons agi que d'après le vœu des représentants du peuple, Carrier et Francastel, qui ont ordonné de transporter les accusés d'Angers à Paris, et nous nous sommes absolument conformés à leurs mandats.

Les réponses du témoin Goulin étaient autant de fables par lui imaginées pour justifier les cruautés du comité révolutionnaire ; le tribunal en avait la preuve en mains, il était convaincu des impostures accumulées du témoin : il était persuadé qu'il ne pourrait en arracher la vérité ; il a donc continué les interpellations relatives aux prétendus délits des accusés.

— Témoin, qu'avez-vous à dire contre *Baschet?*

R. — Lors de l'attaque de Nantes, plusieurs patrouilles étaient répandues dans les environs, pour surveiller les brigands et éviter toute surprise ; Goulin, qui commandait une de ces patrouilles, trouva *Baschet* couché dans un fossé, avec un serrurier nommé Aubert ; cet accusé a sa mère et tous ses parents dans la Vendée.

Le président à l'accusé. — Vous venez d'entendre la déposition du témoin, qu'y répondez-vous ?

R. — Il est vrai que je suis descendu dans un fossé, parce qu'ayant fait tous mes efforts pour me procurer des armes, et n'ayant pu en obtenir, je voulais éviter la rencontre des rebelles et me placer dans une position à n'en pas être aperçu. Lorsque je fus remarqué par la patrouille dont le témoin parle, je m'étais rendu à ma faction, et me voyant sans arme, je m'étais caché derrière une haie pour rentrer chez moi.

Le président au témoin. — Étiez-vous secrétaire du comité de surveillance ; avez-vous dressé les listes des accusés que l'on envoyait à Paris ?

R. — Mais cela est possible ; au surplus, je ne me le rappelle pas ?

— Témoin, que reprochez vous à *Estourbillon* ?

R. — Je l'accuse d'avoir refusé de rendre la croix de saint Louis, et d'avoir dit qu'on lui arracherait plutôt la vie que cette croix, et dans un autre temps : « Je cède à la force, je rends cette croix comme contraint. »

— Accusé, que répondez-vous ?

R. — Je réponds que ces faits sont faux ; qu'ils ont été concertés entre Chaux et Goulin, tous deux membres du comité révolutionnaire, qui avaient juré ma perte ; j'offre de prouver par deux accusés élargis, que l'on était convenu de déposer contre moi que je portais ma croix à ma boutonnière parce qu'il n'était pas possible de reculer sur la dénonciation qui me concernait.

Les témoins ont été entendus, et ont certifié la vérité du fait articulé par *Estourbillon*.

Le représentant Lebon a été également entendu contre tous les accusés et, loin de les charger, il a fait leur éloge et rendu hommage à leur civisme et surtout à leur énergie dans la journée du 29 juin.

Il est encore beaucoup d'autres débats à fournir dans cette cause ; mais comme les accusés ont été jugés hier et que le public, qui témoignait beaucoup d'intérêt à cette affaire, désire avidement d'en connaître les principaux résultats, ainsi que les motifs qui ont fait prononcer le jugement d'absolution pour tous les accusés, le reste de ce numéro sera consacré au résumé de l'accusateur public, et à l'analyse des différents moyens employés par les défenseurs pour leurs clients, avec les questions relatives au jugement définitif des accusés, sauf à donner ensuite le restant des débats.

Les débats de cette mémorable accusation ont été fermés le 27 du courant.

L'accusateur public a pris la parole, il a dit : Citoyens jurés, vous avez à prononcer sur le sort de 94 accusés, les uns, de manœuvres tendantes à favoriser et propager le système liberticide du fédéralisme ; les autres, d'intelligences avec les émigrés et les brigands de la Vendée ; d'autres, de fanatisme, de discrédit des assignats, d'accaparement des marchandises de première nécessité ; enfin d'autres, de propos contre-révolutionnaires : mais c'est principalement la faction scélérate du fédéralisme qui doit occuper et fixer notre attention à raison des ravages qu'elle a causés dans tous les départements, et notamment dans la ville de Nantes.

N° 22   BULLETIN

DU TRIBUNAL CRIMINEL RÉVOLUTIONNAIRE

Suite de l'interrogatoire et des débats, etc.

Sottin l'aîné fut envoyé à Paris pour présenter une adresse à la Convention, et rendre compte à ses concitoyens de l'esprit public de cette capitale ; il a fait l'abus le plus révoltant de cette mission pour égarer les mandataires. Il mande au directoire de la Loire-Inférieure que la Convention n'est pas libre, qu'elle est dans la situation la plus affligeante, qu'elle est sous les poignards ; qu'elle médite des assassinats.

veut frapper les patriotes et les gens de talent, qu'il existe un parti désorganisateur, que l'on veut relever le trône; que Paris redemande un roi; enfin il fait le rapport le plus scandaleux et le plus effrayant. N'est-ce pas une calomnie infâme lancée contre cette ville, le siège de la Révolution, le foyer de la liberté? Contre cette ville qui a signalé son patriotisme dans toutes les époques mémorables, et singulièrement aux journées récentes des 31 mai, 1er et 2 juin? Il fait afficher l'arrêté le plus fédéraliste; il est secondé par *Dorco*, nommé commissaire pour faire un rapport. On prend, le 21 janvier, un arrêté tendant à envoyer des corps administratifs à Bourges et aux quatre-vingt-trois départements: *Pécot* est aussi leur complice. Les députés fidèles au peuple sont traités de faction anarchiste: le 25 mai, une adresse est envoyée au département de Paris, pour envoyer des suppléants à Bourges.

Dorco met en question: si on adhérera par oui ou par non aux arrêtés fédéralistes.

Le 11 juin, le département prend des mesures pour faire face aux rebelles; on établit un bureau de correspondance à Laval, pour se concerter avec les départements insurgés.

Vous n'avez point oublié que *Brière*, par des notes dégoûtantes, désavoue l'approbation des journées des 31 mai, 1er et 2 juin.

Le 21 dudit mois, on présente deux commissaires pour aller à Bourges; on vote des remerciements pour les députés rebelles. *Pécot* et *Dorco* sont nommés commissaires, et acceptent cette mission.

La Convention, grande comme le peuple qu'elle représente, voit d'un œil de dédain et dans le calme toutes ces intrigues; elle fait afficher son décret du 20 juin, qui motive l'arrestation des trente-deux membres traîtres à la patrie; elle sévit contre l'arrêté pris par le département et la commune de Nantes, encore en proie aux manœuvres et intrigues des départements coalisés.

Sottin est envoyé commissaire au Morbihan, il annonce la fuite de quinze députés ; des commissaires sont nommés pour Rennes et Caen, et, le 5 juillet, on prend cet arrêté qui défend l'entrée de Nantes aux députés retirés à Ancenis et l'établissement d'une commission centrale.

Dorco, Brière, Poton, Villenave et plusieurs autres citoyens, au nombre de 74, sont signataires de cet arrêté; *Sottin* ne paraît pas l'avoir signé.

Sottin l'aîné et *Villenave* sont nommés députés de Rennes et font circuler cet écrit infâme intitulé · *Egalité, plus de Montagne* : on y traite la Convention d'infâme centumvirat qui noie la liberté, et qui ose présenter le pacte de famine lorsque cette liberté se précipite vers la ruine; on ose dire que la France est livrée aux mains d'une centaine de scélérats, on propose l'ajournement de la Constitution, on avance qu'accepter l'acte constitutionnel c'est adhérer à la tyrannie.

Sottin dit que sa signature est la suite d'un arrangement pris en son absence, et auquel il n'a pris aucune part.

Villenave est bien convaincu d'être le signataire dudit arrêté.

En vain vous font-ils valoir leur rétractation : ils ne peuvent s'en faire un mérite : cette rétractation n'est due qu'au pouvoir des armées républicaines.

Il ne vous est point échappé, citoyens jurés, que *Sottin* aîné est l'un des agents les plus actifs et les plus perfides du fédéralisme, et qu'il a accepté toutes les missions de cette faction liberticide.

Pécot, Sottin, Villenave, Brière, Leroux, sont bien constamment les agents de cette faction ; vous les avez entendus s'excuser sur les difficultés que l'on rencontrait alors pour découvrir la vérité, sur l'interception des papiers patriotiques. Ils veulent qu'on les considère comme des hommes égarés ; mais à mes yeux, leur système est réfléchi, profondément caractérisé ; leur patriotisme antérieur ne peut pallier leurs torts actuels, et leur rétractation n'est que le résultat des circonstances impérieuses qui les ont avertis de songer à leur conservation.

A l'égard des autres accusés, il n'existe que des notes vagues et insignifiantes du comité révolutionnaire de Nantes ; vous examinerez le tout dans votre sagesse ordinaire et je ne puis mieux faire que de m'en rapporter à vous, citoyens jurés, dont les décisions sont toujours marquées au coin de la justice et de l'impartialité.

La parole a été accordée aux défenseurs officieux.

Beaulieu, défenseur de l'accusé *Fournier*, a le premier développé les moyens de justification qui militaient en faveur de son client.

Je ne crains pas d'annoncer au tribunal, a dit Beaulieu, que je suis moins le défenseur de *Fournier* que son ami intime ; je me fais gloire de l'être, parce que *Fournier*, sous tous les aspects possibles, mérite l'estime de ses concitoyens et de tous les patriotes : il est connu à Nantes par les services les plus signalés.

Cette ville, vous le savez, citoyens jurés, a été empoisonnée par les écrits les plus fédéralistes, tandis que vous étiez à côté du soleil de l'opinion.

Fournier, accusé d'être le voiturier de la force départementale, ne s'en défendra pas, parce qu'alors il était dans l'erreur, et qu'il s'est empressé de chercher la lumière et de tourner les bras de cent hommes par lui menés à Versailles, contre les rebelles de la Vendée. Ces braves Nantais arrivant à Orléans au moment où Léonard Bourdon était sous les couteaux des factieux d'Orléans, arrachent ce représentant des mains de ces assassins. Nantes était attaquée par une nuée de brigands ; les habitants, en petit nombre, se défendent, ils se partagent, ils se multiplient à l'infini et font face à l'ennemi de tous les côtés. Défendre plus longtemps *Fournier* serait nuire à une aussi belle cause ; comme tous ses camarades d'infortune, il n'a été qu'égaré et en a été puni comme eux par des vexations de tout genre.

Citoyens, comme Marat, vous fûtes calomniés et traduits au tribunal qui n'est redoutable que pour les conspirateurs ; encore un instant, et comme Marat, vous entendrez proclamer votre innocence[1], comme lui vous recouvrerez la liberté, comme lui vous descendrez ces degrés en triomphe, et couverts des applaudissements et des acclamations de vos concitoyens.

Gaillard a entrepris la défense générale des accusés, il a complètement démontré leur innocence : Tronson du Coudray a défendu *Phelippes*, il a pareillement convaincu l'auditoire de la pureté des intentions de son client.

Le président a fait le résumé de cette affaire en peu de mots, les questions ont été posées, et il est intervenu le jugement suivant ; sur la déclaration du jury, à la majorité, portant : 1° qu'il est constant qu'il a existé une conspiration contre l'unité, l'indivisibilité de la République, la liberté et la sûreté du peuple français, en employant des manœuvres tendantes à favoriser et à propager le système liberticide du fédéralisme, en entretenant des intelligences et correspondances avec les émigrés et les brigands de la Vendée ; en employant des manœuvres tendantes à égarer les citoyens et à corrompre l'esprit public par le fanatisme, en entretenant des liaisons criminelles avec les prêtres réfractaires, en tenant des propos contre-révolutionnaires, et en provoquant par leurs propos la dissolution de la représentation nationale, l'avilissement des autorités constituées et le rétablissement de la royauté ; enfin en cherchant à discréditer les assignats, par l'agiotage et l'infâme trafic du numéraire ; en cherchant à occasionner la disette et à introduire même la guerre civile dans les départements, par l'accaparement des marchandises de première nécessité ; 2° que *Phelippes* dit *Tronjoly, Sottin* l'aîné dit *Lacoindière, Poton, Pécot, Dorco, Fournier, Villenave, Brière* et *Leroux* sont convaincus de s'être rendus les auteurs de ladite conspiration ; 3° mais qu'ils ne sont pas

---

[1] Voilà, certes, un beau privilège.

convaincus de l'avoir fait méchamment et dans des intentions contre-révolutionnaires ; 1° que *Sottin* jeune, *Béranger* dit *Mercier*, *Pinau* dit *Pavillon*, *Billard*, *Clanchy*, *Martin* dit *Duradier*, *Vallot*, *Périchou-Kercerseaux*, *Bourotte*, *Laporte*, *Lemasne*, *Chère*, *Cassart*, *Pouchet*, *Biré*, *Fleuriot*, *Salmon-Monty*, *Charbonneau*, *Pantin* dit *Laguerre*, *Estourbeillon*, *Martel*, *Gazet*, *Bruneau* dit *la Souchais*, *Varsavaux*, *Maublanc*, *Poirier*, *Sauquet*, *Latoison*, *Raymond*, *Forget*, *Pichelin* fils, *Pichelin* père, *Faurel*, *Malmuze*, *Pellerin*, *Arnoult*, *Latour*, *Delaunay*, *Dreux* père, *Tébault*, *Defrondat*, *Grignon*, *Castellan*, *Dubra*, *Duchesne*, *Sue*, *Desbouchauds*, *Ballan*, *Perotin*, *Issautier*, *Mercier*, *Thomas*, *Retaud*, *Taillebois*, *Garnier*, *Poëdras*, *Tiger*, *Chardot*, *Geslin*, *Dreux* fils, *Briand*, *James*, *Baschet*, *Juillant*, *Charlemont (Charles Hamon)* dit *La Thébaudière*, *Bodin* dit *Desplantes*, *Speckman*, *Onfroy* dit *Breville*, *Margerin*, *Duparc*, *Alonneau*, *Huguet* jeune, *Lamé-Fleury*, *Espivent*, *Hervé*, *Hernault*, *Chaurand*, *Devey*, *Lecomte*, *Durocher*, *Crespin*, *Mabille*, *Marie* et *Chauvet*, ne sont pas convaincus d'être les auteurs ou complices de ladite conspiration.

En conséquence le tribunal, en vertu des pouvoirs à lui confiés, acquite *Phelippes*, *Sottin* jeune et autres précédemment nommés de l'accusation contre eux portée, et ordonne qu'ils seront à l'instant mis en liberté.

Le président a adressé ce peu de mots aux accusés :

« Depuis longtemps privés de liberté, séparés de tout ce que vous avez de plus cher, le glaive de la loi était suspendu sur vos têtes. Ne vous faites pas illusion, plusieurs d'entre vous ne sont pas exempts de reproches : bénissez la sage institution du jury qui fait grâce aux coupables en considération de l'intention. Retournez dans vos foyers, racontez à vos concitoyens le tendre intérêt que vous ont témoigné les Parisiens et ne faites usage de votre liberté que pour affermir les bases de la République, et faire triompher la liberté que vous avez juré de défendre jusqu'à la mort. »

D. — Témoin, qu'avez-vous à reprocher à *Fournier* ?

R. — L'accusé a fait preuve de civisme jusqu'à la journée du 31 mai; mais à cette époque il est devenu fédéraliste, et ce fut lui qui conduisit à Paris la force départementale organisée par la faction de Nantes, et composée de cent hommes.

D. — Accusé, que répondez-vous ?

R. — Il est vrai que j'ai mené à Versailles une force armée de cent hommes, dans la persuasion où j'étais alors que la représentation nationale était comprimée dans ses travaux, et qu'elle avait besoin d'une force supérieure pour recouvrer sa liberté et délibérer sans entrave ni contrainte; mais à peine suis-je arrivé auprès du soleil de l'opinion, que je me trouve éclairé par ses rayons. J'acquiers la conviction de mon erreur : je reconnais toute la liberté de la Convention, toute la suffisance de ses forces pour émettre librement son vœu et s'occuper de la prospérité publique. Mes camarades d'armes eux-mêmes ne tardent pas à partager mon opinion : et par suite de leur dévouement pour la patrie, de cet élan sublime pour la liberté, qui n'envisage que le salut de son pays et ne calcule pas les dangers, mes cent frères d'armes volent au poste le plus périlleux, ils marchent contre les rebelles de la Vendée ; mais auparavant ils fraternisent avec les sections de Paris, et notamment celle de la Cité : ils y renouvellent le serment de défendre la République une et indivisible; mais auparavant et dans leur route, ils fournissent une nouvelle preuve de leur attachement à la représentation nationale, en arrachant, à Orléans, Léonard Bourdon des mains des factieux qui voulaient l'assassiner. Si à ces traits on peut reconnaître un fédéraliste, je me fais gloire de l'être.

D. — Témoin, qu'avez-vous à déposer contre l'accusé *Latoison* ?

R. — Je réponds qu'il est soupçonné d'avoir émigré, et que ce fait est tellement notoire que, lors d'une offrande faite par *Latoison* d'une somme de 50 livres à la Société populaire, cette somme fut refusée sur le motif de son émigration.

J'accuse *Latoison* d'avoir dit que la Convention n'était pas libre, et ce, lors de l'arrestation de trente-deux de ses membres ; d'avoir été membre des assemblées sectionnaires pour le fédéralisme ; d'avoir exhibé de faux certificats de résidence, et d'être l'assassin des ci-devant colons.

D. — Accusé, répondez aux faits qui vous sont imputés.

R. — Je réponds que les chefs d'accusations du témoin sont aussi dérisoires qu'ils paraissent graves en eux-mêmes ; je le défie d'en rapporter la moindre preuve ; j'articule n'avoir jamais quitté le territoire de la République, je nie avoir révoqué en doute la liberté de la Convention en aucun temps, avoir jamais figuré dans les assemblées fédéralistes, avoir commis aucun attentat contre les colons ; je soutiens que mon offrande de 50 liv., loin d'avoir été refusée de la Société populaire, y a été acceptée avec reconnaissance comme elle devait l'être ; et, bien différent du témoin qui ne sait hasarder que des soupçons, des bruits vagues, j'offre, je propose des preuves de tout ce que j'avance.

D. — Témoin, apportez-vous des pièces à l'appui de ce que vous articulez contre *Latoison* ?

R. — Je n'ai d'autre preuve à présenter que la notoriété publique sur tous ces faits ; le public seul est mon garant ; le comité révolutionnaire n'a aucune dénonciation à cet égard.

D. — Témoin, comment avez-vous pu, sans preuve matérielle, sans dénonciation, priver tant d'individus de leur liberté, leur faire éprouver tant de maux ; enfin, ce qui me paraît le comble des vexations, comment avez-vous pu traduire, sans aucuns renseignements, sans le moindre indice, tant de citoyens au tribunal révolutionnaire ?

R. — L'intention du comité n'était pas de traduire les accusés en jugement, mais seulement de les ranger dans la classe des gens suspects, de les retenir en état d'arrestation, et de les mettre ainsi dans l'impuissance de nuire.

D. — Et les noyades avaient-elles pour objet les mêmes mesures de sûreté? Est-ce ainsi que la République se délivrait de ses gens suspects?

R. — Je réponds que le comité révolutionnaire n'a pris aucune part à ces noyades, qu'il n'a fait qu'exécuter les ordres du citoyen Carrier, commissaire.

D. — Pouvez-vous indiquer au tribunal les membres qui ont reçu de tels ordres?

R. — Ces membres sont les citoyens Lecocq, Pelé, Foucault, Bolognes et Goulin, qui ont communiqué, en cette occasion, avec le représentant du peuple Carrier: je dois dire que Lambertye était du nombre des individus appelés par Carrier; que la discussion fut vive sur cet objet, et que l'ordre fut signé: Denaud.

D. — Pouvez-vous nous dire combien il y a eu de noyades et de noyés, et quelle est la dernière?

R. — Mais, à ma connaissance, il y a eu cinq ou six noyades et près de cinq à six cents personnes de noyées; la dernière est du 25 frimaire.

N° 23   BULLETIN
DU TRIBUNAL CRIMINEL RÉVOLUTIONNAIRE.

Suite de l'interrogatoire.

D. — Avez-vous eu connaissance de l'ordre de fusillade et l'avez-vous signé?

R. — J'ai entendu parler d'un complot formé dans les prisons, pour faire ouvrir toutes les maisons d'arrêt, et livrer la ville aux brigands; ce complot a été dénoncé par un nommé Hubert, et c'est sans doute ce qui aura provoqué l'ordre de fusillade contre les détenus; mais je n'y ai pris aucune part et je ne l'ai pas signé.

D. — Avez-vous aussi connu l'arrêté qui défendait aux parents des incarcérés de réclamer en faveur de ces derniers, sous peine d'être constitués prisonniers ?

R. — Je n'ai pu l'ignorer, puisque cet arrêté a été publié et affiché, mais il n'est pas l'ouvrage du comité.

D. — Témoin, quels sont vos faits contre *Martin* dit *Durassier?*

R. — L'accusé s'est également prononcé pour le fédéralisme, à l'époque de l'arrestation des 132 députés.

D. — Accusé, quelles sont vos explications sur ce fait ?

R. — Il est possible que j'aie été entraîné dans l'erreur, que j'aie eu des irrésolutions ; mais mes opinions n'ont jamais été nuisibles à la République.

D. — Qu'avez-vous à reprocher à l'accusé *Sue?*

R. — Il a montré une conduite incivique, il a voulu s'introduire parmi les vétérans, mais son incivisme connu l'a empêché d'y être admis.

D. — Accusé, que répondez-vous à la déposition du témoin ?

R. — Je nie les faits ; et je soutiens que les vétérans m'ont admis.

D. — Qu'avez-vous à déposer contre *Villenave?*

R. — L'accusé corrompait l'esprit public par le fédéralisme ; il était du nombre de ceux qui disaient : Liberté ! point de Montagne !

D. — Accusé que répondez-vous ?

R. — Je conviens avoir été égaré, mais je n'ai jamais cessé d'être patriote depuis la Révolution : j'ai, à la vérité, signé les actes fédéralistes, cette adhésion a été le fruit de l'erreur et de la suggestion.

D. — J'ai même ouï dire, ajoute le témoin, que *Villenave* était auteur d'un écrit fédéraliste....

Le deuxième témoin, Chaux, aussi membre du comité révolutionnaire de Nantes, est interrogé à son tour :

D. — Qu'avez-vous à dire contre *Sotin* ?

R. — *Sotin*, je ne puis le dissimuler, a, le premier, provoqué l'instruction contre la tyrannie, les nobles et les rois par une pièce à ce sujet ; il a été le propagateur du voyage des jeunes gens de Nantes à Rennes, mais il a été de la faction fédéraliste.

D. — Accusé, qu'avez-vous à répondre ?

R. — C'est par erreur que je suis devenu fédéraliste, et par suite de ma haine contre la maison Égalité.

D. — Que reprochez-vous à *Phelippes* ?

R. — *Phelippes* s'est rendu intrigant pour avoir des places, il est auteur d'un mémoire sur la Révolution, il a été le prôneur du fédéralisme ; j'ai entendu dire qu'il s'était rendu à l'assemblée de Rennes, qu'il était de la commission ayant pour enseigne : Liberté ! point de Montagne ; il a sollicité vivement la signification de l'arrêté fédéraliste du 5 juillet, il était ci-devant commissaire du roi à Rennes.

D. — *Phelippes*, avez-vous entendu la déposition du témoin Vous allez répondre.

R. — Avant de m'expliquer sur cette déposition, j'invite le président à demander au témoin pourquoi, me connaissant signataire de l'arrêté fédéraliste du 5 juillet, il a déclaré dans son compte que je n'étais qu'égaré ?

D. — Témoin, vous entendez l'interpellation, votre devoir est d'y répondre.

R. — J'ai pu manifester cette opinion d'après les circonstances ; mais des actes ultérieurs ont également pu changer mon opinion.

Phelippes. — J'invite encore le président à demander au témoin s'il n'a pas sollicité des dénonciations contre moi *Phelippes*, parce que je l'avais poursuivi comme accusateur.

D. — Témoin, répondez à l'interpellation.

R. — Je n'ai fait, en dénonçant *Phelippes*, que répondre aux ordres du comité, et dire ce que je savais sur son compte par l'ordre de Bourbotte, représentant du peuple.

Phelippes. — J'invite de nouveau le président à demander au témoin s'il n'a pas dit que le scélérat *Phelippes*, par son accusation dirigée contre le comité, lui coupait la bourse et ne lui permettait plus de profiter des dons civiques ?

D. — Témoin, répondez à l'interpellation.

R. — J'ai dit, au sujet des dons civiques, que depuis la dénonciation de *Phelippes* le comité ne pourrait en disposer pour le soulagement des indigents.

Phelippes. — N'avez-vous pas sollicité Thomas de faire une dénonciation contre moi *Phelippes* ?

R. — Cette dénonciation n'était relative qu'à l'usage des dons offerts par la Société populaire.

D. — Le 14 frimaire, n'ai-je pas provoqué la cassation de l'arrêté qui défendait des sollicitations en faveur des détenus ?

R. — Je crois me le rappeler.

D. — Le témoin n'a-t-il pas dit qu'il serait à désirer que l'on pût faire à tous les citoyens un séminaire de trois ou quatre décades ?

R. — Je réponds que ce séminaire de décades, dont j'ai effectivement parlé, ne pouvait être qu'une punition des propos inciviques et de la conduite peu révolutionnaire de plusieurs citoyens.

D. — Témoin, l'ordre de la fusillade n'a-t-il pas été donné par le comité ?

R. — Les corps administratifs se sont assemblés pour délibérer sur cet ordre de fusillade, mais le comité n'a aucunement signé dans cette assemblée et n'a point participé aux délibérations.

D. — Instruit de cet ordre, n'est-il pas vrai que moi, *Phelippes*, j'ai provoqué la révocation de cet ordre de fusillade en disant que ce n'était pas le moment de délibérer, mais bien celui d'agir ?

R. — Il est certain que *Phelippes*, dans cette rencontre, montra beaucoup d'énergie et que, seul contre beaucoup de citoyens, il plaida la cause de l'humanité.

D. — Lors de mon réquisitoire du 7 nivôse, le témoin n'a-t-il pas demandé la liste des noyés ?

R. — Cela peut être.

D. — Le témoin n'a-t-il pas acheté des biens nationaux pour une somme de 60,000 livres? N'est-il pas de toute vérité qu'il n'en a jamais rien payé et qu'il a même fait banqueroute?

Le deuxième témoin, Chaux, membre du comité révolutionnaire comme le précédent, déconcerté en quelque sorte par ces interpellations, auxquelles il ne s'attendait pas, convient avec une certaine émotion qu'il n'a rien payé des biens nationaux par lui achetés; il s'efforce de justifier ce défaut de paiement par une prétendue perte de 15,000 écus, qu'il dit avoir placés sur Saint-Domingue et dont il prétend n'avoir rien sauvé.

Phelippes, par suite de ces interpellations, invite le tribunal à demander au témoin s'il n'a pas fait une banqueroute frauduleuse, parce que ce fait est propre à établir la moralité et à fixer le degré de confiance que l'on doit avoir à sa déposition[1].

Le témoin. — Je pourrais me dispenser de répondre à cette interpellation, parce qu'elle est étrangère à la révélation des délits pour lesquels je suis appelé; mais si le fait est étranger à la cause, il ne l'est pas à mon honneur et à ma délicatesse. Je réponds donc que je devais 300 000 livres, avec mon associé, et que je n'ai cessé mes paiements que par le défaut de rentrée de mes fonds arrêtés dans l'Inde.

L'accusé Phelippes. — Le témoin ne convient-il pas avoir fait banqueroute et avoir fait incarcérer ses créanciers?

Le témoin. — Je réponds que mes paiements n'ont été que suspendus, à raison des circonstances dont je viens de rendre compte, et qui m'ont fait solliciter un arrêt de surséance; et alléguant les prétendues vengeances que l'on me reproche contre mes créanciers, je nie formellement en avoir fait incarcérer aucun, à moins qu'ils ne fussent dénoncés comme contre-révolutionnaires.

---

[1] Tout cet épisode des interrogatoires est très caractéristique. Ce sont les accusés qui sont devenus les accusateurs et *vice versa*.

Les dépositions du témoin relatives aux co-accusés *Ballan, Latour, Vallot, La Thébaudière* et *Latoison,* qu'il a déclaré connaître, ne contiennent que des ouï-dire, des soupçons légers, auxquels le tribunal n'a pas cru devoir attacher une importance sérieuse, et qui d'ailleurs ont été repoussés avec avantage par lesdits accusés.

D. — Témoin, que savez-vous contre *Pécot ?*

R. — *Pécot* fut patriote jusqu'à l'époque de la faction fédéraliste, dans laquelle il se rangea; il est l'auteur d'un ouvrage intitulé : *Les aristocrates dans la lune,* ouvrage qui a beaucoup servi la Révolution en jetant un ridicule merveilleux sur les royalistes.

L'accusé. — Je n'ai cessé d'être l'ami de la liberté ; si j'ai paru pendant quelque moments la contrarier, l'erreur seule en fut la cause.

D. — Qu'avez-vous à dire contre *Dorco ?*

Le témoin. — Je déclare qu'il est le rédacteur de l'arrêté fédéraliste du 9 juillet, et qu'il n'est sorte d'intrigue et de manœuvre qu'il n'ait pratiquée pour tromper la commune de Nantes, et lui faire adopter les principes liberticides.

L'accusé. — Je pourrais récuser le témoin, parce qu'il est nécessairement mon ennemi, n'ayant pu me pardonner les poursuites que j'ai dirigées contre lui, faute par lui de paiement des domaines nationaux acquis.

Ce n'est pas le seul reproche que j'ai à lui faire ; il a reçu du ministre de la justice une somme de dix mille livres pour mission particulière, et n'a nullement établi l'emploi de cette somme.

Je suis à la vérité signataire de l'arrêté dont parle le témoin ; mais il est faux que j'en sois le rédacteur, et je n'y ai pris d'autre part que d'avoir assisté à cette discussion, qui m'a égaré comme bien d'autres ; mais si l'adhésion que j'ai donnée audit arrêté est la cause de mon arrestation, je demande au témoin pourquoi il m'a fait arrêter plutôt que mes collègues, qui ont partagé mon erreur, et qui cependant jouissent de toute leur liberté ; mais il lui a plu de m'abreuver, moi et les miens, d'amertumes, d'imprimer sur mon front et sur celui de ma famille, le sceau de la calomnie et de la réprobation, lui qui ne peut ignorer mon dévouement à la Révolution, tous les sacrifices que je fis pour elle.

Le président. — Quels sont vos griefs contre *Pellerin* ?

Le témoin. — C'est un ex-constituant qui, par fanatisme et lâcheté, abandonna son poste lors de la loi sur l'organisation civile du clergé ; il était tellement suspect, qu'à chaque mouvement populaire il a toujours été incarcéré.

L'accusé. — La déposition de Chaux devait nécessairement s'accorder avec celle de Goulin, précédent témoin, parce que tous deux, nommés membres du comité révolutionnaire, sont les auteurs de mon arrestation, et par conséquent doivent tenir le même langage.

Je l'avoue, j'ai été membre de la première Assemblée nationale, et je ne puis que m'honorer d'y avoir figuré, parce qu'au su des accusateurs eux-mêmes, j'ai rempli le vœu de mes commettants, celui de la nation entière, avec l'exactitude d'un représentant qui ne connaît que son devoir et sa conscience ; avec les hommes courageux de cette assemblée, j'ai concouru à faire restituer au peuple l'exercice de ses droits.

Continuellement à mon poste pendant les dix-sept premiers mois de cette session, je m'en trouvai excessivement fatigué ; je sollicitai ma démission ; je proposai un suppléant qui fut agréé, et je continuai mes fonctions jusqu'à son arrivée.

Ce que la représentation nationale avait légitimé, sanctionné, le comité de surveillance de Nantes n'a pu le transformer en crime, et encore moins en faire, après quatre ans, la matière d'une accusation, surtout auprès du tribunal révolutionnaire.

Lorsque ma démission fut agréée, la constitution civile du clergé était organisée, décrétée depuis longtemps ; ce ne fut pas la crainte de concourir à ce décret qui détermina ma démission, comme ont voulu le persuader Goulin et ses adhérents.

Je n'ai jamais été faible dans les assemblées politiques, ni dans le sein de l'Assemblée constituante ; je l'ai prouvé plusieurs fois au risque de me compromettre ; j'ai toujours énoncé mon opinion avec courage, jamais je n'ai évité l'occasion de me prononcer, lorsque mon devoir m'en faisait une loi : je ne suis ni fanatique, ni follement exalté, ni faux patriote : m'accuser de lâcheté, de fanatisme, c'est me calomnier.

Sous ces rapports, ne serait-je pas fondé à qualifier de lâches des gens qui conspiraient en secret contre la liberté, qui tramaient ma perte dans l'ombre ?

L'accueil flatteur que je reçus, à mon retour, de mes commettants, les différentes places qui me furent proposées sont bien propres à fixer l'attention du jury sur les reproches dérisoires dirigés contre moi par le comité. Ces témoignages non équivoques d'estime prouvent victorieusement qu'à cette époque on ne me regardait pas comme un représentant lâche, indigne de la confiance de ses concitoyens, puisqu'ils m'appelaient de nouveau à des fonctions publiques ; et cependant ma moralité politique était connue, puisque plusieurs de mes opinions avaient été imprimées.

Quant au second motif de mon arrestation, fondé sur de simples soupçons dénués de toute consistance, ce motif est tout à la fois ridicule et révoltant. En effet, quoi de plus affreux que de prétendre avoir droit de me vexer, par cela même que l'on s'est permis de me vexer en plusieurs rencontres !

Si mes accusateurs eussent voulu être justes et vrais, ils auraient regardé chacune de mes arrestations comme autant d'épreuves ; et dès que j'en suis sorti pur, je devrais être pour eux à l'abri de tout reproche ; mais la passion ne raisonne pas, et telle est la logique du comité de surveillance de Nantes, qu'il croit pouvoir regarder comme coupable quiconque a eu le malheur d'être précédemment inquiété, quoiqu'injustement.

Ainsi, dans les principes de ce comité, je serai moins pur en sortant du tribunal avec un jugement qui aura déclaré mon innocence, qu'au moment où il m'a traduit; et s'il a quelque jour le pouvoir de m'opprimer encore, il se fera un prétexte de l'accusation qu'il a portée contre moi et qui m'a conduit aux pieds de votre tribunal, pour m'incarcérer de nouveau ; il dira alors, comme aujourd'hui, qu'il a pu, qu'il a dû me mettre en arrestation, parce que j'ai déjà été arrêté.

Mais auparavant de passer à la discussion de mes précédentes arrestations, traçons une esquisse de ma conduite révolutionnaire. En 1788 et 1789, j'unis ma voix à celle des bons citoyens pour demander la réforme de préjugés enfantés par l'orgueil de certaines corporations, toutes puissantes alors, et je fis triompher les droits du peuple jusqu'alors méconnus ; les prétendus patriotes qui me poursuivent à présent, et bien d'autres, n'existaient pas à cette époque.

Je plaidai dans le même temps, au tribunal des opinions, la cause du peuple dans la grande affaire de la représentation respective des ci-devants ordres aux Etats de mon pays, où le peuple était si mal représenté, si mal défendu; on se rappelle que je montrai quelque courage dans cette lutte, et ce fut l'énergie par moi développée en cette rencontre qui me porta à l'Assemblée constituante.

N° 24. BULLETIN
DU TRIBUNAL CRIMINEL RÉVOLUTIONNAIRE.

(Suite de l'interrogatoire).

Quels furent donc les motifs de mes précédentes arrestations?
En 1791, une communauté de femmes fut arrachée par la violence de son cloître[1] : j'étais depuis plusieurs années le conseil de cette maison ; elle réclama mon ministère; j'aurais été un lâche si je le lui avais refusé : je rédigeai pour elle une pétition qui, dans la suite, en produisant son effet, me

---
[1] Les religieuses des Couêts, près de Nantes.

valut beaucoup d'ennemis, et donna lieu à plusieurs arrestations dont je sortis toujours victorieux ; je défie le témoin de contester la vérité de ces faits ; et voilà le narré fidèle de ma conduite en révolution ; et je ne crains pas de proposer mes actions pour réponses aux calomnies du comité de surveillance.

L'audition du représentant du peuple Carrier, comme témoin, a suspendu pour quelques instants les débats entre les membres du comité révolutionnaire de Nantes et les accusés.

— « J'ai pris peu de part, a dit Carrier, à la police de Nantes ; je n'y ai été présent que passagèrement ; tantôt à Rennes, ensuite à l'armée de l'Ouest, j'étais principalement chargé de surveiller et pourvoir à l'approvisionnement de nos troupes, et j'ai alimenté, pendant six mois, deux cent mille hommes pour la marine, sans qu'il en coûtât rien à la République; j'ai donc peu de renseignements à donner dans cette affaire[1] ; je ne connais que peu ou point les accusés ; je m'expliquerai cependant sur le compte de quelques-uns, soit d'après moi-même, soit d'après des ouï dire, des rapports à moi faits.

« Peu de temps après mon arrivée, il fut question de renouveler les autorités constituées ; je voulus réorganiser les membres du comité révolutionnaire, en changer les membres, mais la Société populaire s'y opposa fortement, elle observa que ce comité n'était composé que de patriotes ; il était investi de la confiance des amis de la liberté ; qu'il serait dangereux de faire une nouvelle organisation, parce qu'il serait difficile de trouver des remplaçants dont le civisme fût aussi bien établi ; je crus ne pouvoir mieux faire que de m'en tenir au rapport de la Société, et de continuer en exercice les fonctionnaires nommés par mes collègues. Il se fit beaucoup d'arrestations, mais elles me sont absolument étrangères ; j'ai seulement fait arrêter *Arnault*, qui m'a été dénoncé par la commune de Saint-Sébastien, lorsqu'elle vint se rendre avec armes et bagages, comme ayant fourni des

[1] Quelle hypocrisie

fusils et des hommes aux rebelles, comme ayant un domestique trouvé nanti d'une épingle dont la tête était couronnée et surmontée d'une croix.

« Le comité me parla de traduire les accusés au tribunal révolutionnaire : je dis qu'il fallait préalablement s'assurer s'ils étaient tous coupables, bien distinguer les innocents, s'il y en avait, et vérifier les délits des autres.

« Le comité était mon flambeau, ma boussole ; je ne connaissais les patriotes et les contre-révolutionnaires de Nantes que d'après ses rapports ; il m'assura donc de la *coupabilité* de tous les accusés présents, me demanda un ordre de les envoyer à Paris ; l'ordre fut expédié, et contre le vœu du comité, les femmes furent autorisées à accompagner leurs maris dans la route, pour leur fournir tous les secours et l'argent dont ils pourraient avoir besoin dans leur état de détention[1]. Je répèterai sans doute, à l'égard de *Pécot, Villenave* et *Sottin,* ce qui vous a probablement été dit, qu'ils ont participé au fédéralisme ; je ne puis rien dire de plus.

Quant à la longue détention des accusés, je leur déclare que moi seul l'ai prolongée, sous différents prétextes, et ce dans la persuasion où j'étais qu'il reviendrait un temps où ils seraient jugés plus équitablement[2]. »

Pécot, Villenave et *Sottin* ont déclaré n'avoir rien à ajouter à leur défense ; ils ont seulement invité le tribunal à demander à Carrier s'il n'avait point entendu parler, avant leur arrestation, de leur zèle, de leur attachement pour la chose publique ; et sur cette interpellation, Carrier a déclaré que *Pécot, Sottin* et *Villenave* étaient regardés comme bons citoyens avant l'époque du fédéralisme, et comme n'ayant jamais dévié des principes révolutionnaires.

Sur de nouvelles interpellations de la part d'autres accusés, tels que *Poton, Pérotin, Pussin, Dreux* père et fils, il leur a payé le même tribut de justice.

[1] On a vu, d'après la relation, ce qu'il faut en croire.
[2] Voyez-vous ce bon apôtre !

Jusque-là le représentant Carrier avait gardé le silence sur l'accusé *Phelippes*, qui, probablement curieux des explications de ce commissaire national pour ce qui le concernait lui *Phelippes*, lui adressa la parole en ces termes :

— Il faut que je sois bien changé, dit *Phelippes*, puisque le représentant Carrier ne me reconnaît plus : je le prie de déclarer ce qu'il sait sur mon compte.

Carrier. — Je ne te croyais pas ici : je vais dire ce que je sais à ton égard.

Phelippes m'a été proposé pour président du tribunal révolutionnaire de Nantes : je l'ai d'abord refusé à cause de ses opinions fédéralistes, mais ensuite, considérant les talents de l'accusé et la pénurie de sujets, je me suis déterminé à le nommer à la présidence.

Phelippes. — Pourquoi le citoyen Carrier m'a-t-il destitué ?

Carrier. — On m'avait dit que tu étais attaqué d'une maladie grave qui donnait peu d'espérance pour tes jours, et qui, dans tous les cas, ne te permettrait pas de longtemps de reprendre tes fonctions : c'est ce qui m'avait engagé à te nommer un successeur.

Phelippes. — J'étais seulement convalescent. Maintenant, j'invite le tribunal à demander au témoin s'il était ou non présent aux séances des 13, 14 et 15 frimaire, provoquées par les corps administratifs de Nantes pour délibérer si l'on ferait périr en masse tous les accusés.

Le témoin. — Je n'ai point assisté à ces délibérations.

L'accusé. — Le témoin a-t-il coopéré à l'arrêté qui défendait aux parents des détenus de solliciter en leur faveur ?

Le témoin. — Je n'y ai pris aucune part.

L'accusé. — Qui du comité ou du témoin a organisé la compagnie Marat ? Quels étaient les pouvoirs de cette compagnie ?

Le témoin. — Sur l'observation qui m'a été faite par le comité, qu'il était dans l'impossibilité de recevoir et suivre toutes les dénonciations qui lui étaient faites, je l'ai autorisé à se donner pour adjoints des hommes probes qui seraient investis des mêmes pouvoirs que le comité, d'après les mandats d'arrêt qui lui seraient délivrés à ce sujet.

L'accusé. — Le témoin avait-il l'intention de faire traduire au tribunal révolutionnaire tous les accusés sans distinction ?

Le témoin. — C'était immédiatement d'après des informations prises sur les individus que je ne connaissais pas.

L'accusé. — Connaissez-vous les motifs d'accusation des détenus ?

Le témoin. — Ils ne m'avaient pas été communiqués.

L'accusé. — Vous savez qu'*Hernault* avait été élargi peu de temps avant la dernière arrestation : est-ce par vos ordres qu'il a été incarcéré à nouveau ?

Le témoin. — Je n'ai point donné d'ordres semblables ; il y a plus, — c'est qu'il m'est arrivé plusieurs fois de vouloir faire élargir des détenus, et toujours le comité s'y est opposé de toutes ses forces en me renouvelant l'assurance que tous les accusés étaient coupables, qu'il existait contre un de ces derniers, dans le comité, des dénonciations, des preuves écrites de leurs délits.

L'accusé — Le témoin sait-il si le comité révolutionnaire a signé un ordre de faire fusiller les accusés ?

Le témoin. — Je n'ai pas connaissance de cet ordre.

L'accusé — Le témoin sait-il si *Naud* est venu dire aux accusés : — C'est ici la guerre des gueux contre les riches, c'est le moment de faire des sacrifices ; vous avez devant vous un exemple qui doit vous faire trembler ; vous connaissez le sort des 90 prêtres embarqués sur des chaloupes coulées à fond, redoutez le même traitement.

Le témoin. — Je n'ai connu ni les noyades, ni les fusillades, encore moins les menaces de *Naud* ; et si j'eusse eu la moindre notion de ces horreurs, de ces actes de barbarie, ils n'eussent pas été mis à exécution.

L'accusé Phelippes. — Malgré l'opiniâtreté, la persévérance du témoin à nier toute part directe ou indirecte aux actes inhumains, aux scènes de sang qui se sont réalisées sous sés yeux, je n en persiste pas moins dans mon opinion énoncée contre lui, au bas de mon mémoire justificatif (Il le dénonce comme complice de Robespierre et de toutes sortes de crimes et attentats commis à Nantes pendant la mission de Carrier).

Les débats ont été repris avec le témoin *Chaux* et les accusés.

Le président au témoin. — Quels sont vos griefs contre *Brière?*

Le témoin. — Les notes mises par cet accusé au bas de l'arrêté de la municipalité le rendent complice ; d'ailleurs il a injurié les représentants du département de la Loire-Inférieure, relativement aux journées mémorables des 31 mai, 1er et 2 juin.

L'accusé. — Je nie avoir signé ledit arrêté et calomnié en façon quelconque les journées favorables à la liberté : il est de notoriété publique que c'est moi avec *Dorvo* qui ai provoqué le rapport dudit arrêté.

Le président. — Que reprochez-vous à *Issautier!*

Le témoin. — L'accusé a dit publiquement qu'il assassinerait ceux qui avaient voté pour la mort du roi.

L'accusé. — D'abord il faudrait être fou pour tenir un pareil langage, un partisan forcené de la royauté, mais on sait que je n'ai cessé de combattre les royalistes, et ma conduite dans la Vendée est connue. Celui qui m'accuse est mon débiteur d'une somme de 600 liv., pour laquelle j'ai été forcé de le poursuivre.

Le président au témoin. — De quels faits accusez-vous *Perrotin?*

Le témoin. — Il est signataire de pétitions à Capet ; il est muscadin ; il a tenu des propos contre-révolutionnaires dans la Société populaire, et ne s'est pas montré à la journée de Saint-Pierre, lors de l'attaque livrée et soutenue contre les rebelles.

L'intention du comité n'a cependant pas été de traduire *Perrotin* au tribunal révolutionnaire, ajoute le témoin.

Le président au témoin. — Le comité a traduit indistinctement à ce tribunal 132 individus, sans admettre d'innocents.

Le témoin. — Le comité, persuadé que la présence des accusés à Nantes était dangereuse, n'avait pour objet, en les envoyant à Paris, que de les éloigner d'un lieu où, par leurs correspondances, ils pouvaient semer le trouble.

Le président au témoin. — Que reprochez-vous à *Billard*?

Le témoin. — Ses opinions fédéralistes dans la Société populaire; ses éloges affectés dans la bravoure prétendue des Lyonnais; sa discussion sérieuse avec Buraud à ce sujet; l'accusé, lors d'une députation à faire à la Convention, ne voulait pas que j'y fusse envoyé, parce que, dit-il, j'étais un maratiste.

Le président. — Qu'avez-vous à dire contre *Poidras*? De quoi l'accusez-vous?

Le témoin. — Je ne lui reproche rien, je ne le connais pas.

Le président. — Est-il à votre connaissance que cet accusé ait été blessé dangereusement au bras dans la journée de Saint-Pierre?

Le témoin. — Je n'ai pas connaissance de ces faits parce que j'étais absent.

Le président. — Vous n'étiez donc pas présent au combat livré aux Nantais? Comme autorité constituée, vous n'avez donc pas, comme vous le disiez, tracé le plan de défense et pris des mesures capables de résister aux rebelles?

R. — Les armes ont été déposées au château; des ordres ont été donnés par le comité pour faire garder soigneusement et fortifier tous les postes.

L'accusé. — Vous ne devez point ignorer que j'ai été blessé de trois coups de biscayen, qu'au moment où je perdais tout mon sang, j'ai négligé mes propres blessures pour ne m'occuper que des secours à donner à une trentaine de camarades; souvent mon sac m'a servi d'oreiller; enfin, mandé au département, je m'y rends, je m'informe des motifs pour lesquels je suis appelé, des reproches que l'on peut avoir à me faire ; on me répond que j'étais un b........ trop fin pour me compromettre ; de suite on m'envoie à Saint-Clair, tout baignant de sang ; on me force de partir en robe de chambre, on me refuse un certificat de chirurgien pour obtenir la permission de me faire traiter de mes blessures dans mon logement. .

Le président. — Le témoin n'était-il pas à Paris en 1792, n'a-t-il pas été incarcéré ?

Le témoin. — J'étais à la vérité à Paris à l'époque du mois de septembre, mais je n'ai point été emprisonné.

Le président. — Pourriez-vous nous dire comment a été instituée la compagnie Marat ?

Le témoin. — Carrier a établi une force armée sous le nom de Marat, elle avait le droit de faire des visites domiciliaires, d'incarcérer au besoin sans l'aveu du comité.

Le président. — Cette compagnie incarcérait-elle en vertu de mandat d'arrêt décerné par le comité ?

R. — Le comité donnait une simple liste à la compagnie Marat, qui se transportait chez les individus désignés et les emprisonnait elle-même sur de simples notes, et quelquefois même dans la rue sur de simples soupçons.

Le président. — Vous êtes en contradiction avec le représentant Carrier qui a déclaré que tous les pouvoirs émanaient du comité, et que lui seul les délivrait à la compagnie Marat.

Le président. — Pourquoi les accusés n'ont-ils pas été entendus dans le comité de surveillance avant d'être emprisonnés, comme la loi le prescrivait ? Pourquoi la compagnie Marat s'est-elle promise d'enlever, dans le domicile des détenus, leurs bijoux, leur argenterie, leurs meubles, et tout ce qu'ils avaient de plus précieux ?

Le témoin. — Je n'ai pas connaissance de ces faits, j'ignore pourquoi les formes ordinaires n'ont pas été observées, et quels peuvent être les auteurs des dilapidations dont on me parle.

Le président au témoin. — Le 22 brumaire, la générale a-t-elle été battue, les canons ont-ils été braqués, n'a-t-on pas affecté de donner une garde d'honneur au représentant du peuple ?

R. — Ces faits sont vrais ; il s'agissait d'une conspiration dont j'ignore absolument les circonstances.

Le président. — Mais n'est-ce pas à cette époque que plus de mille citoyens ont été arrêtés comme vient de l'articuler Phelippes ? Carrier n'a-t-il pas annoncé cette conspiration avec la nécessité de prendre des mesures vigoureuses pour déjouer les complots des conspirateurs ?

Le témoin. — Je me rappelle qu'à cette époque beaucoup de citoyens ont été incarcérés, que le représentant Carrier a manifesté des craintes de la part des prisons contre les habitants de Nantes, et démontré toute l'urgence des mesures à adopter pour maintenir la tranquillité et la sûreté publiques, mais de ma part, ce ne sont que des oui-dire, parce que je n'ai point assisté, en cette occasion, aux assemblées des corps administratifs, et n'ai concouru en aucune manière aux mesures qui ont pu être arrêtées.

N° 25   BULLETIN

DU TRIBUNAL CRIMINEL RÉVOLUTIONNAIRE

Suite de l'interrogatoire.... etc.

Le président. — Pourriez-vous nous dire si, par suite des arrestations, on avait autorisé à piller les maisons de ceux qu'on emprisonnait ?

Le témoin. — Je sais qu'on a mis en réquisition les vêtements de ceux que l'on incarcérait, pour secourir les malades, mais rien de plus.

Le président. — Mais, les habits noirs, l'argenterie, les

bijoux, ont-ils aussi été mis en réquisition, car ils n'ont pas été oubliés ?

R. — J'ignore qui a pu s'approprier ces objets.

Le président. — Dans le nombre des individus arrêtés ne s'est-il pas trouvé des innocents, et ne les a-t-on pas élargis ?

Le témoin. — Cinq citoyens, dont l'innocence était connue du représentant Carrier, ont été à la vérité mis en liberté : il a même témoigné de l'indignation de les avoir vu classés au nombre des gens suspects. Quant à moi qui ne pénétrais pas trop les motifs des arrestations multipliées qui se faisaient sous mes yeux, j'ai sollicité le représentant Carrier de vouloir bien vérifier la conduite des détenus, pour leur procurer prompte justice.

On a ensuite entendu le témoin Grand'Maison, chargé, d'après son aveu, de recevoir les déclarations contre les dénoncés. Ce témoin a été convaincu de l'immoralité la plus révoltante, d'avoir participé à toutes les exactions et cruautés exercées contre les détenues. Les noyades, les fusillades, les incarcérations arbitraires, tous ces attentats, d'après son aveu, sont communs à Grand'Maison, d'ailleurs noble, père et beau père d'émigrés servant les rebelles de la Vendée ; plus de vingt mille incarcérations, tant d'hommes que de femmes, d'enfants à la mamelle, se sont réalisées sous le gouvernement contre-révolutionnaire de Grand'Maison, qui n'a pu désavouer la dénonciation faite à ce sujet.

Baschelier, autre membre du comité, a succédé à Grand'Maison. Ce procureur astucieux, d'ailleurs convaincu d'être le complice de toutes les horreurs qui se sont commises à Nantes contre les détenus, et singulièrement contre les accusés, a trouvé fort commode de répondre par la dénégation à toutes les interpellations qui lui ont été faites : il a cependant été forcé de convenir d'un vol par lui fait de trois couverts d'argent et d'une cuillère à soupe parce que cette argenterie lui a été arrêtée dans les mains.

Le président au témoin. — Où ont été rédigés les motifs de l'arrestation des détenus ?

Le témoin. — Ces motifs se sont rédigés dans les séances de la Société populaire. Chaque détenu y était désigné au peuple par son nom, avec les reproches faits à l'individu mis en état d'arrestation ; et le peuple était invité à donner son opinion sur chaque prévenu ; s'il contestait le fait qui avait provoqué l'arrestation d'un détenu, ce dernier était élargi ; si au contraire il le confirmait par son adhésion, le détenu restait dans les fers jusqu'à ce qu'il fût mis en jugement : voilà ce qui s'est pratiqué pour les accusés, et j'observe qu'il ne s'est élevé aucune réclamation en faveur des accusés.

Le président au témoin. — Ce silence ne provenait-il pas de l'arrêté qui défendait aux citoyens de faire aucune réclamation en faveur des détenus, arrêté imprimé et affiché à tous les coins des rues par ordre du comité révolutionnaire, qui avait mis la terreur à l'ordre du jour.

R. — Notre arrêté n'avait pour objet que de nous délivrer des sollicitations particulières dans nos demeures, et d'être, à l'instar du ci-devant parlement, assaillis d'une foule de solliciteurs cherchant à nous séduire par toutes sortes de moyens ; mais le public était bien persuadé que dans les assemblées il avait la faculté d'énoncer librement son opinion.

Le président. — Avant l'arrivée des membres députés à Paris par le comité révolutionnaire, pour s'expliquer sur les accusés, leurs motifs d'arrestations étaient-ils connus à la Société populaire ?

Le témoin. — Je ne le crois pas.

Le président. — C'est le cas de vous inviter à être d'accord avec vous-même. Vous avez prétendu que rien ne s'était fait sans l'assentiment du représentant Carrier, qui avait été consulté sur tout : comment donc a-t-on pu lui faire un rapport sur les accusés, puisqu'il n'existait encore contre ces derniers aucune dénonciation écrite, aucune preuve matérielle ?

Le témoin. — Il avait été mis sous les yeux du représentant une liste de détenus, contenant les noms et les motifs de l'arrestation de chaque individu.

Le président. — Il résulte de l'audition de Carrier, qu'il vous a demandé si les accusés étaient tous coupables et si vous aviez contre eux des pièces à conviction ; comment n'ayant aucune preuve matérielle, ni dénonciation, avez-vous osé annoncer contre ces accusés des preuves qui n'existaient pas ?

R. — Le citoyen Carrier a pu tenir tel langage qui lui a plu, mais il n'en est pas moins vrai que rien ne s'est fait sans son aveu, et qu'il a approuvé toutes nos mesures.

Le président. — Pourquoi des cent trente-deux détenus en a-t-il été retiré cinq ; ces derniers n'ont-ils pas obtenu leur liberté parce qu'ils l'avaient payée ?

Le témoin. — Ces faits ne sont pas à ma connaissance.

Le président. — Savez-vous si Naud, l'agent de votre comité, a dit ou non aux accusés : « C'est aujourd'hui la guerre des gueux contre les riches ; on ne peut se racheter qu'avec de l'argent » ?

Le témoin. — J'ignore si Naud s'est permis de pareilles observations ; mais dans tous les cas lui seul aurait à justifier ces propos comme étant son propre fait, et non celui du comité, auquel ce rôle était étranger.

Le président. — Avez-vous été instruit que *Decey* le jeune, voyant son frère aîné inculpé, et considérant que ce dernier était père de plusieurs enfants tandis que lui *Decey* le cadet était garçon et n'était pas retenu par les mêmes liens sociaux, s'est dévoué généreusement pour son frère dans l'espoir de lui conserver la liberté, et que cependant ils ont été incarcérés, envoyés tous deux à Paris ?

Le témoin. — Ces deux frères étaient aussi suspects l'un que l'autre ; ce sont des ci-devant dont la présence était inquiétante pour la ville de Nantes, dont les opinions n'étaient pas des plus civiques et qui comme tels ont partagé le sort des autres détenus.

Le président. — Les 129 individus noyés impitoyablement l'ont-ils été aussi pour le maintien de la tranquillité dans la ville de Nantes ?

Le témoin. — Le représentant du peuple a jugé nécessaire de mettre plusieurs individus hors la loi, et il a approuvé par sa présence toutes ces mesures de sûreté prises par le comité : c'est lui qui en a fait l'application contre les individus coupables à ses yeux de délits graves.

Le président. — Je vous observe, témoin, que vous êtes en contradiction avec Carrier qui, d'après sa déposition, s'est entièrement rapporté au comité, tant sur les délits imputés aux détenus que sur les mesures de sévérité dictées par les circonstances.

Le témoin. — Et moi, je soutiens que les corps administratifs ont tous coopéré à l'arrestation des accusés, à leur traduction au tribunal révolutionnaire, et que le représentant Carrier, comme autorité supérieure, a été consulté et qu'il a approuvé leur mise en jugement.

Le président au témoin. — Que reprochez-vous à *Leroux*?

R. — Je lui reproche d'avoir accaparé des cuirs, et d'en avoir privé la ville de Nantes au moment où elle en avait le plus besoin.

Le président. — Mais *Leroux* a été reconnu innocent; pourquoi n'a-t-il pas été élargi ?

Le témoin. — Les pièces ont été envoyées à l'accusateur public ; si *Leroux* n'a pas été mis en liberté, ce sont probablement les travaux multipliés du comité qui ont fait négliger cette mise en liberté.

Le président. — Qu'avez-vous à dire contre *Pécot*?

R. — Rien autre chose, si ce n'est qu'il a pris part à la faction liberticide du fédéralisme, et avant cette époque, s'est conduit en patriote.

L'accusé. — Je m'en réfère à ce que j'ai déjà dit, et soutiens que les circonstances seules m'ont égaré.

Le président. — Qu'avez vous à reprocher à *Dorvo, Sottin* l'aîné, et à *Brière* ?

R. — Les deux premiers ont provoqué les arrêtés fédéralistes, et le troisième a donné son adhésion à ces actes.

Les accusés. — Nous n'avons rien à ajouter à notre défense précédente, nous disons seulement que le témoin lui-même a signé l'arrêté du 5 juillet dont il nous fait un crime.

Le président au témoin. — Qu'avez-vous à répondre ? Avez-vous, ou non, signé l'arrêté fédéraliste que vous opposez aux accusés ?

R. — Au milieu d'une foule d'autres actes qui m'étaient présentés journellement à signer, j'ai pu, sans en prendre lecture, signer cet arrêté par erreur, mais j'affirme ne pas me le rappeler.

Le président. — Inutilement vous chercheriez à révoquer en doute votre signature ; la preuve en existe dans les pièces envoyées à l'accusateur public.

Le témoin. — Je ne nie pas le fait, mais je le soutiens être le fruit de la surprise.

Le président au témoin Bachelier. — Savez-vous si la compagnie de Marat apposait, ou non, les scellés avec le pouce, si elle s'appropriait furtivement l'or et l'argent, et repassait ensuite les scellés ?

Le témoin. — Je ne sais rien à cet égard.

Le président. — Les membres de cette compagnie, dite de Marat, n'ont-ils pas été présentés par le comité au représentant Carrier ?

Le témoin. — J'ignore par qui ces membres ont été choisis.

Le président. — Le comité délivrait-il des mandats d'arrêt à cette compagnie ? En a-t-il été notifié aux accusés ?

Le témoin. — Cette compagnie arrêtait et incarcérait de sa propre autorité : et je ne sais s'il y a eu ou non des mandats d'arrêt lancés contre les accusés et s'il leur ont été notifiés.

Sur cette déclaration, de la part du témoin, tous les accusés se lèvent d'un mouvement spontané et affirment qu'il ne leur a été notifié aucun mandat d'arrêt.

Le président. — C'est une chose bien inconcevable qu'un

membre du comité révolutionnaire chargé de la partie des dénonciations, comme témoin, et qui d'ailleurs, par son aptitude persoanelle, conduisait les opérations principales du comité, ne soit pas en état de nous donner le oui ou le non sur la question de savoir s'il a été lancé des mandats d'arrêt contre les accusés et si ces mandats ont été notifiés : de l'ignorance invraisemblable du témoin, nous devons en conclure que la formalité du mandat comme toutes les autres ont été négligées, et que le comité révolutionnaire de Nantes se comportait moins comme autorité constituée qui doit compte de ses actions à la nation entière, que comme des despotes sacrifiant journellement l'existence de leurs concitoyens à leurs caprices et à l'arbitraire le plus révoltant ; mais continuons l'instruction, ajoute le président : savez-vous si *Poydras* a été blessé à la Vendée ?

Le témoin. — J'ai connaissance de ces blessures ; c'est moi qui lui ai fait donner un chirurgien.

L'accusé. — Je soutiens n'avoir pu en obtenir, même sur un certificat qui attestait le besoin urgent que j'avais de pansements ; il y a plus, ce certificat a été déchiré en présence de ma femme ; nous manquions de tout dans les prisons, et ce dénument total moissonnait journellement les détenus ; à mon égard j'ai prouvé que mon arrestation n'avait pas le moindre fondement raisonnable, qu'aucun reproche ne pouvait m'être adressé ; des blessures honorables dans mes sorties contre les Vendéens établissent suffisamment mon civisme, les débris d'une frêle existence ne cesseront de certifier mon patriotisme.

Le président au témoin. — Eh bien, comment justifiez-vous l'arrestation de *Poydras* et toutes les amertumes dont vous l'avez abreuvé?

Le témoin. — Il existait un arrêté qui voulait que tout administrateur destitué fût détenu, et c'est en vertu de cet arrêté que *Poydras* a été incarcéré.

L'accusé Phelippes. — Lors de la réunion des autorités

constituées pour délibérer, par oui ou non, si on ferait périr en masse les détenus, y a-t-il eu un procès-verbal rédigé?

Le témoin. — Il n'a été pris que des notes en cette occasion.

Le président. — Quoi! lorsque vous vous proposez de fixer d'une manière irrévocable le sort de vos concitoyens; quoi! lorsque vous mettez en question leur existence, et que, peut-être, vous allez prononcer leur arrêt de mort, vous ne procédez qu'avec des notes à une délibération aussi sérieuse! Il faut convenir que la vie de vos concitoyens est à vos yeux d'une bien faible importance, et que le plaisir cruel de les sacrifier les uns après les autres, quoique la jouissance des Néron, des Tibère, des Caligula, était peut-être celle du comité! (*sic*) D'après des délibérations aussi lestes dans les cas graves, quelle idée voulez-vous que nous nous fassions de votre justice, de votre humanité; comment parviendrez-vous à nous persuader que vous n'avez pas participé aux noyades?

Le témoin. — La vérité est cependant que je n'ai pris aucune part directe, ni indirecte, à ces actes barbares et iniques.

Le président. — Vous m'obligez de venir au secours de votre mémoire, et de vous représenter le reçu du 25 frimaire, par vous donné, des cent vingt-neuf détenus noyés, l'ordre de route donné par le commandant de la place; ces pièces prouvent que les noyades ne vous étaient pas inconnues que vous y aviez participé peut-être plus qu'un autre.

L'accusé Phelippes. — J'observe que dans ces noyades ont été enveloppés des enfants de guillotinés, de l'âge de 10, 12 et 13 ans; en vain de toutes parts demandait-on à les embarquer; presque tous ont été refusés. Baschelier, homme fourbe et artificieux, menait tout le comité; c'est lui qui a fait emprisonner six notaires, dont trois sont morts dans les cachots; il était l'agent de Robespierre, qui voulait bouleverser la République, et si nous fussions restés à Nantes nous aurions tous été noyés, comme nous devions être fusillés, si le chef de brigade n'eût pas refusé d'exécuter l'ordre sanguinaire qui lui avait été donné, et si le département lui-même n'eût pas défendu l'exécution de cet ordre.

Garnier. — J'invite le tribunal à demander au témoin si je n'ai pas continué mes fonctions jusques à mon arrestation?

Le témoin. — Je conçois le motif de l'interpellation : l'accusé veut prouver qu'il était muni d'un certificat de civisme à l'époque de son arrestation ; j'en conviendrai avec lui, mais j'ajouterai qu'il eut peine à obtenir ce certificat.

Garnier. — Une loi de vendémiaire portait que les certificats seraient visés par le comité de surveillance, et ce comité refusa le visa sous le prétexte de ne pas confondre ses signatures avec celles des fédéralistes.

Le témoin. — Jamais le comité n'a fait de pareils refus, et d'ailleurs je nie que les certificats ayant été assujettis à la sanction du comité.

N° 2. **BULLETIN**

DU TRIBUNAL CRIMINEL RÉVOLUTIONNAIRE

Fin de l'interrogatoire et des débats de l'affaire des habitants de la commune de Nantes.

Garnier. — Et moi, je soutiens qu'il a été pris dans la société de Saint-Vincent un arrêté portant que tout certificat de civisme serait visé par quatre membres dudit comité de surveillance ; je n'ai obtenu mon certificat que le 14 brumaire ; par cette raison il était assujetti au visa du comité de surveillance, et c'est ce visa seulement que j'eus de la peine à obtenir sous les prétextes ci-devant spécifiés. J'invite encore le tribunal à demander au témoin s'il a été décerné contre moi, par le comité de surveillance, un mandat d'arrêt ou d'amener?

Le témoin. — Je ne me le rappelle pas.

Le président. — Existait-il un registre de mandats d'arrêt?

Le témoin. — La feuille du jour était consacrée à ces mandats, que le comité délibérait et que la compagnie dite Marat exécutait.

Le président. — Pourriez-vous me dire par qui étaient signés les mandats d'arrêt ?

Le témoin. — Ces mandats étaient signés au comité de surveillance.

Le président. — Où sont ces mandats ?

Le témoin. — Il faudrait se procurer le registre.

Le président. — En vertu de quel ordre la compagnie Marat faisait-elle ses arrestations ?

Le témoin. — Cette compagnie arrêtait de sa propre autorité.

Garnier. — Lorsqu'il fut question de l'arrivée d'un commissaire pour interroger les détenus, le témoin ne se rappelle-t-il pas que, me sacrifiant aux circonstances, je me suis oublié pour ne me fournir que de ceux qui me touchaient par les rapports sociaux, tels qu'une femme, une sœur et ma domestique ?

Le témoin. — Je n'en ai aucun souvenir.

Le président. — A-t-il été pris par le comité révolutionnaire un arrêté qui autorisait à s'introduire dans les maisons des détenus pour y prendre leurs effets, comme on l'a effectué ?

Le témoin. — L'armée de Mayenne manquait des vêtements les plus nécessaires, tels que capotes, vestes, culottes, bas et linge ; c'est ce qui a engagé le comité à faire prendre chez les détenus plusieurs effets à l'usage de ladite armée.

Le président. — A-t-il été dressé procès-verbal des effets pris dans le domicile des détenus et singulièrement des couverts d'argent, des dentelles, des habits noirs, qui ne pouvaient être pour les volontaires des objets de première nécessité ?

Le témoin. — Je ne sais pas bien précisément ce qui s'est passé à ce sujet.

Marguerin — Voici des faits sur lesquels j'invite le témoin à s'expliquer

Le 25 brumaire, on arrêta beaucoup de prêtres dont le sort était décidé; mais auparavant de les précipiter dans les eaux, il fallait s'approprier ce qu'ils avaient de plus précieux ; pour parvenir à ce but on imagina de faire monter le navire qui portait les malheureuses victimes dévouées à la mort, auprès de mon magasin, dont on s'est emparé pour y déposer les effets volés : mon contre-maître présent vint m'instruire de ce qui se passait ; à son retour il fut conduit au corps de garde, où il fut retenu pendant 48 heures ; on ne manqua pas de profiter de l'absence de mon contre-maître pour se distribuer les effets ; on lui rendit ensuite la liberté pour lui confier la garde dudit navire, moyennant dix écus ; je demande si le témoin a connaissance de ces faits !

R. — C'est la première fois que j'en entends parler ; il ne m'a été fait aucune dénonciation à ce sujet, et d'ailleurs tout cela se passait sous la surveillance du représentant Carrier, qui notifiait les ordres à Fouquet et à Lambertye pour faire introduire les détenus dans les bateaux : ce sont des faits dont Fouquet et Lambertye déposeraient bien ouvertement, s'ils n'avaient été guillotinés pour avoir voulu faire évader des gens suspects.

L'accusé. — Le témoin a-t-il pris dans la maison de l'Éperonnière une liste de détenus ?

Le témoin. — J'affirme avoir pris cette liste.

L'accusé. — Que sont devenus les individus non transférés dans cette maison, tels que Fleury et autres ? N'ont-ils pas été mis en liberté sans interrogatoire, sans jugement ?

Le témoin. — Je n'en sais rien.

Le président. — La compagnie Marat n'a-t-elle pas été licenciée, invitée à rendre les armes ?

R. — J'ignore ce qui s'est fait à cet égard.

Le président. — La compagnie Marat n'a-t-elle pas été dépositaire des pouvoirs de Carrier ?

R. — Je ne sais rien de relatif à cette affaire.

Le président. — Le comité n'a-t-il pas invité les citoyens à faire quelques sacrifices pour la salubrité de la commune, et n'est-il pas résulté de cette collecte plusieurs millions, dont 60,000 livres ont été confiées au témoin ? N'a-t-on pas été obligé de le poursuivre en restitution ?

R. — J'ai cru devoir garder les 60,000 livres jusqu'à ce qu'il m'ait été demandé un compte.

Les témoins Perochot, Levêque, Bologniel, Halon, Roulier, Durassier, Joly et Mignet ont succédé à Baschelier; ils se sont accusés les uns après les autres d'avoir partagé les scènes d'horreurs et de cruautés commises envers les détenus; ils sont convenus d'avoir signé les ordres de noyades et de fusillades, sans en connaître les motifs; les prêtres noyés au nombre de 162 ont d'abord été mis à nu, dépouillés de tous leurs effets, dont le partage s'est fait entre les barbares exécuteurs de ces ordres : ces expéditions, tout inhumaines qu'elles sont, ont été commandées par Carrier et les corps administratifs de Nantes. On apportait au comité l'argenterie des détenus et on la distribuait. La cupidité la plus dévorante, la férocité la plus inouïe, l'ambition la plus démesurée, l'esprit de manœuvre et d'intrigue pour parvenir à son but et exercer des vengeances particulières, un goût singulier pour les repas somptueux, les orgies bachiques ne sont pas les seules passions propres à caractériser les membres du comité révolutionnaire; ces monstres, semblables aux animaux malfaisants, à ces harpies qui gâtent tout ce qu'elles touchent, attentaient encore à la pudeur des femmes, des filles, qui venaient réclamer leurs pères, leurs époux ; il fallait se livrer à la brutalité sensuelle de ces modernes sultans pour les rappeler aux principes de la justice et de l'humanité et obtenir de leurs caprices un jugement d'absolution.

Une compagnie, dite de Marat, créée soit par le comité, soit par le représentant Carrier, compagnie composée d'êtres immoraux, crapuleux, et pour ainsi dire l'égout de la ville de Nantes, étaient les instruments fidèles de la barbarie du comité ; ces hommes, sur le front desquels le sceau de la réprobation était empreint, s'étaient introduits dans les Sociétés populaires, où ils s'étaient fait nombre de partisans ; ils y exerçaient la domination la plus tyrannique, et flétrissaient à leur volonté, dans l'opinion des despotes investis du droit de vie ou de mort, les honnêtes citoyens qui avaient eu le malheur de déplaire aux agents suprêmes du comité.

Tels étaient les accusateurs des 91 Nantais, tels étaient les crimes amoncelés, les atrocités de tous genres des dénonciateurs, tel était le degré de crédibilité, de confiance, qui leur était dû : faut-il donc être surpris si l'indignation générale s'est manifestée contre ces vils délateurs, dénués, nous ne disons pas de preuves, mais de tout indice contre des hommes qu'ils voulaient conduire à l'échafaud !

Membres du comité révolutionnaire de Nantes, anthropophages qui dégradez l'humanité, qui l'avez souillée de tous les crimes, c'est à ce même tribunal, dont la décision est si honorable pour les honnêtes citoyens par vous dénoncés, que l'opinion toujours saine du peuple vous appelle ; c'est au même tribunal qu'elle vous traduit, et qu'elle veut vous juger.

LETTRE AU RÉDACTEUR

« C'est par erreur qu'il a été inséré dans le n° 18 que le citoyen *Phelippes dit Tronjolly*, ex-président du tribunal criminel et révolutionnaire du département de la Loire-Inférieure, a assisté aux sections de la ville de Nantes lors des arrêtés qu'on leur reproche. Il déclare n'avoir paru que pour l'acceptation de la constitution. Il ajoute qu'aucune section de cette même ville n'a proposé de capituler avec les brigands, et qu'il a seulement été question d'échanger des prisonniers, proposition rejetée. Il ajoute encore que dès le lendemain de l'arrêté du 5 juillet il rendit une ordonnance contraire à cet arrêté, duquel il s'est encore depuis rétracté, conjointement avec les autres administrateurs, avant « *même que la loi de grâce ait été arrivée et connue à Nantes* » ; qu'au surplus sa mission à Rennes était pour avoir des secours en farines et troupes ; qu'il y demanda que la force départementale fût envoyée dans la Vendée et non à Paris ; que ces faits sont constatés par des délibérations des corps administratifs anciens et renouvelés tant de Rennes que de Nantes, enfin par les pièces imprimées à la suite de son mémoire. »

TROISIÈME PARTIE

LES VICTIMES

Dès le début de l'*Introduction* à la Relation de M. de la Guère, nous avons dit que le procès des 132 Nantais était à réviser au point de vue des appréciations qu'en avaient portées plusieurs historiens de grande valeur. On les représentait volontiers jusqu'ici comme des républicains du parti de la Gironde sacrifiés aux vengeances de la Montagne, et nous laissions pressentir que, s'il se trouve parmi eux un certain nombre de républicains de cette catégorie, beaucoup d'autres, peut-être la majorité, étaient de simples suspects de royalisme, de fanatisme, comme on appelait alors la religion, et de manœuvres contre-révolutionnaires. La lecture des interrogatoires que nous avons publiés a déjà montré que les accusations les plus répétées étaient en effet les secondes plutôt que les premières. Il s'agit maintenant de préciser et de retracer autant que possible la silhouette de chacune des victimes, pour en opérer ensuite le classement.

Mais, avant d'entrer dans le détail particulier de ces biographies sommaires qui nous ont coûté beaucoup de recherches, il importe de signaler et d'analyser un document que nous avons retrouvé récemment et qui a probablement contribué, avec la relation de Villenave, à accréditer la légende de l'hécatombe républicaine, parallèle à celle du conseil général du Finistère. C'est une plaquette in-4°, sans lieu ni date d'impression, mais qui a été certainement imprimée à Paris, en l'an III, pendant le procès du comité révolutionnaire de Nantes, et dont voici le titre de départ exact : — « *Liberté, Egalité. Fraternité, Unité, indivisibilité de la République. — Observations sur le prétendu fédéralisme du département de la Loire-Inférieure,* » — avec l'épigraphe : « *Il n'y a pas eu de fédéralisme, là où il n'y a pas eu de conspiration.* »

Cette pièce est signée ainsi qu'il suit : « *Poton ; — P. J.-M. Solin ; — Antoine l'eccot,* fils, ci-devant administrateurs du département de la Loire-Inférieure ; — *Villenave,* ci-devant adjoint de l'accusateur public ; — *Joseph Brière,* ci-devant officier municipal ; — *J.-M. Dorco,* ancien accusateur public, et dernièrement procureur de la Commune de Nantes ; — *Phelippes,* juge au tribunal du district de Nantes, ancien administrateur du conseil du département de la Loire-Inférieure, depuis président des tribunaux criminel et révolutionnaire, et ayant encore depuis rempli les fonctions d'accusateur public au tribunal criminel du même département ; emprisonné postérieurement à ses poursuites contre le comité révolutionnaire de Nantes, lequel comité est incarcéré maintenant et livré au bras vengeur de la justice comme ultra-révolutionnaire et concussionnaire... »

Tous les signataires, sauf Phelippes, font partie du lugubre cortège des Nantais envoyés à Paris, et Phelippes leur fut adjoint plus tard. Or, s'ils ont à cœur de se justifier publiquement contre le *prétendu fédéralisme* de la Loire-Inférieure, c'est donc qu'on les avait formellement accusés d'y avoir pris part. Et qu'est-ce qu'on appelle en 1793 et 1794 la lèpre ou le chancre du fédéralisme, sinon l'alliance contractée en juin 1793 entre les départements bretons et normands pour constituer un corps d'armée destiné à dégager la Convention des étreintes de la Montagne et à ramener dans son sein les Girondins proscrits ? L'armée fédéraliste se réunit en effet à Caën, où s'étaient retirés les Girondins, et marcha sur Paris ; mais sa déroute à Vernon força les proscrits à fuir jusqu'au fond de la Bretagne. Les signataires des *Observations* ont beau se battre les flancs pour prouver, pendant le cours de 16 pages in-4° : 1° qu'il n'y a réellement point eu de fédéralisme dans le département de la Loire-Inférieure ; 2° qu'on y a été égaré par vertu, par patriotisme ; 3° qu'on n'y a été qu'égaré ; 4° que l'erreur fut inévitable, involontaire ; 5° que, pour incriminer les administrateurs de Nantes et ses habitants, il faudrait commencer par prouver que l'erreur n'a pas été possible à l'époque du fédéralisme en France..... il n'en résulte pas moins, qu'erreur ou non, ils avaient fait cause commune avec le parti de la Gironde.

Voilà donc six victimes qui, de leur propre aveu, doivent être groupées parmi les amis des Girondins ; et comme les autres ne se groupèrent point de la même façon pour publier des justifications ou des apologies, on a eu vite fait de conclure du particulier au général, et d'attribuer à ces six personnages les plus compromis la défense commune de tous leurs compagnons. Voyons en réalité ce qui peut en être pour chacun d'eux. Nous ferons suivre chaque notice de la lettre o, si le prisonnier appartient au parti républicain de la Gironde, de la lettre n, s'il doit être classé dans la réaction contre-révolutionnaire ; de la lettre o (douteux), s'il ne nous est pas possible de reconnaître ses sentiments ; puis nous compterons et nous conclurons.

1. — ABRAHAM

Malgré sa consonnance israélite, le nom d'Abraham était fort répandu en Bretagne, comme nom de famille, avant la Révolution. On l'y rencontre dès le IX⁰ siècle, et les cartulaires de Redon et de Quimperlé, ainsi que les *Preuves de l'histoire de Bretagne* citent un grand nombre d'Abraham parmi lesquels on peut, après la *Bio-bibliographie bretonne*, en citer de bonne noblesse, de la suite des ducs et duchesses, et même un ambassadeur du duc en Bretagne en 1401, « pour la venue de nos dames Blanche et Marguerite. » A laquelle de ces diverses familles appartenait le nôtre, il me serait difficile de le dire ; ce qui est certain, c'est qu'il était, avant la Révolution, procureur-fiscal des Régaires de Nantes, ce qui indique un rang distingué dans la bourgeoisie. Il ne joua pas un rôle important dans les mouvements réformistes de 1788 et 1789, car Mellinet ne le cite pas à cette époque dans son recueil fort chargé d'informations sur ce temps, intitulé *La commune et la milice de Nantes*. Mais il y a lieu de croire qu'il fit en 1792 des preuves publiques de civisme, puisqu'il fut élu *juge de paix*. En qualité de fonctionnaire, nous pouvons donc le classer parmi les fédéralistes et partisans de la résistance girondine, car presque toutes les administrations civiles des cinq départements de Bretagne prirent part à ce mouvement contre la Montagne. Arrêté de ce chef comme suspect, il fit le voyage complet, et mourut à Paris, à la prison du collège du Plessis, peu après le 9 thermidor. — O'.

2. — Jean-Baptiste ALLONNEAU

Jean Allonneau, né en 1720, d'une ancienne famille nantaise, avait épousé Françoise *Bazin*, et occupait, au moment de la

Révolution, les fonctions d'huissier audiencier près la cour du Présidial de Nantes. Le Présidial ayant été supprimé en 1790, je ne sais s'il reprit une charge d'huissier près des nouveaux tribunaux ; mais ce qui est sûr, c'est qu'il ne suivit pas le mouvement révolutionnaire, car il se chargea en 1792 d'être l'intermédiaire entre un certain nombre d'émigrés nantais et leurs familles. C'est à ce titre qu'il fut arrêté, en 1793, comme suspect de projets contre-révolutionnaires, et qu'il fit partie du sinistre cortège. Rendu à la liberté en l'an III, il revint à Nantes, mais je ne sais quand il est mort. Son fils *Jean-Baptiste*, né à Nantes le 10 avril 1761, épousa en 1805 Suzanne-Esther-Marie *Richard de la Ricardière*, et en eut un fils : *Adolphe Allonneau*, médecin, érudit et poète, membre de la *Société des Antiquaires de l'Ouest*, dont j'ai cité les principales œuvres dans la *Bio-bibliographie bretonne*. — R'.

3. — Thimothée ARNOUS

La famille *Arnous* était, avant la Révolution, une des plus considérées du haut commerce de Nantes. Le *Livre doré de l'Hôtel de Ville* nous apprend que l'un de ses membres, Nicolas Arnous, secrétaire de la chancellerie près le Parlement en 1761, charge qui conférait la noblesse personnelle, fut l'un des consuls de Nantes de 1773 à 1775 ; et Verger, dans ses *Archives curieuses*, ajoute que *Pierre Arnous, sr de la Noé*, négociant, reçut en 1763 des provisions « de cromorne et trompette-marine de la Chambre et Ecuries de Sa Majesté à Nantes », et son fils aîné, celles de « receveur particulier des bois du Roi en la maîtrise de Nantes ».

Né en 1763, *Thimothée Arnous*, qualifié lui-même de négociant en 1793, était sans doute un fils de ce dernier. Il signa, en janvier 1789, la délibération des jeunes gens de Nantes pour se rendre à l'appel de ceux de Rennes ; mais son zèle pour la Révolution ne tarda pas à se refroidir dès qu'il fut témoin de ses excès, et bien différent d'un de ses cousins, affréteur général des vaisseaux de la Compagnie des Indes à Lorient, un des plus féroces clubistes de 1791, décoré par le poème de la *Giganto-jacobinomachie* de philosophe cynique, il pactisa avec les rebelles de la Vendée et fut l'un de leurs correspondants à Nantes. Aussi fut-il arrêté comme suspect et accusé d'avoir « été un des soudoyens de la Vendée et entretenu des relations intimes avec un des chefs des révoltés ». La dénonciation faite contre lui par la commune de Saint-Sébastien disait même que son domestique avait été trouvé nanti d'une épingle, dont la tête était couronnée et surmontée d'une croix! Je ne sais ce qu'il devint après le procès. — R².

4. — AUBRY, aîné

Encore un négociant, mais sur qui je n'ai pu rencontrer aucun renseignement précis. Nous savons seulement qu'ayant effectué le voyage complet, il mourut de ses fatigues à Paris, à la maison de Belhomme, le 20 janvier 1794, avant d'avoir pu comparaître devant le tribunal. — Les négociants de Nantes ne passaient pas, en général, pour favorables au nouveau régime; nous en aurons de nombreuses preuves. On peut donc, sans trop craindre d'erreur, ranger celui-ci dans la généralité. S'il fut arrêté, c'est qu'on suspectait son zèle ou qu'on en voulait à son argent. Mais en l'absence de certitude je lui donne la lettre : — D¹.

5. — Martin AUBRY, jeune

Etait-ce un frère du précédent? Je ne sais. Ce qui est sûr, d'après les recherches spéciales de M. Alfred Lallié sur le *Diocèse de Nantes pendant la Révolution*, c'est qu'il avait été *bénédictin* à l'abbaye de Noyers (Indre-et-Loire), qu'il déclara vouloir renoncer à la vie commune en 1790, qu'il vint alors à

Nantes et qu'il fut autorisé par le département de la Loire-Inférieure à se rendre en 1792 à Tours, où il prêta serment à la Constitution le 9 août. Il résidait à la Chapelle-Blanche près Loches, au commencement de 1793. Pourquoi revint-il à Nantes et fût-il arrêté, puis incarcéré ? Je n'ai pu le découvrir exactement ; mais il y a bien des probabilités que son caractère sacerdotal le rendait, malgré son serment, « suspect de fanastisme. » Joint à la chaîne des Nantais, et accablé par les fatigues et les mauvais traitements, il mourut à Blois, en pluviose an II, sans avoir pu effectuer tout le voyage. — R².

6. — Pierre BALLAIS

Pierre Ballais appartenait à une famille nantaise qui avait déjà fourni un échevin de Nantes de 1751 à 1753, et l'on sait que l'échevinage nantais conférait la noblesse. Échevin lui-même de 1772 à 1774, et subdélégué de l'intendance de Bretagne (charge et titre qui correspondent à peu près à ceux de nos sous-préfets actuels), il fut nommé maire de Nantes par le roi en 1787, mais ne put être installé, à cause du scandale qu'avait produit à Nantes la mauvaise conduite de ses frères. L'un d'eux, relégué chez les Frères de la Doctrine chrétienne à Rouen, y avait soulevé une révolte, à la suite de laquelle il s'était échappé pour retomber dans la débauche et l'escroquerie : l'exemple de ce malheureux avait perverti deux autres de ses frères ; le père, après s'être en partie ruiné pour payer leurs dettes, avait été forcé de les faire enfermer à Bicêtre, d'où ils n'étaient sortis que pour s'engager dans les troupes coloniales. *Pierre Ballais*, homme au contraire très recommandable, souffrait beaucoup de cette situation. Ayant été nommé maire par le roi, et ayant constaté que sa nomination avait été mal accueillie par la communauté comme contraire aux privilèges électifs de la ville de Nantes, il préféra ne pas s'exposer à ce mécontentement ; mais il hésita longtemps : il fit remettre trois fois la séance de son installation, et lorsqu'elle fut décidée, il manda de la retarder au nom du roi ; mais les convocations étant faites, le Conseil décida qu'on ne les retirerait pas. Ballais ne se rendit pas à l'assemblée, fut considéré comme démissionnaire, et le conseil obtint peu après de procéder à une élection¹. A titre de compensation, Ballais fut nommé deux ans plus tard intendant de Provence ; mais la Révolution grondait : il ne put être installé et resta à Nantes où ses tendances réactionnaires le firent considérer comme suspect en 1793. Il acheva le voyage de Nantes à Paris, mais il mourut à la maison Belhomme le 30 janvier 1794, avant d'avoir pu comparaître devant le Tribunal révolutionnaire. Il laissait trois filles ; l'une épousa, vers 1796, l'avocat *Guibourg*, homme de loi à Châteaubriant, successivement juge de paix et président du tribunal de première instance dans cette ville, et fut la mère du célèbre Achille Guibourg, ancien magistrat, mêlé aux événements royalistes de 1832 ; une autre épousa le notaire *Dufresne*, et la troisième resta célibataire. — R*.

7. — René-Julien BALLAN

Issu d'une ancienne famille de la Basse-Loire, qui figure à l'*Armorial général d'Hozier* et qui compte un membre de la confrairie Saint-Nicolas de Guérande en 1654, et un consul à Nantes en 1764, *René-Julien Ballan*, né à Nantes en 1760, était, au moment de la Révolution, trésorier général des finances à Nantes, et donna ses boucles d'argent comme contribution patriotique, lors de la souscription pour les subsis-

---

¹ Sur la foi de M. Dupuy aux *Annales de la Société académique de Brest*, 2ᵉ série, t. IX, p. 223, j'ai parlé dans la *Bio-bibliographie bretonne*, II, 57, de la mauvaise conduite de ses enfants ; mais M. le sénateur L. de la Sicotière dont la femme est une arrière-petite-fille de Pierre Ballais (fille d'une sœur d'Achille Guibourg) a bien voulu me signaler cette erreur. M. Dupuy signale trois garçons comme mauvais sujets, et *Pierre Ballais* n'eut que des filles.

Et Voy. Mellinet: *La Commune et la milice de la ville de Nantes*, V, 321, 322, et le *Livre doré de l'Hôtel de Ville*.

tances en 1789. Sa charge ayant été supprimée en 1790, il fut accusé de tenir chez lui des conciliabules et rassemblements contre-révolutionnaires, et fut arrêté comme suspect en 1793. Laissé malade à Angers pendant le lugubre voyage, il rejoignit la colonne à Saumur et comparut devant le tribunal révolutionnaire. Je n'ai pas retrouvé ce qu'il devint après sa libération. — R².

8. — Marie-Pierre-Charles BASCHER

Appartenant à la famille BASCHER DU PRÉAU et de BEAUMARCHAIS, au pays de Nantes, qui compte un auditeur à la Chambre des Comptes de Bretagne en 1752, et qui fut anoblie par le roi en 1818, *Charles Bascher*, né à Nantes en 1748, était, au moment de la Révolution, lieutenant particulier de l'amirauté de Nantes. Il fut l'un des commissaires nommés pour la sûreté de la ville en 1788, et membre du comité provisoire municipal en 1789, c'est-à-dire qu'il prit part aux mouvements réformistes de cette époque ; mais, comme pour bien d'autres, comme pour le député Pellerin et la majeure partie des députés du clergé nantais, les excès de pouvoir de l'Assemblée Nationale, en particulier en matière religieuse, refroidirent considérablement son enthousiasme ; la persécution contre les prêtres réfractaires à la constitution civile du clergé acheva de le séparer de ses anciens amis, et lorsque arriva le règne de la Montagne, il était mûr pour la classe des suspects. Arrêté à ce titre et accusé de délits contre-révolutionnaires, en particulier d'avoir sa mère et tous ses parents dans la Vendée, et d'avoir été trouvé par une patrouille couché dans un fossé au lieu de se battre pendant l'attaque de Nantes par les Vendéens, il fit le voyage tout entier et comparut devant le tribunal de Paris. Dans l'interrogatoire, il répondit que si une patrouille l'avait trouvé couché dans un fossé pendant l'attaque de Nantes, c'est qu'on ne lui avait pas donné d'arme et qu'il ne pouvait par conséquent se battre. Je ne sais ce qu'il devint après sa libération. De nos jours, un membre de cette famille, fils d'un officier de la garde de Charles X, est mort récemment lieutenant-colonel du 81ᵉ régiment territorial et maire de Bouguenais. — R^t.

9 — Jean BÉCONNAIS

Les *Béconnais* faisaient partie de la bourgeoisie nantaise au milieu du XVIIIᵉ siècle. Mellinet, dans son intéressant recueil sur *la Commune et la milice de Nantes,* cite un des membres de cette famille qui fut gratifié en 1766 par le duc de Praslin, en reconnaissance de la magnifique réception que lui avait faite la ville de Nantes, et pour exempter le titulaire de la charge du logement des gens de guerre, du titre assez inattendu, d'*arroseur du manège de la grande écurie du roi*! Etait-ce le père de notre suspect ? Je ne sais : tout ce que je puis dire, c'est que la victime de Carrier était un négociant qui avait souscrit à la fête patriotique des trois ordres en 1788 et pris part aux premières délibérations des délégués pour la formation du conseil communal. Quels sentiments professait-il en 1793 ? Je n'en ai pas retrouvé la trace : beaucoup des enthousiastes de 1789 étaient devenus d'ardents réactionnaires, tandis que leurs anciens amis avaient suivi tout le mouvement. Je l'inscris donc dans les douteux. Ce qu'il y a de certain, c'est qu'il fit le voyage complet, et qu'il mourut de ses fatigues à Paris, dans la maison Belhomme, le 15 janvier 1794, avant d'avoir pu comparaître devant le tribunal révolutionnaire. — D^r.

10. — Jean-François BÉRANGER, dit Mercier

Pour celui-ci il n'y a pas de doute. L'acte d'accusation le joint à Pottier et Sotin pour lui imputer le crime de s'être montré chaud partisan du fédéralisme et d'avoir calomnié les journées révolutionnaires des 31 mai, 2 et 3 juin. Il n'était

BERNÈDE (Charles-Joseph)
Né à Nantes en 1766, mort à Angers en 1791.

pas Nantais d'origine et était né en 1730 à Flamicourt en Picardie. Ancien notaire, d'autres disent ex-archiviste, il était homme de loi à Nantes au moment de la Terreur. Il comparut devant le tribunal révolutionnaire, fut acquitté comme tous ses compagnons, et je ne sais ce qu'il devint ensuite. — o².

11. — Charles-Joseph BERNÈDE

Bernède appartenait à une famille originaire des environs d'Agen, dont une branche se fixa à Nantes, dans la première moitié du XVIII siècle, par le mariage de *Pierre-Charles Bernède*, négociant et armateur, avec Isabeau *Martholl de la Moussaye*. Ce *Pierre-Charles* était le frère de *Joseph* dont la ville de Bayonne a conservé le souvenir en donnant son nom à une de ses rues et à l'un de ses hôpitaux. La maison d'armement de *Charles Bernède* devint bientôt florissante, et lorsqu'il mourut de la fièvre jaune à la Guadeloupe où il possédait des plantations qu'il allait de temps en temps visiter, elle était une des principales de la place de Nantes.

Charles-Joseph Bernède, son fils, celui dont nous avons à nous occuper, naquit à Nantes en 1741. Il entra tout jeune dans la marine royale, et prit part, sous les ordres de Suffren, à diverses expéditions ; puis, à la mort de son père, il donna sa démission et vint se fixer à Nantes pour continuer les opérations commerciales de la maison. Il avait épousé à Port-au-Prince, pendant ses campagnes, Marie *Bouteau*, fille d'un capitaine de vaisseau, originaire du pays de Retz, que le marquis de Vaudreuil avait appelé au commandement de la rade de ce port. En 1788, il adhéra à la fête patriotique des trois ordres des citoyens de Nantes et souscrivit aux revendications de l'ordre du Tiers-État¹ ; mais ses convictions religieuses restèrent inébranlables et la constitution civile du

¹Mellinet : *Commune et milice*, V, 349, 351.

clergé trouva en lui un adversaire résolu. Quand les révolutionnaires eurent décidé en 1792 de pourchasser et d'incarcérer les prêtres réfractaires, il leur offrit asile et en déroba un grand nombre aux recherches des persécuteurs. « J'étais bien jeune, rapporte son fils Auguste, lorsqu'en 1800 je reçus un témoignage bien douloureux de la reconnaissance d'un prêtre vendéen non assermenté. La distribution des prix venait de finir au collège de Beaupréau où j'étais élève, lorsqu'on me fit appeler. Un prêtre alors s'approcha de moi et me demanda si j'étais le fils de M. Bernède, victime de la Révolution. Sur ma réponse affirmative — « Pauvre enfant, me dit-il en m'inondant de larmes, depuis que je vous ai couronné, je suis dans une anxiété bien cruelle. Je suis sans doute la cause innocente de la mort de votre père en 1793. J'étais fugitif, toutes les portes m'étaient fermées. Connaissant l'attachement de votre père à la royauté, je lui demandai un asile qu'il m'offrit généreusement à Nantes chez lui et il me ravit ainsi aux recherches des terroristes et à l'échafaud. J'appris plus tard qu'il avait été dénoncé, enlevé à sa famille et qu'il n'existait plus...' » *Joseph Bernède* fut en effet arrêté par un détachement de la compagnie Marat le 9 novembre 1793 dans la maison qu'il avait fait construire, rue Jean-Jacques Rousseau, et qui est encore possédée au numéro 15 par ses arrière-petits-enfants; il fut incarcéré à la prison des Saintes-Claires, comme suspect, dit le registre d'écrou, *d'incivisme et de royalisme*; mais on ne lui donna personnellement aucun motif de son arrestation. Quelques jours après, il faisait partie de la colonne expédiée sur Paris; il ne devait pas dépasser Angers où, accablé par les privations et les mauvais traitements, il tomba gravement malade. Transporté à l'hôpital Saint-Jean, il y mourut au commencement de mars 1794.

La famille *Bernède* conserve précieusement les lettres qu'il écrivit pendant ces trois mois à sa femme, restée seule

---

[1] *Revue de Bretagne et de Vendée*, 1882, I, 491.

à Nantes au milieu des débris de sa fortune avec un fils aîné qui était obligé d'aller veiller aux propriétés de famille à Noirmoutier et à la Plaine, et quatre enfants en bas âge. Elles m'ont été obligeamment communiquées; je les ai sous les yeux au nombre de vingt-huit, et rien n'est plus navrant que la répétition des mêmes tribulations et des mêmes plaintes. Il ne peut être question de les reproduire toutes ici, mais je crois devoir extraire les passages principaux de quelques-unes d'entre elles, en particulier des premières :

« *D'Angers, samedi, frimaire.* — Nous sommes arrivés hier au soir à Angers, et y séjournons par la fatigue que nous avons éprouvée en route; ma santé se soutient, je m'arme de courage. Je comptais beaucoup sur les soins de mes amis, pour me voir rendre à toi, tendre épouse. Le sort est contraire. C'est une fatalité que la prudence ne pouvait prévoir. Je n'ai rien à me reprocher : ainsi arme-toi de courage, conserve tes précieux jours pour nos enfants. Néanmoins, occupe-toi toujours de mon élargissement. Voilà quatre heureux qui s'en retournent à Nantes, savoir: *Geslin* père, *Dubern, Boncalet, Vallot* fils. J'en suis charmé vraiment pour eux. Ils te diront que je soutiens la fatigue. Je ne te dirai point où nous allons, je l'ignore. Cependant les apparences sont pour Paris. C'est un dur voyage que mes ennemis me font faire, si toutefois j'ai mérité d'en avoir.... Je suis dénué de tout, j'ai laissé à l'Eperonnière mes deux matelats, ma couverture, ma malle, etc., je me persuade que tu les auras réclamés. Bien des choses à l'ami Bouquet. Prends patience et crois-moi, à la vie, ton tendre époux : — *Bernède.* »

« *18 frimaire.* — Nous sommes encore à Angers et nous ignorons absolument ce que nous deviendrons... Plusieurs particuliers de Nantes se sont rendus ici tels que les citoyennes *Rousseau, Béconnais, Champagne* et plusieurs citoyens. Nous sommes privés de les voir et entretenir. Ce ne sont que des secours intermédiaires qu'on peut recevoir. Telle est notre situation. Peut-être sera-t-elle adoucie, nous en avons besoin. Le vieillard *Charette Boisfoucauld* est mort. Fais connaissance avec la citoyenne Thibaud : elle a de bons alentours pour connaître les motifs particuliers qui nous retiennent ici. Je désirerais bien connaître ceux qui me concernent. Le citoyen Bouquet, s'il est encore à Nantes, pourrait faire les démarches nécessaires pour parvenir à connaître ce qu'on m'impute. Vois nos amis, qu'ils tâchent de découvrir ce qui me regarde..... »

« *Angers, 19 frimaire.* — J'ay reçu, chère épouse, avec la plus vive satisfaction ta chère lettre du 13 courant. Je ne saurais t'exprimer la consolation qu'elle a apportée à mon sort ; tu me dis, chère amie, que tu soutiens notre séparation avec courage. Est-ce la vérité? Je cherche à le croire pour ma tranquillité. S'il en est autrement, je t'engage à te servir de toute ta raison, nous sommes l'un et l'autre à l'époque où il faut s'en servir, et à pratiquer ce que la morale nous a enseigné.

« Je connais, chère épouse, le prix de la santé ; quelle que soit ma situation, je la supporterai en homme et surtout en homme qui n'a rien à se reprocher. Je pardonne de grand cœur à ceux qui ont pu me calomnier.

« Par ma dernière lettre je t'ai marqué de m'écrire sous couvert du citoyen Maugars. Je t'ai fait part du désordre de ma toilette. Nous en sommes tous là. Il faut se faire à tout. J'ai des exemples sous les yeux bien propres à m'empêcher de trouver mon sort à plaindre ; il sera bien que tu pries le citoyen Maugars qu'en cas que j'aye besoin d'assignats, son père veuille bien sur mon reçu me compter une somme de quatre cents francs, car si décidément nous faisons le voyage de Paris j'en aurai besoin, le secours que tu m'as fait passer par Kirouard ne m'étant pas parvenu.

« Porte-toi bien, chère épouse, mets tout en pratique pour la conservation de ta santé ; d'elle dépend le sort de nos chers enfants et le mien. Dis bien des choses à nos amis et parents. Embrasse nos enfants, je me plais à croire qu'ils s'occupent de le satisfaire. Crois-moi à la vie ton tendre époux : — *Bernède*. »

« *25 frimaire*. — ... La lettre du citoyen Bouquet me donne de l'inquiétude en ce qu'on lui a fait connaître que *notre translation éloignée était heureuse*[1] ; nous ne ressentons encore aucun effet de ce bonheur prétendu. Qu'il voie donc à démesler l'énigme, et je le prie de me marquer et me motiver les dénonciations, afin que je puisse à l'avance mettre au jour les preuves du contraire. Je ne me serais jamais imaginé m'être attiré des ennemis qui eussent atteint (*sic*) à me priver de ma liberté. — Donne-moi, chère épouse, de tes nouvelles. Te savoir, ainsi que nos enfants, en bonne santé, est le seul charme que je puisse éprouver en ma situation présente que je cherche à adoucir avec mes compagnons d'infortune. Nous nous soulageons le plus que nous pouvons ; et c'est bien nécessaire, car plusieurs sont malades. La femme de *Rousseau* a obtenu pour son mari son transport à l'hôpital.... Le plus difficile ici est le blanchissage, par la rareté du savon, il faut nous contenter que notre linge soit lessivé et passé par l'eau. Je t'engage à faire économiser le savon : on en est prodigue chez toi. Comment t'es-tu tirée pour la provision de bois ? Cet article m'occupe, car la provision n'ayant pas été faite, je crains que vous en ayez manqué. — Tu me dis, chère épouse, que c'est un tourment pour toi que, comme nourrice, de ne pouvoir faire le voyage. Quand même tu serais libre, je te solliciterais à rester chez toi et avec nos enfants. Difficilement nous jouirions du plaisir de nous voir. Ainsi, chère épouse, il n'y faut point songer. Soigne ta santé : de la persévérance, et abandon à la Providence, et j'ose croire qu'enfin on rendra justice. Mes compagnons jugent de même : nous ne nous entretenons que du

---

[1] Ceci donnerait à entendre qu'ils avaient été d'abord destinés aux noyades.

charme que nous éprouverons les uns et les autres une fois rendus à la liberté.... »

« *Quartidy, frimaire, an 3.* — ... Je t'envoie avec la présente mon linge sale. Ma santé est assez bonne, ménage la tienne. Je désire que nos enfants te donnent de la satisfaction. Il sera bien de remercier le citoyen Gaultier : le mois courant et qui se termine ces jours-ci est le seul que je croie lui devoir. Il en sera de même des autres maîtres, à l'exception du maître de dessin, si toutefois tes enfants te promettent de s'y appliquer sérieusement. Tu m'enverras de gros chaussons pour mes sabots et des mouchoirs de poche[1]... »

« *Hôpital Saint-Jean, 6 nivôse.* — Voilà, chère épouse, très longtemps que je suis sans lettre de toi, ce qui redouble mes inquiétudes. En grâce, donne-moi signe de vie et de nos enfants. Tu peux me donner de tes nouvelles par la citoyenne *Malmusse*; son mari est comme moi à l'hôpital. Tu peux m'écrire sous le couvert de la citoyenne Supérieure de l'hôpital Saint-Jean. Nous restons *huit* infortunés à l'hôpital. Nos concitoyens devraient avoir la charité de nous réclamer et de nous rappeler en leur sein passer une convalescence dure... »

« *Angers, de l'hôpital Saint-Jean, ce 8 nivôse.* — Je ne cesse, chère épouse, de t'écrire. Quel est donc le motif que je ne reçois aucun signe de vie et de nos enfants? Serais-tu malade? Ce soupçon met le comble à mon infortune : mais ton fils aîné ou Charles peuvent écrire. En grâce un mot de toi.... Ma santé est chancelante; un fort rhume m'écrase; les bons soins pourront me rendre à la santé : c'est ce que j'espère. Le courage et l'espérance ne m'abandonnent point.

---

[1] Ailleurs, il réclame du linge, caleçon, culotte, un bon gilet... — Une autre fois : « Je te prie de te procurer une manne de charbon éteint de boulanger; nous avons fabriqué une petite cheminée et cela nous rendra service. Je te demande aussi un balais et une livre de chandelle... » Ils étaient privés de tout.

Qu'il en soit ainsi de toi : ménage les précieux jours pour nos chers enfants que tu embrasseras pour moi ; je les recommande tous à la divine Providence ; et toi, chère moitié, crois-moi jusqu'au dernier moment ton tendre époux. — Bernède. »

« *16 nivôse.* — J'ai eu hier, chère épouse, le plaisir d'embrasser notre fils aîné, conduit par notre ami Bouquet. Leur présence m'a fait la plus vive sensation. Il eût fallu mon élargissement qu'il faut attendre, chère amie, du temps. Ma santé est un peu plus valeureuse, j'espère tout du temps. En grâce ménage la tienne.... C'est le seul trésor qui nous reste, puisque notre faible aisance s'est évanouie. Tel est le sort des humains. Je m'en console ; si nous jouissons d'une prompte paix, mon reste de vie sera employé au travail et à inspirer ce sentiment à nos enfants.... »

« *22 nivôse.* — On doit connaître à Nantes le sort de nos amis qui sont à Paris. Nous avons su que beaucoup de leurs épouses se rendaient à Paris. Peut-être connaîtrons-nous ce qui sera décidé en leur faveur et que cela nous garantira de faire le voyage de Paris. . »

« *26 nivôse.* — .... J'ai reçu, chère épouse, la lettre du 21 courant et de *Charles* dont je ne suis pas satisfait par le défaut d'orthographe et peu d'attention : elle m'a néanmoins fait plaisir, mais il faut qu'il se familiarise à bien faire.... Rien de nouveau sur mon élargissement ; le temps s'écoule et ma crainte est que, quoique en convalescence, on ne nous pousse plus loin... Ma santé se fortifie ; mon rhume est bien diminué et ne me donne plus les mêmes inquiétudes pour ma poitrine. Sois tranquille sur mes besoins ; notre grande consommation est en thé, et il m'a fait du bien.... »

« *8 pluviôse.* — .... Je n'ignore pas ici les ravages que fait à Nantes l'épidémie qui est des plus dangereuses ; prends, tendre amie, les plus grandes précautions, pour en préserver nos enfants et domestiques. Prends conseil de ton chirurgien pour les préservatifs ; donne de l'air à ton appartement : que nos enfants sortent le moins possible, et que ma situation surtout ne te fasse commettre aucune imprudence. Abandonne, comme moi, tout aux soins de la Providence ; elle veille sur l'innocence..... La nourriture que nous recevons de la maison où nous sommes est très saine : il ne nous manque rien... Heureux d'avoir été transférés dans cet hospice, car le séjour que nous habitions avant est infecté de mauvais air au point qu'on en a fait sortir les prisonniers... »

« *10 pluviôse.* — ... Tu ne me donnes aucune nouvelle de nos compagnons de Paris ; eh bien ! je vais te communiquer ce que nous savons sur leur compte. On nous a assuré qu'ils étaient logés en un même faubourg avec la pleine liberté de voir leurs femmes, douce jouissance dont nous sommes privés, ne voyant aucun habitant d'Angers. A Nantes, tu ne vois donc personne ; car ces détails doivent être connus, et aussi si l'espérance prompte de leur retour en leur famille doit s'effectuer.... »

« *11 pluviôse.* — .... Il y a quelque temps que je disais qu'à son retour (de Noirmoutier) il serait à propos que le citoyen Bouquet présentât notre fils au représentant du peuple pour demander notre rappel à Nantes, mais toutefois avec notre liberté. A son retour, le citoyen Bouquet et toi verrez si ce moyen peut réussir ; mais si vous faites la pétition il faut demander pour les détenus à l'hôpital Saint-Jean ; nos compagnons à Paris jouissent de leur liberté, et nous, convalescents de maladies graves, sommes toujours détenus en une même chambre, sans pouvoir nous permettre d'en sortir ni communiquer avec nos connaissances..... Je n'ai plus de fièvre ; mon rhume est bien moindre ; je désire que le tien ne t'incommode plus.... »

« *15 pluviôse.* — Je t'ai écrit, chère épouse, diverses lettres où je te faisais part des moyens à employer pour mon rappel à Nantes ; .... aujourd'hui ces moyens à employer sont plus urgents, car tout nous annonce que décidément *l'on nous enterra à Paris* pour suivre le sort de nos compagnons. Nous n'ignorons pas que la plus grande partie sont très bien logés et voient leurs parents et amis. Nous savons aussi qu'un grand nombre d'entre eux sont morts de la fatigue des routes et misères qu'ils ont éprouvées, dont mes compagnons ici et moi avons pensé être victimes. S'il nous faut aller à Paris, une pénible route nous attend et en y arrivant où nous déposera-t-on ? Voilà notre sollicitude, jointe à la crainte de rechute de maladie que nous pourrons contracter au lieu du départ, jusqu'à ce que nous ayons obtenu le sort des autres. Ce n'est pas tout. Nos faibles facultés particulières ne nous permettent pas tous ces frais. C'est donc un parfait abandon à la Providence ; il faut s'y soumettre... »

« *22 pluviôse.* — Depuis ma lettre écrite, le citoyen *Malmusse* a reçu lettre de son épouse qui lui marque que le 19 courant elle a présenté requête au comité de surveillance pour la liberté de son mari, et la citoyenne *Lamé* a dû le faire aussi pour le sien. Il me reste à connaître si tu as suivi la même marche pour moi, et si enfin vous vous êtes concertées pour cela. La lettre est du 20. Je me plais à croire que tu me diras l'effet qu'aura produit la requête qui a dû être présentée par notre fils aîné au représentant du peuple... »

Toutes ces démarches furent inutiles : je rencontre encore un billet du 25 pluviôse qui ne nous apprend rien de particulier, puis deux notes non signées qui ne sont plus de la même écriture :

« *Du 10 ventôse, vendredy.* — Le citoyen *Bernède* est mieux : il donne beaucoup d'espoir : cela répand la joie dans la petite société. »

« *Sans date.* — Le citoyen *Bernède* est un peu mieux. Les emplâtres font très bien. S'il en réchappe il pourra dire revenir de loin ; il a été deux jours les dents serrées et comme à l'agonie ; on croyait à tout moment qu'il allait passer. »

Il n'en réchappa point et mourut d'une fluxion de poitrine, à l'hôpital Saint-Jean, dans les premiers jours de mars 1794.

Son fils *Auguste* dont il a été parlé plus haut, poète d'un certain talent et auteur d'un poème intitulé *Arendal ou les Bardes*, publié en 1810, devint procureur du roi à Redon en 1825 et donna sa démission en 1830. Il avait épousé Caroline *Corbun de Kerobert* et a laissé postérité à Redon où il est mort en 1881.

Son autre fils *Charles*, dont il a été question dans les lettres, fut magistrat comme *Auguste*, publia un volume sur les Postes en 1826, et une vie de l'abbé Gandon, avec deux cantiques en vers, en 1861[1]. Il laissa un fils appelé *Charles* comme lui, qui fut procureur impérial à Fougères en 1850, juge à Nantes, président de la Cour de Cayenne en 1871, et mourut en 1873 au moment de partir pour Pondichéry où il avait été nommé procureur général : et une fille, *Caroline*, mariée à Augustin *Pourreau*, dont Raymond *Pourreau*, le bibliophile breton qui a bien voulu nous communiquer les lettres de son aïeul.

Les deux autres fils de *Joseph Bernède, Jean-Baptiste* et *Henri*, furent aussi magistrats et moururent célibataires. – R'.

12. — René-Jean-Marie BICLET

Le nom de *Biclet* était assez répandu dans la région de la Basse-Loire à la fin du XVIIIe siècle ; il a été porté en particulier, outre la victime de Carrier, par un membre du directoire du district de Machecoul en 1791 (peut-être le frère du nôtre, car on l'appelait *Biclet jeune*), qui fut tué à Machecoul

---

[1] Voy. la *Bibliographie bretonne*

pendant l'insurrection de mars 1793, et par un médecin qui figurait en 1809 sur la liste des 550 plus forts contribuables de la Loire-Inférieure. *René-Jean-Marie* était avant la Révolution procureur militant devant le siège présidial de Nantes, et il ne craignit pas, au mois d'octobre 1790, d'offrir ses services aux prêtres orthodoxes pour notifier à l'administration du département l'adresse qu'ils voulaient déposer contre la Constitution civile du clergé. Cette adresse fit un tapage considérable, et le journal de la *Correspondance de Nantes*, accusa *Biclet* d'avoir supris la bonne foi de l'huissier Monnier pour la notification. Il dut se disculper de cette accusation en publiant un mémoire adressé aux administrateurs du département, mais cela avait suffi pour le classer comme suspect, et il subit en 1793 le même sort que le député aux États Généraux Pellerin qui s'était fait l'avocat des prêtres insermentés et des religieuses des Couëts. Il acheva le voyage de Paris, mais mourut de ses fatigues à la prison de la Conciergerie, le 22 janvier 1791, avant la comparution devant le Tribunal. — R*.

13. — Florentin BILLARD

Né à Saint-Denis d'Amboise en 1753, *Billard* était marchand de drap à Nantes en 1789 et jura l'union du Tiers-État le 28 juin. L'acte d'accusation lui impute formellement de s'être montré, de concert avec Poton, Sottin et Béreuger, chaud partisan du fédéralisme et d'avoir calomnié les journées révolutionnaires du 31 mai et jours suivants ; puis Chaux lui reprocha d'avoir eu des éloges affectés pour la bravoure prétendue des Lyonnais et s'être opposé à ce qu'il fit partie d'une députation à la Convention parce que lui, Chaux, était maratiste. Je ne sais ce qu'il devint après l'acquittement. — o³.

14. — Philippe DE BIRÉ

La famille *de Biré* était fort ancienne dans le comté nantais, mais elle n'avait ajouté la particule *de* à son nom que depuis peu de temps, au moment de la Révolution, bien qu'elle eût été déclarée noble d'extraction par arrêt du 16 mars 1671 en conséquence des privilèges de l'échevinage de Nantes, puis maintenue à l'Intendance en 1701, et enfin, sur de nouveaux titres recouvrés, déclarée noble d'*ancienne extraction* par arrêt du Parlement de Bretagne en date du 9 août 1748. Elle porte pour armes : « *D'azur à la branche de grenadier d'or en fasce, fruitée de 3 grenades de même, ouvertes, grainetées, et couronnées de gueules.* » Le plus célèbre de ses membres avait été *Pierre Biré de la Doucinière*, né à Nantes vers 1563, avocat du roi au Présidial, et auteur d'un livre fort curieux appelé *Épisémasie*, très recherché par les bibliophiles[1]. — Né en 1728, *Philippe de Biré* épousa, le 21 août 1770, aux Sables-d'Olonne, Marie-Renée de Vaugiraud du Rornay, et vivait assez retiré dans sa propriété de la Mévellière, dans la commune de Bouaye, près Nantes. Il n'émigra point, mais son fils aîné, *Philippe-Marie-Joseph*, né à Nantes le 23 juin 1771, était allé en 1791 s'engager dans l'armée des Princes. C'en fut assez pour que le père devînt suspect et incarcéré. Après l'acquittement par le tribunal révolutionnaire de Paris, *Philippe de Biré* revint à Nantes et mourut subitement sur les marches de la cathédrale le 22 mars 1806. Son fils fit partie de l'expédition de Quiberon en 1795 et put retourner en Angleterre après le désastre. Rentré en France en 1799, il épousa à Paris, le 31 juillet 1800, Sainte-Augustine de Rorthays, dont descend mon excellent ami *Georges de Biré*, le vice-président des Régates internationales de l'Ouest, qui a bien voulu me communiquer les dates qui précèdent. — R².

[1] Voy. la *Bio-Bliographie bretonne*, au tome III.

* N... BLANCHARD

Nom erroné de certaines listes pour DE SAINT-BLANCARD (Voyez ci-dessous).

15. — JACQUES BODIN DES PLANTES

Issu d'une ancienne famille nantaise dont on rencontre deux notaires royaux, greffiers de l'hôtel de ville de Nantes de 1582 à 1650, *Jacques Bodin* naquit à Machecoul en 1718 et était fils de *Joachim Bodin des Plantes*, médecin, qui fut échevin de Nantes en 1769 et sous-maire en 1770. Médecin lui-même, il avait été reçu docteur à Montpellier en 1769 et devint échevin, puis sous-maire de Nantes en 1788. Délégué à Rennes le 4 octobre de cette année, pour complimenter le Parlement lors de sa rentrée solennelle, il harangua la Cour, puis signa les revendications du Tiers-État ; mais, accusé d'avoir témoigné le désir d'être anobli, il fut chansonné en janvier 1789. Il y avait, du reste, d'autres motifs à son impopularité. La rigueur du froid de l'hiver amena la famine : le peuple avait forcé les boulangers à diminuer le prix du pain, et la situation de la mairie était difficile. *Bodin des Plantes* assembla le conseil et exposa les effets du tumulte populaire qui « avait forcé contre toute raison ». Deux commissaires furent nommés pour chercher les moyens de sortir de ces embarras encore aggravés par le manque de bois de chauffage ; mais le malheureux sous-maire devint le but sur lequel se dirigèrent toutes les récriminations et on le chansonna sur tous les tons[1]. Il disparut de la scène politique pendant les premières années de la Révolution, mais il ne cachait pas ses sentiments réactionnaires, et ses anciennes velléités d'anoblissement n'ayant pas été oubliées,

---

[1] Mellinet, *Commune et milice*, VI, 30.

il fut inscrit sur la liste des suspects en 1793. On a vu dans les interrogatoires qu'on l'accusait de ne jamais paraître aux assemblées de section et de fréquenter journellement les aristocrates. Il se défendit en disant que les soins de sa nombreuse clientèle médicale, la plupart du temps gratuite, lui avaient rendu impossible l'assiduité aux sections, et qu'il avait dû, comme médecin, soigner les ennemis de la Révolution aussi bien que les autres. Acquitté par le tribunal révolutionnaire avec ses compagnons, il revint à Nantes en l'an IV, devint conseiller municipal en 1803 et en 1805 et figurait en 1809 sur la liste des cinq cent cinquante plus forts contribuables du département de la Loire-Inférieure. Je ne sais au juste quand il est mort. Ses deux fils *Jacques* et *Thomas* furent reçus en même temps docteurs en médecine à Montpellier, le 30 juillet 1806, avec une thèse unique écrite en collaboration[1]. Un fils de ce *Jacques II, Jacques-Marie Bedin des Plantes*, journaliste pendant cinquante ans et collaborateur de feuilles royalistes, telles que l'*Étoile*, l'*Hermine*, l'*Espérance du Peuple* et le *Morbihannais*, est mort à Nantes le 20 juin 1887, ne laissant qu'une fille, M**e** la baronne d'*Abnour*. — R[o].

16. — BONVALET

Tout ce que j'ai pu récolter de renseignements sur cet obscur suspect de la Terreur nantaise, c'est qu'il était marchand de vins en gros, et qu'il fut élargi à Angers le 11 décembre 1793, avec quatre autres de ses compagnons, comme nous l'apprend une lettre précédemment citée de Dernède. Pour quel motif avait-il été arrêté ? Je ne le sais ; mais je remarquerai que Carrier, interpellé par le tribunal pour dire quel avait été le motif de l'élargissement des cinq privilégiés, répondit qu'il les avait reconnus pour bons patriotes. Ce n'était là qu'une excuse quelconque, et la plupart des réponses de

---

[1] Voir la *Bio-Bibliographie bretonne*.

Carrier furent manifestement mensongères. D'autres prétendirent qu'ils n'avaient été délivrés qu'à prix d'argent. Je resterais donc dans le doute sur les opinions de Bonvalet si je ne le rencontrais pas parmi les notables de la municipalité nommés par le représentant Ruelle en janvier 1795, à l'époque de la réaction thermidorienne. Ceci le classe formellement parmi les républicains. — G¹.

17. — BORGNIER OU BORGNIET

Encore un suspect fort obscur. Il était régisseur des droits sur la marque d'or et les cuirs. Au départ de Nantes, il réclama, dit la *Relation Villenave*, contre son envoi à Paris, protestant qu'il n'était point inscrit sur la liste, mais bien un nommé *Borgnis* auquel on le substituait. Ses protestations ne furent point écoutées, il fit le voyage complet et mourut à Paris dans la maison Belhomme, épuisé par les fatigues et les mauvais traitements, le 18 janvier 1794. Villenave ajoute que sa femme, qui l'avait suivi, et qui s'était logée, rue de Temple, à l'hôtel de l'Europe, se tua, de désespoir, en se jetant par la fenêtre. Les détails que donne Villenave à son sujet, tandis qu'il parle à peine de quelques autres, me fait penser que *Borgniet* était de ses amis, et je le classe au G¹.

18. — René-Alexandre BOUROTTE

Celui-ci n'était pas Breton. Né à Poitiers le 23 janvier 1755, il avait été religieux minime à Nantes, et déclara en janvier 1791 qu'il désirait continuer la vie commune du cloître tout en préférant la vie privée. Ayant prêté le serment constitutionnel, il fut élu curé de Mauves le 15 mai 1791 et refusa cette cure, mais accepta en 1792 celle de Basse-

Goulaine, où aucune autorité ne voulut consentir à l'ins taller et d'où il dut fuir pour se réfugier à Nantes au moment des insurrections de mars 1793. Mais il semble que son adhésion au schisme ne fut pas de longue durée, car en l'an IV il était inscrit sur les listes des prêtres sujets à la déportation. Ce qu'il y a de sûr, c'est qu'ayant refusé vers le mois d'août 1793 de déposer ses lettres de prêtrise, comme avaient fait Minée, Binot et d'autres, il s'attira la haine des maratistes et fut accusé d'avoir persécuté les patriotes, méprisé le culte de la Raison, et d'autres « *délits fanatiques* ». Compris dans les suspects, il fit le voyage complet jusqu'à Paris, et revint à Nantes après l'acquittement. En frimaire an III, se trouvant dans le dénûment le plus complet, il adressait une demande de secours au département; et en brumaire an IV, il figurait sur la liste des prêtres qu'on devait déporter ou reclure[1]. Je ne sais ce qu'il devint ensuite. — R[2].

19. — François BRIAND DU MARAIS

Le nom de *Briand* est très répandu dans la région de la Basse-Loire. Des *Briand de la Hélardière* en Donges avaient comparu aux montres de l'évêché de Nantes au XV° siècle et l'on trouvait encore à Donges des *Briand du Coudray* en 1698. Un *Briand du Bois-Nozay* était membre de la confrairie Saint-Nicolas de Guérande en 1510. Des *Briand de la Noë* firent enregistrer leurs armoiries en 1698. Un *Briand du Gazil* fut auditeur à la Chambre des Comptes en 1724[?]. Les *Briand du Marais* qui habitaient Rezé, sur la rive gauche de la Loire, portaient pour armes, ainsi que les *Briand du Gazil* : « Mi-parti d'argent et de gueules à 6 cannettes de l'un en l'autre posées en pal et affrontées ». (Ordonnance du 9 juillet 1700). Armo-

[1] M. Lallié lui a consacré une notice dans le *Diocèse de Nantes pendant la Révolution*, II, 51, 52.
[2] Voy. la *Bio-Bibliographie bretonne*, II, 310, etc.

rial dit de 1693, reg. III, n° 1836. *François* naquit à Rezé en 1757 et était notaire à Nantes au moment de la Révolution ; il fut du nombre, dit l'acte d'accusation, de ces dangereux citoyens qui manifestèrent leur haine contre la liberté par leur inertie criminelle devant la Révolution et par leurs liaisons intimes avec les aristocrates. Il conserva cette attitude après son acquittement. Nous n'avons pu savoir la date de sa mort, mais il eut comme enfants : 1° M. Briand du Marais, auquel on doit le bel hôtel Hersart, sis rue Saint-Clément, à Nantes, près la Visitation ; — 2° M¹¹ᵉ N. Briand du Marais, mariée en premières noces à M. Richard, oncle du cardinal archevêque de Paris, et en deuxièmes noces à M. Pellerin de la Verene ; — 3° M¹¹ᵉ N. Briand du Marais, née en novembre 1816, morte le 31 janvier 1894 à l'âge de 78 ans, et mariée le 21 novembre 1837 à feu M. Auguste Bacqua, né en 1802, mort le 29 janvier 1883 dont postérité. — 8°.

30. — Joseph BRIÈRE

Né à Versailles en 1755, *Brière* était commis chez un négociant de Nantes au début de la Révolution. Il se lança avec ardeur dans le mouvement réformiste. Délégué de la Garde nationale à Tours, puis à la grande fédération de Paris le 14 juillet 1790, il fut élu officier municipal en décembre 1792. — C'est en cette qualité qu'il prit part en juin 1793 à l'adhésion aux arrêtés des corps constitués de Quimper en faveur de la Gironde, qu'il désavoua « par les notes dégoûtantes » dont il est question au procès les journées du 31 mai et jours suivants, et qu'il signa l'arrêté du 5 juillet par lequel on déclarait que Nantes ne recevrait pas les commissaires de la Convention. Aussi est-il un des signataires des *Observations* sur le prétendu fédéralisme de la Loire-Inférieure, que nous avons citées en tête de ces notices. On y fait remarquer que l'arrêté du 5 fut rapporté le 6, et qu'on n'envoya aucun contingent à l'armée de Caen, et l'on y vilipende « le traître Barbaroux et autres crapauds infects sortis de la boue du marais... »; on invoque l'égarement invincible où l'on s'était trouvé ; on observe que dans aucun département on n'avait pris de mesures plus sévères contre les émigrés et contre les prêtres ; mais il n'en résultait pas moins que l'arrêté du 3 avait été signé et adressé à la Convention. Or la Montagne ne pardonnait pas, même l'erreur, à ce sujet, et *Brière* devint d'autant plus suspect qu'on l'accusait encore d'un délit particulier qui passait pour non moins contre-révolutionnaire. Il était prévenu d'avoir proposé au Conseil de la commune de tripler le prix des denrées, sous le perfide prétexte d'empêcher l'exportation des savons et autres objets de première nécessité. Je ne sais ce qu'il devint après l'acquittement. — R".

21. — Joseph BRUNEAU DE LA SOUCHAIS

Le nom de *Bruneau* était très répandu dans la région de la Basse-Loire avant la Révolution. Je rencontre des *Bruneau de la Moinie, du Patis* et *du Fretay*, députés d'Ancenis aux États de 1611, 1618 et 1677 ; un *Bruneau de la Ville au Blanc*, échevin de Nantes en 1657 ; un *Bruneau de la Salle*, procureur au présidial de Nantes, échevin vers 1662, père de J. *Bruneau des Genestières*, avocat à la cour, se mariant à Couëron en 1715; *Claude Bruneau du Fretay*, greffier en chef de la Chambre des Comptes en 1730 ; un *Bruneau de la Haugardière*, échevin de Nantes en 1757, etc'. — *Jean Bruneau de la Souchais*, né en 1749, était procureur au présidial de Nantes en 1788, lorsqu'il, signa au mois de novembre, la requête du Tiers-État et donna des boucles d'argent comme contribution patriotique, puis il fut député à la

¹ Voy. la *Bio-Bibliographie bretonne*, VII, p. 53.

tête de la Fédération de juillet 1790 à Paris, élu membre du Directoire de district en décembre 1792 et du tribunal extraordinaire destiné à juger les rebelles en mars 1793, ce qui prouve qu'il s'était lancé vigoureusement dans le mouvement révolutionnaire. Il ? it cependant arrêté en octobre 1793 sous la prévention d'avoir entretenu des intelligences avec les émigrés et d'avoir été leur agent. Il faut ajouter que l'émigré dont il était question était le fameux Coustard de Massy, un des plus farouches révolutionnaires de Nantes en 1792, élu député de la Loire-Inférieure à la Convention, proscrit avec les Girondins et guillotiné avec eux. Après l'acquittement, *Bruneau de la Souchais* revint à Nantes. Il y était avoué en 1800 et figure en 1809 sur la liste des cinq cent cinquante plus forts contribuables du département, mais je ne sais pas quand il est mort. — o*.

22. — Guillaume CASSART

Né à Nantes en 1735, *Cassart* qui ne me paraît pas appartenir à la famille du célèbre marin de ce nom était un sellier qui manifestait peu d'enthousiasme pour la besogne révolutionnaire. Les persécutions furieuses dirigées en 1792 contre le clergé resté fidèle à l'orthodoxie lui avaient paru contradictoires avec les déclarations constitutionnelles sur la liberté de conscience, et il fut accusé d'avoir « poussé le fanatisme jusqu'à colporter une pétition sacerdotale qui faillit allumer la guerre civile ». Après l'acquittement, il revint à ses cuirs, mais je ne sais quand il est mort. — R¹¹.

23 et 24. — CASTELAN père et fils.

Né en Lombardie en 1637, Castelan père était bijoutier à Nantes et fut classé parmi les négociants dont les maratistes convoitaient les richesses : « Indignes égoïstes, dit l'acte d'accusation, ennemis d'autant plus dangereux de la Révolution, qu'en servant leur intérêt particulier, ils servaient en même temps les projets liberticides des tyrans, et qu'ils paraissaient avoir fait tous leurs efforts pour occasionner la disette et exciter des divisions intestines en accaparant des marchandises de première nécessité... » Arrêté avec son fils, quoique celui-ci fût malade et à peine âgé de vingt ans, il eut la douleur de voir ce fils expirer sous ses yeux, le 17 décembre, pendant l'arrêt de la colonne à Angers. La *Relation* de Villenave fait un tableau navrant de ce triste épisode. L'agonie du malheureux jeune homme dura près de quinze jours, sans qu'on lui portât de secours d'aucune espèce. « Il couchait sur l'autel de la chapelle, à côté de son père, et tomba dans les dernières convulsions de l'agonie, sur le pain de ses voisins qui dînaient en ce moment, et mourut sous leurs yeux l'instant d'après[1]. » Le père revint sans doute à Nantes après l'acquittement, mais je n'ai pas d'indices pour savoir quelles étaient ses opinions politiques. — D' « .

25. — Toussaint de CHARBONNEAU

La famille *Charbonneau* est originaire du Poitou et porte : *d'azur à 3 écussons d'argent accompagnés de 10 fleurs de lis d'or*, avec la devise : *Pro fide scuta, a rege lilia*. Une de ses branches vint s'établir dans l'évêché de Nantes au XVIe siècle et fut maintenu de noblesse *d'ancienne extraction* par les commissaires de la réformation de 1668. On compte dans cette famille quatre chevaliers de Malte de 1627 à 1657, un page du roi en 1710 et un conseiller au parlement de Bretagne en 1750. Né à Nantes en 1724, et fils de messire *Jean-Pierre Charbonneau*, chevalier, sgr de la Morlcière et de l'Étang en Mouzeil, et de demoiselle Jeanne de Cornulier, fille de Claude, sgr du Boismaqueau et d'Anne-Marie Douard[2], *Toussaint*

[1] *Relation* de Villenave, p. 14.
[2] Sur la *Généalogie* de Cornulier, dernière édition (1859), p. 123.

avait pris part en 1788 à la fête patriotique des trois ordres de la ville de Nantes, mais il fut accusé en 1793 d'avoir « manifesté son attachement à la tyrannie au point de se vanter d'être parent de Capet », ce qui semble assez justifié par les armoiries que nous venons de décrire. Un de ses frères, *Charles*, chanoine de Nantes en 1773, insermenté en 1791, avait été déporté en Espagne en 1792. Tout cela sentait le suspect. Je ne sais ce qu'il devint après l'acquittement. Le dernier de sa famille a bâti le bel hôtel du Sport à Nantes. — R ¹⁵.

26. — Pierre-Dominique CHARDOT

Celui-ci non plus n'était pas Girondin. Né à Nantes en 1745, avocat au Parlement, sénéchal des Régaires, il avait été nommé échevin en 1788 et délégué à la session des États de Bretagne ; puis il avait pris part aux manifestations du Tiers-État et avait conclu en décembre, pour le procureur-syndic absent, à livrer les clefs de l'hôtel de ville à la nouvelle commune. Mais les excès de la Révolution avaient calmé son enthousiasme, et parent de l'ex-curé de Saint-Géréon, déporté en Espagne pour refus de serment, il était accusé en 1793 « d'avoir, sans cesse et hautement, injurié les membres des autorités constituées, blâmé successivement tous les actes et arrêtés des diverses assemblées nationales ; d'avoir osé dire que les défenseurs du peuple, que le parti de la Montagne était un vil ramas de scélérats et de fous ; d'avoir poussé l'aristocratie jusqu'à se refuser constamment au service de la garde nationale ; de s'être toujours refusé, quoique riche et célibataire, à toute collecte patriotique ; de s'être même laissé contraindre pour porter l'habit national et la cocarde tricolore. » Son arrestation ne laisse donc aucune incertitude sur ses sentiments ; mais il ne fut pas tout d'abord désigné pour faire partie des cent trente-deux. Il ne rejoignit la colonne qu'à Angers avec le convoi supplémentaire destiné à remplacer les cinq prévenus qu'on avait libérés en route. Je ne retrouve pas sa trace après l'acquittement. — R. **.

27. — Gabriel-Louis CHARETTE DE BOISFOUCAUD

Nous n'avons pas à insister ici sur les origines de la famille *Charette* qui fut déclarée noble *d'ancienne extraction* par arrêt des commissaires de la réformation du 7 décembre 1668, et nous renvoyons sur ce point à la généalogie de la *maison de Charette* publiée par M. le comte de Monti, en 1891. *Gabriel-Louis* descendait d'un autre *Gabriel-Louis* qui avait pris le titre *de la Verrière* et qui était l'un des fils de Louis *Charette de la Gascherie*, marié en 1681 à sa cousine Magdeleine *Charette de Montbert*. Né en 1721, il fut d'abord lieutenant au régiment du Roi-Infanterie, et il épousa le 28 mai 1743, à Nantes, R née-Charlotte *de Rhuys*, dame de *Boisfoucaud et du Moulin-Henriet*, née à Saint-Mesmo aussi en 1721. Il prit alors le nom de *Charette du Boisfoucaud*, et, ayant abandonné la profession des armes, il s'occupa de ses terres en Sainte-Pazanne, et était qualifié d'agriculteur en 1792 sur les listes électorales. Son fils aîné *Louis-Joseph*, né en 1746, était mort en 1780, ne laissant qu'une fille qui épousa plus tard le général vendéen de Sapinaud le cadet. *Charlemagne-Gabriel*, né en 1750, était en 1760 écuyer cavalcadour du roi quand il épousa à Nantes Renée *de Becdelièvre*. De ses quatre filles, l'une était en 1790 religieuse calvairienne à Loudun, et les trois autres avaient épousé le capitaine de vaisseau *de Tréveneuc*, Louis-Jacques *de la Valette*, et le médecin Julien *Lefebvre de la Chaucière* qui fut député de la Loire-Inférieure à la Convention. *Gabriel-Louis* n'émigra pas : il continua de résider jusque vers la fin de 1792 à son château du Moulin-Henriet en Sainte-Pazanne, et vint alors habiter Nantes, où un certificat de résidence en date du 11 février 1793 atteste sa présence depuis le 20 novembre précédent. Mais, pendant l'insurrection vendéenne, il fut soupçonné d'entretenir une correspondance « avec son neveu le brigand *Charette* », et malgré le civisme de son gendre il fut mis en arrestation, le 25 vendémiaire, sous la garde de deux gendarmes, puis incarcéré le 28 aux Saintes-Claires. Peu après on le désignait pour le voyage de Paris et on affecta de mettre son nom en tête de la liste des prévenus remise au commandant du détachement, pour que la colonne, qui paraîtrait ainsi provenir des brigands de la Vendée, fût plus insultée et maltraitée pendant la route ; mais il avait 72 ans et ne put accomplir le voyage en entier, il mourut d'une attaque de goutte à Angers le 4 décembre 1793. Sa dernière descendante du nom est aujourd'hui M⁰⁰ *Cécile de Charette Boisfoucaud*, veuve du comte de *Montesquiou-Fezensac*. — R".

• Pierre CHARLEMONT

Lisez : Pierre-Charles HAMON DE LA THÉBAUDIÈRE

et voyez ci-dessous HAMON

28. — Louis CHAURAND DU CHAFFAUD

Honoré Chaurand du Chaffaud fut nommé secrétaire du roi près la chancellerie du parlement de Bretagne en 1751 et reçut des lettres d'honneur en 1771. Cette charge conférait la noblesse. Notre négociant nantais *Louis Chaurand*, né en 1749, était donc bien apparenté et sa famille portait pour armes : *D'azur au lion d'or posé sur une terrasse de sinople, accompagné à dextre d'un chat d'or.* Il souscrivit en 1788 à la

* (Nom estropié de certaines listes).

fête patriotique des trois ordres de la ville de Nantes. L'acte d'accusation ne relève pas contre lui de délit personnel, mais il le classe parmi les gens « dont la haine s'est manifestée contre la liberté par l'*inertie* criminelle dans laquelle ils paraissent être restés pendant la Révolution, et par leurs liaisons intimes et leurs fréquentes relations avec les aristocrates reconnus de la commune de Nantes. » Je ne sais ce qu'il devint après l'acquittement. — R'.

29. — Joseph-Marie-Hyacinthe CHAUVET

Né à Chambéry en 1758, *Chauvet* était venu s'établir à Nantes comme négociant et fut élu capitaine d'un bataillon de la garde nationale en 1792. Il est cependant classé par l'acte d'accusation, en compagnie de *Chaurand* qui précède parmi ceux dont « la haine s'est manifestée contre la liberté par leur inertie criminelle et par leurs liaisons intimes avec les aristocrates ». Il n'avait donc aucun rapport avec celui de ses homonymes, marchands de vins à Nantes, qualifié *Chauvet* fils, par le *Livre Doré*, qui fit partie, à la même époque, des notables de la municipalité Renard instituée d'office en octobre 1793 par les représentants de la Montagne en mission à Nantes. Un autre *Chauvet* dont le prénom était *Jean-Baptiste* fut adjoint au maire de Nantes en 1800. Notre négociant put accomplir le voyage de Paris tout entier ; mais je ne le retrouve plus après l'acquittement. — R¹².

30. — François CHÈRE

Né à Nantes en 1720 et ordonné prêtre vers 1751, *François Chère* ne paraît pas avoir exercé le ministère en dehors de la ville de Nantes. Il était en 1789 sacriste (et non secrétaire, comme écrivent certaines listes) de l'église cathédrale. Ayant refusé de prêter le serment à la constitution civile du clergé en 1791, il fut incarcéré au Château et aux Carmélites, et ne dut qu'à son âge et à ses infirmités de ne pas être déporté en Espagne comme les plus jeunes. Élargi au mois d'août 1793, il fut presque aussitôt arrêté de nouveau, car les maratistes ne pouvaient supporter la présence d'un prêtre orthodoxe sur le sol de la cité nantaise. Accusé d'avoir cherché à « égarer le peuple par le prestige de la superstition, et à le porter par cette manœuvre perfide à des mouvements contre-révolutionnaires », il put effectuer le voyage complet jusqu'à Paris, et y attendre le jugement, mais je ne sais ce qu'il devint après l'acquittement[1]. — R[34].

31. — Philippe CHERRIÈRE

Né en 1723 à Saint-Mars-la-Brière, dans le Maine, et religieux minime au couvent de Nantes en 1740, Cherrière eut à peu près le sort de son confrère Bourotte, précédemment cité. Comme lui il déclara, en 1791, qu'il désirait conserver la vie commune dans son couvent, et comme lui il prêta le serment à la Constitution civile du clergé, mais il ne paraît pas qu'il ait accepté de cure constitutionnelle, et ses sentiments au sujet du schisme étaient assez peu accentués, car il est porté comme insermenté sur les notes manuscrites de la liste de Pichelin. Arrêté avec son confrère, il put effectuer le voyage jusqu'à Paris, mais à peine arrivé, il y mourut d'épuisement, à la prison de la Force, le 11 janvier 1794. — R[2].

32. — N. CHEVALIER

Tout ce que je rencontre de renseignements sur cet obscur martyr, qu'il faut peut-être identifier avec l'enseigne du 3e bataillon de la garde nationale de Nantes, député à Angers en 1790 pour offrir aux Angevins les secours de Nantes

---

[1] M. Lallié qui lui a consacré une notice dans Le diocèse de Nantes pendant la Révolution, II, p. 77, n'a pas retrouvé la date de sa mort.

à l'occasion de leurs émeutes de septembre, c'est qu'il était l'homme d'affaires de la citoyenne Grout, et qu'ayant effectué le voyage de Paris tout entier, il mourut de ses fatigues dans la maison Belhomme le 8 février 1794. Le nom de *Chevalier* était alors assez répandu dans le département et porté en particulier par deux prêtres insermentés déportés en Espagne, sans compter le célèbre abbé *Chevallier* (avec deux l), recteur de Saint-Étienne de Montluc, qui avait été député du clergé aux États-Généraux et avait rédigé l'adresse de protestation contre la constitution civile. Mais cela ne me suffit pas pour savoir quelles étaient les opinions exactes de notre Nantais et je le classe parmi les douteux. La relation du comte de la Guère nous apprend que, resté malade à Angers, il rejoignit la colonne à Saumur, le 23 décembre, avec quatre de ses compagnons d'infortune, et qu'un mois après son arrivée à Paris, il mourut de ses fatigues dans la maison Belhomme le 8 février 1794. — D[r].

33. — Jean CLANCHY (alias PLANCHY)

Pour celui-ci, jeune négociant, né en 1763, et fils d'autre *Jean* qui avait été juge consulaire à Nantes en 1768, pas de doute possible ; il avait bien signé en 1788 la grande requête qui formulait les revendications du Tiers-État et il avait été l'un des commissaires des volontaires pour la fête de la fédération en juillet 1790 ; mais son zèle réformiste s'était arrêté, et les excès de la Révolution l'avaient bientôt calmé. L'accusation lui impute formellement de s'être « constamment montré le partisan des royalistes et aristocrates de la commune, en s'appitoyant sur le sort de ces derniers et des émigrés ; en protestant contre le décret du 15 mai en faveur des Noirs ; en rédigeant et signant toutes les pétitions liberticides au tyran ; en acceptant une mission près de lui pour implorer servilement des grâces et pour se porter à des démarches liberticides ». Enfin il est aussi prévenu « d'avoir terminé sa carrière politique en cabalant dans les assemblées sectionnaires, lors du fédéralisme, en faveur de la réunion des suppléants à Bourges, de la force départementale contre Paris ». Il ne fut pourtant pas désigné pour faire partie du convoi des cent trente-deux et ne rejoignit la colonne qu'à Angers, comme Chardot, avec le convoi supplémentaire envoyé pour combler le vide des cinq prisonniers élargis. Je ne le retrouve plus après l'acquittement. — R**.

34. — COCAUD DE LA VILLEAUDUC

Issu d'une famille de la haute bourgeoisie de Blain, *Cocaud* était avocat à Nantes au moment de la Révolution. Il souscrivit en 1788 à la fête patriotique des trois ordres nantais, puis je le perds de vue et ne le retrouve que dans les rangs de notre infortunée cohorte. Pour quel motif? Je l'ignore. On sait seulement qu'il fit le voyage entier de Paris, où il mourut, à peine arrivé, dans la maison de santé Mahay, rue du Chemin-Vert, au faubourg Saint-Antoine, le 0 janvier 1774. — D*.

*. CLERC MABILLE
Voyez MABILLE (Clair est un prénom).

35. — Pierre COLAS DE MALMUSSE

La famille *Colas des Francs de Brouville, de Malmusse et de la Noue*, est originaire de l'Orléanais et porte : « *D'or au chêne de sinople terrassé de même, au sanglier passant de sable* », avec la devise : *Ulterius ardet*. Issu de la branche des *Colas de Brouville*, et né à Orléans en 1752, *Pierre-Colas de Brouville, sieur de Malmusse et des Hautschamps*, avait épousé M¹˟ Chancerel d'Anlaine et vint s'établir à Nantes, où il prit une part dans une maison d'armement. Il souscrivit à la fête patriotique des trois ordres de Nantes en 1788 mais il ne voulut pas accepter toutes les conséquences de la Révolution. Accusé d'avoir fait passer des fonds dans la Vendée pour favoriser le mouvement de révolte, il fut arrêté à Nantes en novembre 1793 et joint à la colonne des Nantais. N'ayant pu supporter les fatigues de la route à pied, il tomba malade à Angers, où il fallut le laisser avec seize autres de ses compagnons. Son frère *Étienne Colas de Brouville, sieur de la Noue*, bisaïeul de M. *de la Noue-Billault*, vice-président actuel du conseil général de la Loire-Inférieure, était à la même époque traqué à Orléans comme suspect, mais il échappa à trois hommes armés, terrassa un boucher, et se sauva Angers où il put pénétrer dans la prison où était enfermé *Pierre* et lui procurer quelques adoucissements. Après le siège infructueux d'Angers par les Vendéens, les 3 et 4 décembre, les Nantais valides partirent, le 19, au nombre de cent onze, et Malmusse atteint d'une sérieuse affection de poitrine dut être bientôt transféré à l'hôpital Saint-Jean, avec Bernède et douze autres détenus[1]. Les lettres de Bernède nous

---

[1] Il ne sera pas sans intérêt de reproduire ici quelques extraits des registres des délibérations du Conseil général de la commune d'Angers concernant les malades.

A. — *30 frimaire an II Tome IV, fol. 116*.

Le Conseil général chargé par les représentants du peuple de la translation à l'hôtel-Dieu de cette ville de quatorze prisonniers nantais qui sont dangereusement malades à la maison de justice ; au moyen de ce que sa responsabilité est compromise, et à fin de pourvoir de toutes ses facultés à la sûreté de ces individus, a délibéré qu'ils seront déposés dans la chambre des commères et trépassés de ladite maison ; que le commandant de la place sera tenu de fournir, pour la garde de cette chambre, dix hommes et un caporal, et qu'il y sera établi deux sentinelles, l'une à la porte de la chambre et l'autre sous la croisée ; chargé les citoyens Girard et Mallin, notables, d'opérer et surveiller cette translation, et le citoyen maire de faire poser par un serrurier, et toutes affaires cessantes, aux frais des détenus, des grilles de fer à chacune des croisées de ladite chambre, à dix pouces de distance l'une de l'autre, y compris le barreau.

B. — *Du 28 pluviose an II (Tome V, fol. 7)*.

Vu la pétition du citoyen Huard, directeur des Messageries tendant à obte-

apprennent qu'il put y recevoir plusieurs fois des visites de sa femme. Vers le milieu de ventôse, c'est-à-dire au commencement de février 1794, il se trouva en état de repartir, et le 18 il fut expédié en voiture à Paris, avec quatre autres détenus, Crespin, Durocher, Lamé-Fleury et Marie, sous la garde du capitaine de gendarmerie Édon. Écroué à Sainte-Pélagie, il y tomba de nouveau malade, et à la suite de plusieurs lettres adressées par sa belle-sœur, M⁽ᵐᵉ⁾ Ballon, à Fouquier-Tinville et au ministre de la justice, il fut transféré à Bercy, en germinal, dans la maison de santé

uir le paiement de ce qui lui est dû pour la conduite de cette commune à Saumur des prisonniers de Nantes, le conseil estime qu'il y a lieu de lui payer 136 livres pour les droits qui lui sont dus, et 80 livres au citoyen Bouville qui a conduit lesdits prisonniers.

C. — *Du 18 ventôse (Tome V, fol. 22).*

Un membre a dit que les citoyens de Nantes qui sont en état d'arrestation à l'hôpital de cette ville sont actuellement dans le cas de faire le voyage de Paris ; que la commission militaire de cette ville se propose de faire partir incessamment des citoyens détenus à la citadelle d'Angers ; il a proposé et le conseil général a délibéré que l'agent national proposerait à la commission militaire de faire partir lesdits prisonniers en arrestation à l'hôpital avec ceux détenus, sous la même escorte.

D. — *Du 18 ventôse au soir (n° 23).*

Les citoyens Colas Malmus, du Rocher, Marie, Lamé-Fleury et Crespin de la ville de Nantes, détenus par l'ordre d'un représentant du peuple à l'hôpital civil pour rétablir leur santé, sous la surveillance de la Municipalité, étant présentement dans le cas d'aller à Paris, lieu de leur destination ; le conseil général, après avoir entendu l'agent national, a délibéré que les ci-dessus dénommés seront remis ès mains du citoyen Édon, capitaine de la gendarmerie d'Angers, duquel il sera retiré décharge portant de sa part obligation de les faire conduire sous bonne et sûre garde jusqu'à leur destination ; que copie de la présente délibération sera remise au citoyen Édon par les citoyens Chéreau et Trotouin, commissaires nommés à cet effet.

Il a en outre été décidé que l'agent national écrirait à l'accusateur public du tribunal révolutionnaire à Paris pour le prévenir de l'envoi desdits prisonniers et pour lui demander qu'il en accuse réception.

E. — *Billet joint à la présente délibération.*

Je soussigné, capitaine de gendarmerie nationale, reconnais que le citoyen Chérault, officier municipal de la commune d'Angers, a remis, ce jour, en nos mains, les citoyens Colas Malmus, Durocher, Marie, Lamé-Fleury et

Belhomme, avec un garde à ses frais[1]. Là, il put rétablir plus facilement sa santé délabrée ; et transféré une dernière fois, le 4 thermidor, au Plessis, avec les quatre-vingt-treize Nantais qui restaient de la colonne, il comparut devant le tribunal révolutionnaire, où il fut acquitté le 22 fructidor. Son petit-fils *Marie-Louis de Gonzague Colas de Brouville de Malmusse*, né en 1843, habite Paris et a épousé une demoiselle *de l'Estoile* dont il a plusieurs enfants. — R[21].

Crespin, prisonniers nantais, pour être conduits à Paris, sous bonne et sûre garde par la gendarmerie nationale de ce département.

Édou, capitaine de gendarmerie nationale.

V. — *Du 21 germinal (f° 55).*

Est comparu le citoyen Jean-Baptiste Bazire, brigadier de gendarmerie nationale de cette commune, lequel a représenté un reçu donné à plusieurs gendarmes de cette commune, le 27 ventôse dernier, par Gabriel Nicolas Monet, huissier près le tribunal révolutionnaire, séant à Paris, qui constate qu'en vertu du mandat d'arrêt de l'accusateur public près ledit tribunal, il a reçu desdits gendarmes et écroué en la maison d'arrêt de Sainte-Pélagie les nommés Malmus, Durocher, Marie, Lamé-Fleury et Crépin, prisonniers nantais qui avaient été confiés par la municipalité à la gendarmerie pour être conduits à Paris.

[1] Voici ces lettres que je donne comme un curieux spécimen des suppliques de cette époque :

1. — *Liberté.*   25 *ventôse.*   *Égalité.*

Citoyen,

Nous nous sommes présentés hier chez vous pour réclamer de votre humanité que vous veuilliez bien faire mettre dans des maisons de santé les Nantais restés à Angers lors du départ des autres par cause de maladie ; de ce nombre est mon beau-frère le citoyen Malmusse, que je vous prie de mettre chez Belhomme, ainsi que le citoyen Rousseau et les citoyens du Rocher, Lamée Fleuri, Marie, Crepin, pour le petit Berci. Soyez persuadé de toute la reconnaissance de votre concitoyenne.

Chancerel Ballon.

Au citoyen Fouquet-Tainville, accusateur public à Paris.

2. — Citoyen ministre,

J'implore votre humanité, j'espère que vous ne la refuserez pas à mon beau-frère nommé Malmusse, qui était resté malade à Angers, et dont la santé n'est pas encore bonne. Il est arrivé hier soir, et on l'a mis à Sainte-Pélagie. Je désirerais bien qu'il fût transféré chez l'elhomme qui tient une maison de santé, il aura sûrement besoin de soins, il serait plus à même

36. — COTEL

Je n'ai trouvé aucun renseignement spécial sur cet obscur « homme de loi », qui, resté malade à Angers avec seize autres de ses compagnons, y mourut en pluviôse an II, c'est-à-dire en février 1794. — D'.

37. — N. DE COUTANCES

Originaire de Touraine, la famille *de Coutances* qui portait : « *D'azur à 2 fasces d'argent, accompagnées de 3 besans d'or, 2 et 1, entre les fasces* », avec la devise : *Constantia, justitia et fidelitate*, avait établi un de ses rameaux dans le comté nantais et fut maintenue de noblesse d'extraction lors de la

de s'en procurer ; je sais que ce n'est pas précisément à vous qu'il faudra s'adresser, que c'est au citoyen Fouquet, mais comme difficilement on parvient à lui parler, je m'adresse à vous qui le voyez souvent, pour vous prier qu'il ait égard à ma demande ; comptez sur ma reconnaissance et sur l'estime que vous a vouée votre concitoyenne.

CHANCEREL PALLON.

Le ministre de la justice salue fraternellement le citoyen Fouquier et lui transmet une lettre qu'il vient de recevoir. Le citoyen Fouquier en fera l'usage qui lui paraîtra convenable.

Ce 24 ventôse l'an II de la rép. fr. une et ind.

3. — *Le 6 germinal l'an deuxième de la République française une et indivisible, au citoyen accusateur public.*

CITOYEN,

Les droits de l'humanité m'autorisent à réclamer auprès de toi la translation du citoyen Colas Malmusse, mon beau-frère, détenu actuellement à Sainte-Pélagie, et qui lors de la translation des Nantais à Paris est resté malade à Angers d'une fluxion de poitrine. Convalescent encore de cette maladie, il lui serait bien nécessaire de jouir d'un air pur et salubre. Je sollicite donc à ton humanité, la translation à la maison de Belhomme, de même que celle des citoyens Lamée-Fleury et Jean Marie, tous deux convalescents et infirmes.

CHANCEREL PALLON.

réformation de 1668. Tout ce que j'ai pu rencontrer sur lui, c'est qu'il prit part à la fête patriotique des trois ordres de Nantes en 1788, mais ne poussa pas plus loin son zèle ; qu'il fut arrêté comme *ex noble*; qu'il fit le voyage de Paris tout entier, et mourut de ses fatigues quelques jours après son arrivée à la prison de la Force, le 6 pluviôse an II, 25 janvier 1794. On trouva sur lui 59 louis d'or en deux bourses. — J'ajouterai qu'il était fils de feu messire *Louis de Coutances*, chevalier, marquis de la Celle, s' de la Bonnardière, le Vigneau et la Haute-Indre, chevalier de l'ordre royal et militaire de Saint-Louis, ancien capitaine au régiment de la Reine-Cavalerie, et de dame Anne-Blanche-Victoire Cochon de Maurepas. Il avait quatre sœurs, mariées : la première à M. Hilarion-Anne de Becdelièvre, s' de la Seilleraye, premier président de la Chambre des Comptes ; la deuxième, à M. Louis-Marie de Ghaisne, comte de Bourmont, chevalier de Saint-Louis, de s' Fraigné et de la Cornouaille ; la troisième, à M. Augustin-Marie-Charles de Surineau, s' de Champ-Saint-Père ; la quatrième, Anne-Marie-Thérèse, avait épousé à Saint-Étienne-de-Montluc, le 3 août 1790, messire Gabriel-Marie de la Roche-Saint-André, chevalier non profès de l'ordre de Malte, fils de Louis de la Roche-Saint-André, chevalier, s' de la Salle, et de Louise-Gabrielle du Chilleau. — R¹⁰

38. — Charles-Antoine CRESPIN

Né en 1754 à Montpellier, *Crespin* était, au moment de la Révolution, chanoine de la cathédrale de cette ville. Ayant jeté la soutane aux orties après la suppression et la dispersion des Chapitres, il devint en 1793 sergent-major du onzième bataillon révolutionnaire du département de Seine-et-Marne à Versailles. Comment de là s'arrangea-t-il pour se faire arrêter à Nantes au mois de novembre, c'est ce que je n'ai pu découvrir ; mais l'acte d'accusation le range parmi les amis des aristocrates de Nantes et autres fauteurs de mouvements révolutionnaires, ce qui paraît assez contradictoire avec sa situation, en sorte que je le range parmi les douteux. Resté malade à Angers il fit partie du convoi des cinq détenus qui furent expédiés en voiture d'Angers à Paris à la fin de ventôse, et je ne sais ce qu'il devint après l'acquittement. M. Lallié qui le cite dans ses notices du *Clergé de Nantes pendant la Révolution* n'a pas retrouvé non plus quel fut son sort définitif, mais je remarquerai qu'un *Jean-Antoine Crespin*, de la compagnie des maratistes, et ayant de grands rapports de nom avec notre ex-chanoine, fut mis en accusation à Paris le 3 frimaire an III (23 novembre 1794). — D°.

39. — Alain CRIGNON

Né à Orléans en 1753, *Crignon* était venu s'établir à Nantes comme négociant et souscrivit en 1788 à la fête des trois ordres, puis signa la requête de l'ordre du Tiers pour enjoindre à la députation aux États de n'entrer dans l'Assemblée que lorsque les deux autres auraient consenti leurs revendications. L'acte d'accusation le classe parmi les riches négociants « qui paraissent avoir fait tous leurs efforts pour occasionner la disette et exciter des divisions intestines en accaparant des marchandises de première nécessité et qui se sont livrés à l'agiotage et à l'infâme trafic du numéraire pour discréditer les assignats ». La vérité c'est qu'on en voulait à leurs richesses et qu'on ne put relever aucun fait spécial contre eux ; mais cela ne me donne pas d'indication précise sur ses sentiments politiques, et je ne sais ce qu'il devint après l'acquittement. — D°.

40. — Jean-Pierre DÉFRONDAT.

Né à Rennes en 1761, et frère d'un notaire, *Défrondat* était un riche négociant, rangé par les maratistes, jaloux de leur caisse, parmi ces indignes égoïstes qui « paraissent avoir fait tous leurs efforts pour occasionner la disette et exciter des divisions intestines en accaparant des marchandises de première nécessité ». L'acte d'accusation lui impute même d'avoir favorisé la distribution de faux assignats dont La Thébaudière aurait eu un entrepôt à Nantes. — Je perds sa trace après l'acquittement. — R²⁵.

41. — André DELAUNAY

Né à la Chapelle-Basse-Mer en 1753, *Delaunay* était procureur à Nantes avant la Révolution et continua sa profession sous le titre moderne d'avoué. Son beau-frère *Tiger* servit en 1793 dans l'armée vendéenne. Lui-même fut accusé d'être l'agent des émigrés et le correspondant de son beau-frère. Serait-ce un des ascendants du peintre Elie Delaunay ?.... — R¹⁰.

*. — Armand-François DELAVILLE DE CHAMBARDET
Voyez : DE LA VILLE

42. — Thomas DESBOUCHAUDS

Né en 1767 à Nantes, *Desbouchauds* s'engagea des premiers dans les volontaires de 1789, servit dans la garde nationale, puis navigua. En 1793 il était sur le point de s'embarquer sur le corsaire *La Didon* en qualité de lieutenant-capitaine de prise, lorsqu'éclatèrent les troubles de Machecoul ; il se joignit à la colonne envoyée de Nantes, prit part à un grand nombre de combats contre les insurgés et revint malade, de fatigue : pour comble de malheur son navire était parti, et il dut remettre à l'armateur les avances qu'il avait touchées. C'était donc un républicain militant et même victime de son zèle ; mais son infortune ne devait pas s'arrêter là. Le 5 frimaire, il sortait du café de Foy avec le citoyen Lucas, son perruquier, lorsque, en passant devant le corps de garde ci-devant Mirabeau, Lucas lui proposa d'y entrer pour visiter des camarades. *Desbouchauds* y consentit, mais à peine entré, Lucas, se disant commissaire révolutionnaire, donna l'ordre à l'officier du poste de l'arrêter, sans spécifier de motif, puis vient le chercher avec deux hommes de garde et une voiture pour le transférer à la maison de l'Esperonnière, d'où il fut joint le lendemain à la colonne des Nantais expédiés à Paris, sans avoir subi aucun interrogatoire et sans se douter de l'accusation qui pouvait peser sur lui. Quelques malades restèrent cependant à Nantes, mais il fut spécialement choisi et désigné par Lucas qui ne le perdait pas de vue. A Angers, on dut l'envoyer à l'infirmerie du dépôt ; il était à peu près rétabli au départ de la colonne et il partit avec elle. Il fallut le laisser à Blois avec trois autres malades. Arrivé enfin à Paris, on l'écroua à la Conciergerie, puis, comme il était toujours malade, on l'envoya à Bicêtre. « Là, dit-il dans une note qui a été publiée par Verger, il fut mis dans une salle nommée Bellevue et confondu avec une foule de scélérats, de brigands et d'assassins. Il passa trois semaines dans cet affreux repaire : il n'avait que cent francs, ils lui furent volés, et lorsqu'il voulut réclamer et faire entendre de justes plaintes, il fut maltraité, battu. En sortant de ce lieu, il fut mis dans un autre où il manqua d'être assassiné. Enfin le malheur qui le poursuivait fit que, par une erreur de nom, il fut mis aux *Galbanons*, où il a langui, oublié de l'univers entier. C'est en vain qu'il voulut écrire, solliciter : ou ses lettres ne parvenaient pas, ou elles ne produisaient aucun effet. Il serait mort de désespoir dans cet exécrable séjour si le sentiment intime de son innocence ne l'eût soutenu. On ne savait ce qu'il était devenu, et son tour étant venu d'être interrogé, on le chercha pendant deux jours entiers dans les différentes maisons d'arrêt. Ce ne fut qu'au bout de six mois, le 13 fructidor, qu'il fut tiré de sa prison pour être interrogé à la Conciergerie ; c'est alors seulement qu'il apprit qu'il était accusé d'aristocratie, sans que cette vaine allégation fût soutenue d'aucune preuve. Il fut ensuite transféré à la maison d'arrêt d'Egalité, et quoique prisonnier, son sort lui parut si différent de celui auquel il venait d'échapper, il en éprouva un tel mouvement de joie que, pendant deux jours, il ne put ni boire, ni manger, ni goûter le sommeil. Enfin, acquitté par le tribunal, il n'existe que pour regretter tout ce qui lui était cher... »

Il avait trois frères, ajoute-t-il : « l'un d'eux, parti de Nantes en 1791, en qualité d'adjudant-major du bataillon de cette ville, fut tué au Cap-Français ; deux autres, qui combattaient dans la Vendée, furent immolés de la main du scélérat Charette, après qu'il eut fait tous ses efforts pour les attirer dans son parti. Un beau frère, nommé Guilbaud, commandant de la garde nationale de Machecoul, est mort en combattant les rebelles, et six autres de ses parents ont subi le même sort. Il est facile de voir, par ce qu'on vient de lire, combien peu était fondé le reproche d'aristocratie, et de se convaincre par là que ces prétendus gens révolutionnaires étaient les véritables ennemis de la Révolution, puisqu'ils cherchaient à priver la ville de Nantes de ses défenseurs et de ceux dont le courage avait, plus d'une fois, été fatal aux brigands. » —o'.

DESCOSTIERES
* Voy. FLORENCEAU

* Les frères DEVAY. — Voyez DE VAY

43. — Jean-Marie DORVO

Né en 1760, *Dorco* était étudiant en droit à Rennes en 1788 et prit une part active aux graves événements de cette époque. « En janvier 1789, dit-il dans sa défense au tribunal révolutionnaire, mes amis et moi passions les jours et les nuits dans la tribune des Etats. » Dans les journées du 26 au

¹ Verger, *Archives curieuses*, II, 112, 113.

27 janvier, il se battit résolûment et reçut un coup d'épée dans sa redingote ; puis, lorsque la jeunesse nantaise vint au secours de celle de Rennes, il fut élu secrétaire des assemblées qui se formèrent, fit partie du bureau de correspondance présidé par le futur conventionnel Sevestre, et rédigea la brochure intitulée : « *Procès-verbal et résultat des délibérations prises par les étudiants en droit, les jeunes citoyens de Rennes.* » Volontaire de la garde nationale dès le 20 juillet, il contribua de tout son pouvoir à rendre « citoyens » les soldats de l'armée régulière et fut l'un des envahisseurs de l'appartement de «l'infâme Langeron», commandant pour le roi en Bretagne. Délégué à la fête de la fédération à Paris le 14 juillet 1790, il fut à son retour appelé à Nantes pour y remplir les fonctions d'accusateur public. Ici il faut l'entendre parler lui-même :

« En acceptant ce poste, je jurai une guerre à outrance aux nobles, aux prêtres et aux aristocrates de toute espèce. Tous passèrent par mes mains. Je fis pleuvoir des décrets de prise de corps, que j'allais mettre moi-même à exécution à la tête de la force armée. Les communes de Sautron, Cambon, la Chapelle-sur-Erdre et autres rentrèrent dans l'ordre dès que j'eus enlevé leurs prêtres. C'en était fait si le modérantisme ne m'eût arrêté dans ma course ; peut-être l'exécrable guerre de Vendée n'eût-elle jamais éclaté dans le département de la Loire-Inférieure.[1]

« Mais j'agissais trop révolutionnairement. La loi qui établissait les accusateurs publics, sans s'expliquer bien positivement, semblait exiger 30 ans, et je n'en avais que 26. Le tribunal, après cinq mois d'exercice, consulte le ministre de la justice, Duport. Ce dernier répond que mes procédures sont valides, et cependant je suis remercié. Réduit à la profession d'homme de loi, qui ne convenait pas à mon activité patriotique, je cherchai un autre aliment dans les sociétés

---

[1] Quel aveuglement ! dirai-je une fois de plus. Dorvo n'a pas l'air de se douter que c'est précisément cette inexorable chasse aux prêtres qui a déterminé la guerre civile.

populaires, continue l'accusé *Dorvo*; c'est dans leur sein que je me livrai aux nobles fonctions de défenseur des patriotes opprimés... »

A la fin de l'année 1791, il fut élu tout à la fois administrateur du district et procureur de la commune de Nantes. Il opta pour ce dernier poste. Mellinet a donné dans son recueil intitulé *Commune et Milice* un curieux récit de l'installation de la nouvelle municipalité nantaise. Les deux discours du maire sortant, Daniel de Kervégan, et du maire entrant, Giraud du Plessix, l'ancien membre de l'Assemblée constituante, étaient tout à la modération et à la conciliation. Kervégan surtout déplorait la guerre religieuse et faisait remarquer que, l'Assemblée constituante ayant décrété la liberté de conscience, personne ne devait être inquiété pour son culte. Dorvo vint jeter la note révolutionnaire dans ce concert pacifique : — « Les partis sont prononcés, s'écria-t-il ; la Constitution ne reconnaît plus que des amis ou des ennemis ; la loi fait rentrer dans le néant toutes les prétentions de l'orgueil, les projets de la vengeance, les égarements mêmes du patriotisme. Il lui faut des magistrats qui la proclament avec énergie, et des citoyens qui la suivent avec respect. Il faut même *que l'humanité s'oublie*, et que ceux qui veulent épuiser le peuple et provoquer son désespoir apprennent enfin que la Constitution n'est pas un vain titre, la loi une chimère, ni, comme l'a dit un grand homme, les révolutions des jeux d'enfants. Il faut enfin que, rapide comme le vol de l'aigle, la loi marche à son but, au salut du peuple, sans que de pusillanimes considérations puissent l'arrêter jamais'... »

Dorvo ne perdit pas de temps. A peine installé, il dénonça au conseil général de la commune les agioteurs et les accapareurs. Reprenons sa défense personnelle :

« Le lendemain j'étais bon à pendre à la Bourse. Je voulus m'y rendre en écharpe ; mais mes amis m'en empêchèrent. Je m'occupai ensuite de l'instruction publique ; la jeunesse

---

¹ Mellinet, *Commune et Milice*. VI, 349, 370.

était confiée à des mains fanatiques. Je fis une guerre si cruelle aux instituteurs et aux institutrices, que les parents furent forcés de remettre leurs enfants en des mains pures et capables d'en faire des patriotes. Les administrateurs de Nantes s'assemblent, votent la mort du tyran, et je signe ce vœu en criant : *Vive la République!* La Convention fait de ce vœu un arrêt national. Ce jour est pour moi un jour d'allégresse : Société populaire, corps constitués, tous les républicains se rassemblent, et chacun de nous prononce un discours respirant la haine des rois et l'amour de la République... »

Mais peut-être croira-t-on que Dorvo se vante et enfle son zèle devant le tribunal révolutionnaire pour rendre sa cause meilleure. Il n'en est pourtant rien : tout cela est exact, et les recueils de documents révolutionnaires sur la ville de Nantes sont riches en témoignages sur ce point. Je n'en citerai qu'un seul, rapporté par Mellinet, qui remarque lui-même que c'est le premier discours prononcé à Nantes avec le tutoiement civique. Il s'agit de l'installation de la municipalité de novembre 1792, quand Baco de la Chapelle remplaça comme maire Giraud du Plessix.

« Citoyens, dit Dorvo, jadis le magistrat, dans les jours de cérémonie, parlait beaucoup de lui, de ce qu'il avait fait, de ce qu'il ferait encore ; quelques fades adulations, que dictait l'usage, s'adressaient à ses collègues ; ceux-ci, sans usage encore, baissaient alors les yeux, ouvraient les oreilles, et avalaient sans pudeur un encens qu'ils n'avaient pas mérité ; l'orateur finissait par demander de l'indulgence, et c'était souvent le seul *à-propos* de son discours.

« Aujourd'hui il n'en est plus ainsi : le peuple, habitué à voir ses délégués, sait les apprécier et il les juge. Que te dirai-je à toi, Giraud, plus qu'il ne t'a dit ; que vous dirai-je, mes anciens collègues, que la confiance du peuple a poursuivis, pour me servir de l'expression juste de Le Cadre, l'un de vous ? Que vous dirai-je, nouveaux élus, qui pût valoir autant que les suffrages de vos concitoyens? Il vaut donc beaucoup mieux nous rappeler ce que nous avons à faire et dire à nos frères ce que nous avons droit d'attendre d'eux.

« S'il était possible, citoyens, que l'exécution des lois pût souffrir quelque intermittence, ce ne serait assurément pas dans ces instants où la République éprouve des convulsions violentes ; attaquée au dehors par des despotes en fureur, déchirée au dedans par des factions qui ne prennent pas leur source dans l'amour de la liberté, elle succomberait bientôt et à peine aurions-nous pu saisir les traits mâles et vigoureux qui la caractérisent. Ce n'est pas que je croie au retour de l'ancien ordre, il ne peut renaître que dans le cerveau, d'un homme en délire ; désormais l'opinion nationale est éclairée, elle est formée ; de vieilles et coupables bienséances, le mépris ou l'improbation des ci-devant nobles, des ci-devant privilégiés, la haine des pervers et la pusillanimité des sots ne peuvent plus enchaîner la voix du patriotisme, et l'édifice de la félicité s'élèvera tôt ou tard sur les bases inébranlables de la liberté et de l'égalité ; mais c'est à nous de hâter cet heureux avenir, nous le pouvons, car nous avons assez de lois pour cela ; soyons y fidèles, que leur exécution soit constante et rapide, et que partout elles trouvent des hommes qui ne s'inclinent que devant elles !

« Et vous, magistrats, songez que le moment actuel exige une administration laborieuse, une police ferme et vigoureuse ; les mouvements révolutionnaires, qui exaltent les passions généreuses, mettent aussi en fermentation les passions malfaisantes, et font sortir de leurs repaires des hommes dangereux qui se flattent de l'impunité. Si ces mauvais sujets ne sont pas contenus, ils inquiètent les bons citoyens.

« Magistrats du peuple, la tranquillité de cette ville vous est confiée ; les citoyens qui l'habitent attendent de vous leur bonheur, leur attente ne sera point trompée ; vous réussirez d'autant plus facilement à obtenir l'amour de vos concitoyens que leur confiance vous précède dans l'exercice de vos fonctions ; et moi, ma seule récompense sera d'avoir concouru avec vous à la félicité publique¹. »

Survinrent les événements de mai 1793. Le département du Finistère s'en émut le premier, décida la création de bataillons fédéralistes qui seraient envoyés au secours de la Convention menacée par la Montagne et demanda une adhésion à tous les départements voisins qui se joignirent aussitôt à lui. La municipalité de Nantes s'associa au département et prit elle-même un arrêté dans le même sens. Aussi quand la Montagne fut victorieuse, résolut-elle de se venger. On destitua les signataires de leurs fonctions, et bien que ceux de Nantes eussent été rétablis le 22 juillet, parce qu'ils justifièrent avoir rapporté leur arrêté avant le décret qui proclamait la forfaiture, et parce qu'ils avaient fait preuve de civisme en défendant énergiquement la ville de Nantes contre l'attaque de l'armée vendéenne à la fin du mois de juin, on n'avait point pardonné. Écoutons encore *Dorco* lui-même :

« Le 29 juin, jour de l'attaque, j'étais à mon poste, et je servis pendant quatre heures une pièce de canon, quoique je pusse m'en dispenser. Le 15 juillet suivant, je reçois la constitution ; à l'instant même je la proclame dans un réquisitoire. Dans deux jours tout est prêt. Le troisième, les citoyens délibèrent, et le quatrième, l'acte constitutionnel est accepté unanimement. Le 27, nous proclamons l'acceptation devant toute la garnison. Le canon tonne, et va annoncer aux brigands l'arrêt de mort des bandes royales et catholiques.

« A quoi donc attribuerai-je mon arrestation ? Ce ne sera sans doute pas à mes liaisons : elles étaient peu nombreuses ; je ne voyais et ne vivais qu'avec des patriotes. Ce ne sera pas comme ami ou protecteur des aristocrates,

¹ Mellinet, *Commune et Milice*, VII, 32 à 34.

des royalistes et des modérés. Je les poursuivis sans relâche. Sera-ce donc comme signataire de l'arrêté du 5 juillet ? Mais tous mes anciens collègues qui sont paisibles à Nantes auraient dû être du voyage... »

Ce fut cependant là le motif allégué, indépendamment sans doute de quelques rancunes particulières. *Dorco* avait été un fougueux révolutionnaire, c'est vrai ; mais les Girondins aussi pouvaient présenter la même défense, car ils avaient voté des mesures aussi violentes que leurs adversaires de la Montagne, et l'invention des tribunaux révolutionnaires, en particulier, était de leur fait. Ils étaient proscrits. *Dorco* dut suivre leur sort. Bien qu'il eût été trois fois président de la Société populaire, il fut arrêté comme un vulgaire suspect, et envoyé aux Saintes-Claires le 12 novembre.

En apprenant son arrestation, rapporte Mellinet, sa femme courut chez un des membres du comité révolutionnaire, indignée qu'on incarcérât de si bons républicains que son mari, Brière, Villenave et autres, et demanda s'ils sortiraient bientôt de prison. — « Ils en sortiront blancs comme neige » (lui répondit Naud d'un ton goguenard, puis, s'éloignant aussitôt, il fit un geste indiquant que ce serait la blancheur de la mort), « à moins que... » (et un autre geste indiqua qu'on pourrait le racheter avec de l'argent donné à la nation). M⁰⁰ *Dorco*, plus effrayée, va trouver Gaudon, le président du tribunal criminel, pour le consulter. — « Ne donnez rien, lui dit le président Gaudon, on prendrait votre argent et on ne rendrait pas votre mari'... »

Dorco fit le voyage de Paris tout entier, et publia, avant sa comparution devant le tribunal, deux brochures, datées du 9 prairial et du 20 thermidor an II, pour se justifier du crime de fédéralisme. On peut les consulter à la Bibliothèque de Nantes, et je n'ai pas besoin de les analyser ici puisque nous

---

' Mellinet, *Commune et Milice*, VIII, 139.

avons publié dans les débats du procès sa longue défense extraite du *Bulletin du Tribunal révolutionnaire*; elle se résume dans cette réponse à l'un de ses accusateurs :

« Je suis à la vérité signataire de l'arrêté du 3 juillet dont parle le témoin ; mais il est faux que j'en sois le rédacteur, et je n'y ai pris d'autre part que d'avoir assisté à cette discussion qui m'a égaré comme bien d'autres ; mais si l'adhésion que j'ai donnée audit arrêté est la cause de mon arrestation, je demande au témoin pourquoi il m'a fait arrêter plutôt que mes collègues, qui ont partagé mon erreur, et qui cependant jouissent de toute leur liberté ; mais il lui a plu de m'abreuver, moi et les miens, d'amertumes, d'imprimer sur mon front et sur celui de ma famille le sceau de la calomnie et de la réprobation, lui qui ne peut ignorer mon dévouement à la Révolution, tous les sacrifices que je fis pour elle. »

Après l'acquittement, je retrouve *Dorco* présentant la défense, dans le procès du comité révolutionnaire de Nantes, de Vic, l'un des membres de la compagnie Marat. Nommé juge de paix à Nantes en novembre 1794 par les commissaires de la réaction thermidorienne, il devint, sous le Directoire, commissaire du pouvoir exécutif près la municipalité, et prononça de violents réquisitoires contre les Muscadins.

« Ne savent-ils donc pas qu'il faut être insensé pour penser que deux millions de républicains se laisseront enchaîner par une poignée de rebelles ? Il faut faire connaître la vérité à ceux que leur éducation livre à la séduction, et prendre des mesures sévères contre les séducteurs. Il y a lieu de s'étonner qu'on ait toléré si longtemps les menées presque publiques de quelques pygmées royalistes dont l'audace a pu inspirer plus de pitié que d'indignation, mais dont l'imprudence soutenue mérite une correction[1]... »

En 1798, il fut remplacé dans son poste par le citoyen Binet ; je ne sais ce qu'il devint sous le Consulat et sous l'Empire. — o°.

---
[1] Mellinet, *Commune et Milice*, IX, 293.

14 et 15. — DREUX père et fils

René-Charles Dreux, né en 1735, était depuis longues années conseiller au siège présidial de Nantes, lorsqu'il fut élu échevin en 1785 et 1786, puis sous-maire en 1787. On sait que ces charges conféraient la noblesse. Il montra peu d'enthousiasme pour la Révolution et manifesta hautement son aversion pour la persécution religieuse : aussi, ayant été trouvé porteur d'un petit Jésus, fut-il traduit devant le tribunal révolutionnaire de Nantes, qui cependant l'acquitta. Mais il restait suspect, et en novembre 1793 il fut de nouveau arrêté avec son fils *Charles-Joseph*, âgé de 29 ans, et qualifié de *cultivateur* dans l'acte d'accusation, « comme s'étant montrés constamment les ennemis jurés de la Révolution et ayant contribué à l'insurrection de la Vendée. » Tous les deux firent le voyage complet de Paris et furent acquittés avec tous leurs compagnons, mais je ne sais ce qu'ils devinrent ensuite. — R^1 et ^{20}.

Il ne faut pas les confondre avec un troisième *Dreux*, nommé *Jean*, qui était de Paris et déposa dans le procès de Carrier : il habitait Nantes en 1793 et fut emprisonné le 21 brumaire sur la dénonciation parisienne de la section de *l'Homme armé* ; mais il fut élargi le 9 frimaire, après information de son civisme.

Il y a encore des *Dreux* à Nantes, en particulier un vieux commis des Ponts-et-chaussées, qui m'a déclaré ne conserver aucune tradition dans sa famille au sujet du voyage des 132 Nantais.

16. — Pierre DUBERN

Négociant et possesseur d'une importante manufacture d'indiennes, *Dubern* figurait parmi les notabilités nantaises en 1788. Après avoir souscrit pour la fête patriotique des Trois ordres et signé la requête des réclamations du Tiers, il fut désigné le 6 novembre 1788 par l'assemblée libre des citoyens pour faire partie des douze députés nantais qui seraient chargés d'aller porter au roi « le vœu d'un peuple plein d'amour et de vénération pour sa personne sacrée ». Voici la liste de ces douze qui presque tous se firent un nom plus tard dans les assemblées législatives : Giraud du Plessis, président ; Collin, Chaillon, Videment, Cobou, Clavier, Jarry, Minyer, Blin, Bisson, Dubern et Varsavaux. Le recueil de Mellinet sur la *Commune et la Milice de Nantes* a raconté les détails de leur voyage, leur réception à Versailles par le comte de Thiard, par le Roi, par la Reine, par Monsieur et par le comte d'Artois. Ce que Mellinet ne dit pas, c'est qu'une magnifique gravure fut publiée à Nantes au sujet de leur réception, avec leurs portraits en pied, et qu'une chanson fort curieuse que j'ai publiée dans *Armorique et Bretagne* consacra leur popularité.

Aussi *Dubern* fut-il élu en avril 1789 au nombre des cinquante électeurs députés à l'assemblée générale du Tiers État de la Sénéchaussée de Nantes pour les élections des députés aux États généraux ; puis fit-il partie, en juillet 1789, du comité permanent destiné à remplacer l'ancien conseil de la Commune. Peu après il était élu officier municipal. Ce fut donc un des militants du mouvement réformiste au début de la Révolution. Jusqu'où poussa-t-il ensuite son zèle ? Je ne puis le dire, car sa trace se perd : et je ne sais s'il s'exalta ou s'il se calma. On trouve bien un *Dubern* porte-drapeau du bataillon des Ponts dans la garde nationale de Nantes en octobre 1792, mais l'initiale du prénom n'est point celle de notre *Pierre*. Ce qu'il y a de certain, c'est qu'il fut arrêté comme suspect à la fin de 1793 et désigné pour le voyage de Paris ; mais il n'alla pas plus loin qu'Angers. Le comité révolutionnaire ordonna sa mise en liberté le 10 frimaire (30 novembre) avec mainlevée des scellés apposés sur ses papiers. Il fut du nombre des cinq élargis qui furent aussitôt remplacés par cinq nouveaux prisonniers. — D¹.

17. — Dominique DUBRA

Fils de la veuve *Dubra*, associée à Castellan dans son commerce de bijouterie, ce jeune homme n'avait que 10 ans lorsqu'il fut arrêté avec Castellan père et fils et fit le voyage tout entier jusqu'à Paris. Je le classe avec eux. — D[o].

18. — Jean-Baptiste DUCHESNE

Né à Couëron en 1752, *Duchesne* était professeur de langues étrangères et courtier de commerce à Nantes. Je n'ai pas sur lui d'autres renseignements. Un *Duchesne* fit partie des jeunes gens de Nantes partis pour Rennes en janvier 1789 ; un autre prononça des discours au club des jeunes amis de la Constitution en avril 1791. Tout ce que je sais sur le nôtre, c'est qu'il est classé par l'acte d'accusation avec les Castellan, Dubra, Crignon, et C., parmi « ces indignes égoïstes de négociants, ennemis d'autant plus dangereux de la Révolution qu'en servant leur intérêt particulier ils servent en même temps les projets liberticides des tyrans ». Il fit le voyage complet, et je perds sa trace après l'acquittement. — D[s].

• DUFOU. — Voyez du FOU

19. — Jean-François DU PARC

Né à Paris en 1731, *Du Parc* était directeur des vivres de la marine à Nantes au moment de la Révolution. Accusé d'inertie criminelle, comme Bodin des Plantes et plusieurs autres, il fut une première fois emprisonné aux Saintes-Claires le 8 août 1793, par ordre du représentant du peuple en mission à cette époque et relâché presque aussitôt. Mais deux mois après on le reconnaissait de nouveau de bonne prise, et il fit le voyage de Paris. Ce qu'il y a de particulier dans son cas, m'apprend une note relevée par A. Lallié sur les registres d'écrou, c'est qu'on le fit revenir de Paris, et que des gendarmes furent demandés au commandant Boivin pour le garder dans son domicile le 21 germinal an II et le reconduire à Paris le 13 floréal. Je ne sais ce qu'il devint après l'acquittement. — R⁺⁰.

* DURADIER. — Voyez MARTIN

50. — François-Louis DUROCHER

Né en 1727, Durocher était sans doute l'un des fils ou des neveux de noble maître *François-Pierre du Rocher*, originaire de Vannes, avocat au Parlement, procureur du roi près le siège de l'amirauté de Nantes, subdélégué de l'intendant, etc., qui fut maire de Nantes en 1747, et dont on a des jetons à ses armes parlantes « *d'azur au rocher d'argent, au chef du même semé d'hermines* ». Lui-même fut conseiller au [...] à la Chambre des Comptes de Bretagne, et comme la p[...] de ses collègues montra peu d'enthousiasme pour l[...] pression de ses privilèges. Bien que je crois le reconnaître dans l'un des capitaines de la garde nationale mentionnés par Mellinet en octobre 1793, l'acte d'accusation le classe avec Bodin des Plantes, Duparc et plusieurs autres, parmi les « coupables d'inertie criminelle ». Goullin lui reprocha à l'audience d'avoir eu un fils émigré. Il répondit que son fils n'avait jamais été mis sur la liste des émigrés ; qu'il avait, il est vrai, fait un voyage à Rotterdam, mais qu'il était en état de fournir ses certificats de résidence. Je ne retrouve plus sa trace après l'acquittement. — R⁺⁰.

51. — Antoine-Anne ESPIVENT DE LA VILLEBOISNET

La famille *Espivent* est originaire des environs de St-Brieuc où l'on trouve, dès l'année 1437, *Guillaume* prêtant serment de fidélité au duc de Bretagne parmi les nobles du comté de Goëllo à cette époque. Elle porte : « *d'azur à la molette d'or, accompagnée de 3 croissants de même* ». La branche aînée s'étant éteinte vers la fin du XVIᵉ siècle, les cadets ne purent retrouver leurs titres pour se présenter à la grande réformation de la noblesse en 1668, et ce ne fut qu'en 1728, qu'ils obtinrent un arrêt du conseil les maintenant de noblesse avec dix générations. La branche *de la Villeboisnel* se fixa à Nantes dans le courant du XVIII° siècle et se livra au grand commerce. *Antoine Espivent*, négociant, fut juge consulaire à Nantes, échevin et sous-maire en 1741 ; *Pierre-Antoine*, son fils aîné, fut échevin en 1753 et 1755, consul en 1757, et juge au Tribunal de Commerce en 1771[1].

Né en 1752, *Antoine-Anne* fut nommé conseiller au Parlement de Rennes en 1780, et lorsque cette cour fut supprimée en 1791, il se fit négociant comme les autres membres de sa famille. Il avait donc double motif pour être suspect aux maratistes : noblesse et négoce étaient pour eux deux termes incompatibles avec le patriotisme. Enfermé une première fois par ordre des représentants aux Saintes-Claires avec Montaudouin et autres négociants, au mois d'août 1793, il fut relâché peu après ; mais son *inertie criminelle* étant par trop scandaleuse, il se vit arrêté de nouveau, et envoyé une seconde fois aux Saintes-Claires par le comité révolutionnaire de Nantes, le 19 brumaire (9 novembre 1793). Il fit le voyage de Paris tout entier et revint à Nantes après l'acquittement. Le département ordonna, le 4 frimaire an III, la levée des scellés mis sur son cabinet et sur ses magasins, et son nom fut en même temps rayé de la liste des émigrés pour encourager la vente du commerce. Il mourut à Nantes en 1800. Le général *Espivent de la Villeboisnel*, sénateur de la Loire-Inférieure, est un de ses descendants. — R".

52. — RENÉ DE L'ESTOURBEILLON

Originaire d'Ercé près Gosné, au diocèse de Rennes, la famille de *l'Estourbeillon* est l'une des plus anciennement connues en Bretagne. *Pierre de l'Estourbeillon* fut témoin

---

* *Livre Doré de la ville de Nantes*, I, 375 à 424.

RENÉ DE L'ESTOURBEILLON,
Capitaine au régiment de Picardie,
Gouverneur de l'île de Corse en 1773,
Chevalier de Saint Louis,
Né à Donges le 20 novembre 1733,
Décédé au château des Ridellières, en Montbert,
Le 1ᵉʳ avril 1816.

en 1093 d'une fondation faite par André de Vitré au prieuré de Sainte-Croix de cette ville, et *Jean* prit part à la croisade de 1248. Leurs descendants, portant *d'argent au griffon de sable armé et lampassé de gueules*, avec la devise *Fidelis et audax*, et le cri de guerre: *Crains le tourbillon*, furent déclarés nobles d'ancienne extraction par arrêt des commissaires de la réformation de 1668. — Né à Donges le 20 novembre 1733, et ancien capitaine au régiment de Picardie, chevalier de Saint-Louis, etc., *René de l'Estourbeillon* était fils de *Joseph de l'Estourbeillon* sgr. du *Bois-Joubert* en Donges, capitaine des gardes-côtes de Montoir et de Saint-Nazaire, et de Renée du Pas de la Bourdinière. Il avait été gouverneur de la Corse de 1773 à 1779, puis il avait pris sa retraite après 45 ans de services avec une pension de mille livres et il habitait Nantes à l'époque des débuts de la Révolution. Il souscrivit à la fête patriotique des Trois-Ordres en 1788 ; mais il prit une part active aux résistances de la noblesse lors de la réunion des États de 1789, et n'accepta pas les événements dans toutes leurs conséquences. Bien qu'il n'eût pas émigré, il resta sincèrement royaliste. Ajoutez à cela que son neveu *Joseph-Claude-Jean*, capitaine des garde-côtes de Montoir et Saint-Nazaire depuis 1785, avait dû subir *un siège de trois jours* dans son château du Bois-Joubert en 1792 contre les troupes du général Avril, et que, échappant à ceux qui l'avaient fait prisonnier, il avait rejoint l'armée des Princes. L'oncle d'un pareil neveu devait être suspect. Aussi les moralistes l'accusaient-ils en 1793 « d'avoir été constamment le partisan de l'oppression, en ne se repaissant l'imagination que de la lecture des journaux et ouvrages les plus contre-révolutionnaires, tels que ceux de l'*Ami du Roi*, la *Gazette de Paris* et autres feuilles de ce genre, et en se refusant, au mépris de la loi, à remettre sa croix de Saint-Louis, et en répondant, lorsqu'on la lui demanda, avec un ton et une morgue ordinaires à cette classe privilégiée, *que la force seule pourrait lui arracher cette croix, mais que sans cela l'attachement qu'il avait voué* à son roi lui aurait fait garder jusqu'à la mort ce gage aussi précieux qu'honorable... » Cette accusation fut répétée au procès, et il se défendit en disant qu'elle avait été concertée par Chaux et Goullin, acharnés à sa perte ; et en offrant de prouver, par deux accusés élargis, que ces deux membres du comité révolutionnaire s'étaient entendus pour déposer ainsi contre lui parce qu'il n'était plus possible de reculer devant la dénonciation qui le concernait. Il revint à Nantes après l'acquittement et mourut au château des Ridellières en Montbert, le 1er avril 1810, ayant recouvré le droit de porter sa croix de Saint-Louis. C'est le grand oncle d'un travailleur acharné, qui a bien mérité de l'histoire de Bretagne, mon excellent ami le *marquis de l'Estourbeillon*, l'érudit secrétaire général de la *Revue historique de l'Ouest*. — R".

53. — Charles-Augustin FAUVEL

Né à Nantes en 1711. *Fauvel* était officier de la marine marchande, et très hostile aux mouvements révolutionnaires. Incarcéré une première fois aux Saintes-Claires, avec le titre de lieutenant de vaisseau, du 30 avril au 7 mai 1793, par ordre du Comité central, il fut de nouveau arrêté le 22 brumaire (13 novembre) par un second ordre du comité et envoyé à la maison de l'Esperonnière, parce que, dit le registre d'écrou, « on ne sait pas ce qu'il a fait depuis un an. » Mais il paraît qu'on eut le loisir de chercher et de prendre des renseignements, car, après avoir fait le voyage de Paris tout entier, il fut prévenu, par l'acte d'accusation, « d'avoir été l'agent des émigrés, de s'être montré le plat valet des chefs des brigands, et de s'être, jusqu'au moment de son arrestation, constamment tenu dans leur voisinage ». Je ne sais ce qu'il devint après l'acquittement. — R '.

54. — Alexandre de FLEURIOT D'OMBLEPIED

Issus en juveignerie des *Fleuriot de Carnabat* et *de Langle* de l'ancien évêché de Tréguier, qui portaient : « *d'argent au chevron de gueules, accompagné de 3 quintefeuilles d'azur,* » et qui furent déclarés nobles d'ancienne extraction en 1669, les *Fleuriot d'Omblepied* en Oudon ne purent retrouver leurs titres comme leurs aînés lors de la grande réformation, et ne furent maintenus de noblesse qu'en 1733 par un arrêt spécial du Parlement, avec des armoiries très rapprochées des précédentes : « *d'argent au chevron brisé de gueules, accompagné de trois roses de même, tigées et feuillées de sinople* »; ils comptent parmi eux un page de la Reine en 1750 et firent admettre une fille à Saint-Cyr en 1752. Né à Oudon en 1712, *Alexandre de Fleuriot* avait été capitaine au régiment de Navarre; un de ses frères, maréchal-des-logis des gardes du corps en 1781, devint général dans l'armée vendéenne; un autre fut blessé mortellement à l'attaque de Nantes en juin 1793, et lui-même, impliqué dans l'affaire du comité royaliste d'Ancenis, qui avait fonctionné dans cette ville du 10 juin au 8 juillet 1793 à la suite de son évacuation par les troupes républicaines, avait été traduit devant le tribunal révolutionnaire de Nantes et acquitté le 25 juillet. Il n'en restait pas moins suspect, et nous avons vu dans la relation du comte de la Guère comment tous les deux, prévenus d'avoir eu des intelligences avec les brigands, furent arrêtés de nouveau à Ancenis en novembre et conduits à Nantes. Pendant le voyage de Nantes à Paris, la colonne s'arrêta à Oudon, lieu d'origine de Fleuriot : on parqua les prisonniers dans le cimetière, et la relation de Villenave nous apprend que l'ancien capitaine du régiment de Navarre passa la nuit couché sur la tombe de son père. Après le procès, il revint à Oudon. Son frère fut nommé maréchal de camp en 1814, et un autre membre de sa famille a été député de la Loire-Inférieure à l'Assemblée nationale de 1871. — R**.

55. — FLORENCEAU-DESCOSTIÈRES

Ce créole américain que certaines listes mentionnent sous le simple nom de Descossières ne fut joint, j'imagine, à la colonne, que parce qu'on en voulait à son argent. Ce qui est sûr, c'est qu'il n'alla pas plus loin qu'Angers : le comité révolutionnaire de Nantes le réclama, avec quatre autres, comme si on s'était trompé dans son envoi, et M. Lallié m'apprend que le 19 pluviôse, Florenceau offrait à la nation un don patriotique de deux cents livres. Il est à croire que le comité révolutionnaire, coutumier de la chose, en avait reçu d'abord les prémices. — D[r].

56. — François-Marie FORGET

Le nom de *Forget* était très répandu dans la région de la Loire, et à Nantes à la fin du siècle dernier, et on l'y rencontre dans les situations les plus diverses des partis les plus opposés. Né à Nantes en 1762, *François-Marie* appartenait à une famille anoblie par l'échevinage, qui avait fourni deux échevins de Nantes en 1688 et 1710, et qui portait pour armes parlantes : « *d'or à l'enclume de sable, accompagnée en chef de 3 casques de même.* » Reçu conseiller maître à la Chambre des Comptes en 1783, il s'occupa d'affaires commerciales après la suppression de cette cour, et s'associa avec un de ses cousins qui avait été juge consulaire au tribunal de commerce. Il avait souscrit en 1788 à la fête patriotique des trois ordres, mais les excès de la Révolution avaient singulièrement refroidi son enthousiasme et il fut accusé en 1793 « d'avoir fait enrôler un de ses domestiques dans l'armée des brigands et fourni à ces derniers des fonds pour soutenir la guerre contre la liberté ». Il fit le voyage complet de Nantes à Paris, et obtint, après l'acquittement, qu'on lui rendît son appartement dans lequel on avait placé, le 4 germinal an II, un commissaire des guerres, avec jouissance du mobilier. — R³⁴.

57. — François-Marie-Bonaventure du FOU

Appartenant à une famille originaire de Mûr en Cornouaille, qu'on rencontre depuis un témoin d'une donation à l'abbaye de Bonrepos en 1201, qui porte : « *d'azur à l'aigle éployée d'or* », avec la devise : *Dieu, l'honneur*, et qui fut déclarée noble d'ancienne extraction par arrêt des commissaires de la grande réformation de 1669, notre Nantais était fils et petit-fils de gouverneurs de la ville et château de Pontivy. Son père, *François-Joseph-Marie*, épousa à Nantes en 1762 Thérèse de *Tollenare*, fille d'un riche négociant nantais, et se fixa dans cette ville; et lui-même né à Nantes le 9 novembre 1763, y avait épousé en 1791 Félicité *Jogues*, fille d'un autre négociant. Il s'associa avec son beau-père. Noble et négociant, il avait double titre pour être suspect en 1793 ; il fut donc joint à la sinistre colonne mais, tombé malade à Orléans, il réussit si bien à s'y faire oublier, qu'il n'est plus mention de lui dans l'acte d'accusation devant le tribunal révolutionnaire. Ce qui est sûr, c'est qu'il revint à Nantes et reprit la raison sociale *Jogues, du Fou et compagnie*; il devint bientôt membre, puis président de la Chambre de commerce, chevalier de la Légion d'honneur, membre du conseil général de commerce et candidat au Sénat conservateur. Nommé maire de Nantes par décret impérial du 25 mars 1813, il resta en exercice sous la première Restauration, mais fut remplacé pendant les Cent Jours par Bertrand-Geslin, et reprit possession de la mairie le 19 juillet 1815. Il donna sa démission au mois d'août 1816.

Nommé *comte* par lettres patentes de 1817, en récompense de ses services municipaux, il est mort à Nantes le 14 mars 1833, laissant deux fils, dont le comte *Jules du Fou*, négociant, qui a été consul de Brême. — R¹⁵.

58. — Guillaume FOURAY ou FOURÉ de SALEMBENI

Encore un ci-devant noble. Originaires de Sienne en Italie où ils avaient contracté alliance avec les Farnèse, les *Fouray* ou *Fouré* portent: « *Ecartelé, aux 1 et 4: de gueules au lion d'argent; aux 2 et 3: de gueules à 3 losanges d'argent* » et sont venus des Antilles à Nantes au milieu du XVIII⁰ siècle. Je ne sais s'ils ont quelque relation avec les *Fouré de la Ville-Bessac*, cités au *Nobiliaire* de Courcy, qui portent: « *d'azur au lion d'argent, au chef d'hermines* » et qui ont fourni un échevin de Nantes en 1714. Ce qu'il y a de sûr, c'est que notre *Guillaume*, né à l'île de la Grenade et fils de *Holland* et de Marie *Sauvan*, fut d'abord officier dans les troupes des Iles Sous-le-Vent, puis vint à Nantes où il épousa en 1750 Marie-Anne-Agnès *Galbaud du Fort* (1730-1810). En 1760, il devint conseiller maître à la Chambre des Comptes de Bretagne sur la résignation de son beau-père, et il garda une attitude assez effacée pendant les mouvements qui précédèrent la Révolution, car on ne rencontre pas son nom dans les documents de l'époque. De là à « l'inertie criminelle » il n'y avait qu'un pas ; aussi la liste des suspects s'ouvrit-elle d'autant plus facilement pour lui en 1793, qu'un de ses fils au moins avait émigré. Il put accomplir le voyage de Paris tout entier ; mais, arrivé là, il succomba sur le poids des fatigues et des mauvais traitements, et mourut à Bercy, chez Piquenot, le 13 pluviôse an II, avant d'avoir comparu devant le tribunal, et laissant plusieurs enfants, dont un fils, *Frédéric*, qui mourut vers la même époque à l'armée des princes ; un autre *Dieudonné Guillaume-Louis*, qui fut officier de marine et chevalier de Saint-Louis, et une fille, *Marie-Christine*, qui épousa vers 1780 Joseph *Defrondat*. — R¹⁴.

59. — Pierre-Nicolas FOURNIER

Né à Paris le 3 mai 1747, et fils d'un financier, *Fournier* fut d'abord destiné aux finances et fit ses premières études au collège du Plessis ; mais une conduite fort peu régulière força ses parents à l'enfermer dans un couvent sans qu'il les terminât. Il en sortit pour endosser le harnais militaire et servir d'abord dans le régiment Colonel-Général, puis dans celui de La Rochefoucauld, et enfin pendant treize ans dans l'artillerie de marine où il fit le métier d'ingénieur et se distingua en plusieurs rencontres. Après la paix de 1784, il se retira à Nantes, et fut chargé de la direction du grand théâtre ; puis, lorsqu'on organisa les gardes nationales, il s'en occupa activement, et ce fut lui qui remit, en 1790, le drapeau de la fédération entre les mains de Kervégan, en lui disant : « Monsieur le maire, recevez ce gage du serment que nous avons prononcé entre vos mains : il nous rappellera sans cesse nos devoirs, il nous rappellera qu'être soldat et citoyen, c'est n'avoir qu'un même titre pour maintenir la constitution, être fidèle à la nation, à la loi et au roi¹. »

Peu après il fut nommé inspecteur-voyer de la ville de Nantes, et à une époque où la démarcation était fort incertaine entre les fonctions de l'armée active et celles de la garde nationale, il devint commandant temporaire des troupes. Ce fut lui qui fut chargé de conduire à Paris la force départementale envoyée par Nantes au secours de la Convention, et c'est pour cela que, le 24 frimaire, le comité révolution-

---

[1] Mellinet, *Commune et Milice*, VI, 113.

naire le fit destituer de sa place d'agent-voyer qu'on attribua à Richelot, l'un de ses membres. Dans la nuit du 2 au 3 frimaire, *Fournier* fut arrêté et toutes les troupes qu'il avait sous ses ordres se trouvèrent sans chef dans un moment où une attaque soudaine aurait pu se produire. Il dut faire le voyage de Paris tout entier. et ce qu'il y a de comique dans son cas, à côté du tragique, c'est que l'acte d'accusation l'ayant prévenu d'avoir *conduit* à Paris la force départementale. il est porté sur les listes comme *voiturier*. On sait comment il se défendit :

« Il est vrai que j'ai mené à Versailles une force armée de cent hommes, dans la persuasion où j'étais alors que la représentation nationale était comprimée dans ses travaux, et qu'elle avait besoin d'une force supérieure pour recouvrer sa liberté et délibérer sans entrave ni contrainte ; mais à peine suis-je arrivé auprès du soleil de l'opinion, que je me trouve éclairé par ses rayons. J'acquiers la conviction de mon erreur ; je reconnais toute la liberté de la Convention, toute la suffisance de ses forces pour émettre librement son vote et s'occuper de la prospérité publique. Mes camarades d'armes eux-mêmes ne tardent pas à partager mon opinion ; et par suite de leur dévouement pour la patrie, de cet élan sublime pour la liberté, qui n'envisage que le salut de son pays et ne calcule pas les dangers, mes cent frères d'armes volent au poste le plus périlleux, ils marchent contre les rebelles de la Vendée ; mais auparavent ils fraternisent avec les sections de Paris, et notamment celle de la *Cité* : ils y renouvellent le serment de défendre la *République* une et indivisible ; et dans leur route ils fournissent une nouvelle preuve de leur attachement à la représentation nationale, en arrachant, à Orléans, Léonard Bourdon des mains des factieux qui voulaient l'assassiner. Si à ces traits on peut reconnaître un fédéraliste, je me fais gloire de l'être... »

Après l'acquittement, il reprit à Nantes ses fonctions d'ingénieur-voyer de la ville et se fit bientôt un renom d'archéologue. En faisant des fouilles pour des aqueducs il avait trouvé des médailles : cette découverte lui donna l'idée de faire d'autres recherches, et il enrichit bientôt l'hôtel de ville de tombeaux antiques et d'inscriptions au sujet desquelles il envoya des communications à la *Société académique* dont il avait été l'un des fondateurs. Malheureusement ses lectures sont souvent fantaisistes. Il mourut à Nantes le 20 septembre 1810, ayant composé pour lui-même l'épitaphe qui suit :

> Légiste et financier,
> Et moine et cavalier,
> Artilleur, fantassin,
> Ingénieur, marin,
> Architecte, officier,
> Commandant, prisonnier,
> Vétéran, citoyen,
> Académicien,
> De Nantes antiquaire,
> Voyer pensionnaire,
> Sans fortune et sans bien,
> Maintenant moins que rien[1].

Je ne crois pas qu'il ait laissé de descendants. Il l'eût mentionné dans son épitaphe. — G*.

60. — René-Alexandre GARNIER

Né en 1741, Garnier avait été procureur au présidial de Nantes, et depuis le nouveau régime était avoué près le tribunal du district. Dans une levée de scellés de l'an III, il est qualifié *Garnier Mulnière*, (lisez : *de la Mulnière*), ce qui indique une bonne extraction bourgeoise : mais je ne pourrais dire s'il était parent de *Garnier de Puyloup*, capitaine d'une com-

[1] *Lycée armoricain*, XIII, 13.

pagnie de la milice bourgeoise en 1787, mentionné au recueil de Mellinet. Le *Nobiliaire de Courcy*, aux nombreux noms patronymiques de *Garnier*, ne signale aucun de ces deux noms additionnels. Ce qui est sûr, c'est qu'il ne montrait pas grand enthousiasme pour la Révolution. C'était, dit l'acte d'accusation, « un des agents des ci-devant : il se glorifiait d'être le défenseur officieux des émigrés, et il avait dit publiquement qu'on était plus libre sous l'ancien régime que sous le régime nouveau, » ce qui était assez vrai ; mais il apprit à ses dépens que toute vérité n'est pas bonne à dire. Goullin, qui pourtant lui avait donné un certificat de civisme, insista beaucoup, lors du procès, pour démontrer son défaut de patriotisme ; mais *Garnier* répondit que Goullin lui en voulait depuis qu'il l'avait un jour chassé de la Société où il se trouvait avec lui. Après l'acquittement, *Garnier* reprit son étude d'avoué. L'ordonnance de la levée des scellés chez lui est du 20 brumaire an III. — R[18].

61. — Joseph-Armand GARREAU

Né à Rennes, *Garreau* avait été, comme *Garnier* qui précède, procureur au présidial de Nantes, et exerçait depuis 1790 les fonctions d'avoué près le tribunal de district. Un *Garreau*, sans doute son père, avait été major de la milice bourgeoise en 1759, et un autre, qualifié négociant, signa la souscription patriotique à la fête des Trois Ordres en 1788. Mellinet cite encore du même nom un lieutenant au siège des Eaux et forêts de la maîtrise de Nantes en 1789, élu notable de la municipalité Kervégan en février 1790, et l'un des commissaires des volontaires à la fête de la Fédération. Quant au nôtre, il fut élu procureur de la commune en décembre 1790, mais on trouva sans doute son zèle trop tiède, puisqu'il fut remplacé, l'année suivante, par le violent Dorvo. Pourquoi fut-il arrêté ? Je ne sais trop, et cependant son homonyme, le négociant, avait été nommé officier municipal dans la mairie Renard, installée d'office par Carrier en octobre 1793. Ce que je sais, c'est qu'il fit le voyage de Paris tout entier, et qu'il mourut d'épuisement, à la maison Belhomme, le 4 pluviôse an II, 23 janvier 1791. — D *

62. — René-Joachim GAUTIER

Gautier était architecte et beau-frère de Pellerin, l'ancien député à l'Assemblée constituante, dont la notice va bientôt suivre. Pellerin avait donné sa démission à l'occasion de la constitution civile du clergé et s'était fait à Nantes le défenseur de tous les opprimés, en particulier des religieuses des Couëts. On l'avait emprisonné plusieurs fois : il fallait, paraît-il, que tous ses parents et alliés partageassent le même sort, car le 14 novembre, pendant qu'on arrêtait Mme *Gautier*, sœur de Pellerin, qui fut incarcérée au Bon-Pasteur et mise en liberté le 10 décembre, on conduisait aux Saintes-Claires, sur l'ordre de Bachelier et de Chaux, non-seulement *Gautier*, pour propos contre-révolutionnaires, mais aussi son père. Le malheureux architecte ne put supporter les fatigues du voyage et mourut à la maison de justice d'Angers, le 20 frimaire an II, le jour même où sa femme sortait de prison. — R.".

63 et 64. — Les deux GAZET DU CHATELLIER et DE LA NOE

Originaire du comté nantais, la famille *Gazet*, qui porte : « d'argent à trois grenouilles de sinople, » a produit deux échevins de Nantes de 1576 à 1588, deux conseillers au Parlement de Bretagne en 1587 et 1625, et a été maintenue de noblesse par les commissaires de la grande réformation en 1669. Officier d'infanterie et chevalier de Saint-Louis, *Michel Gazet du Chatellier*, dit *Gazet l'aîné*, avait épousé en 1707 Claire-Elisabeth de *Bossinot* et vivait à Saint-Léger, tandis que son neveu à la mode de Bretagne (et non pas son frère) *Jacques-Pascal-Michel Gazet, de la Noë*, dit : *Gazet, le jeune*, aussi ancien officier, habitait le Pont-Saint-Martin. Tous les deux, accusés de s'être montrés les agents du despotisme et de la tyrannie, furent inquiétés dès le mois de septembre 1793, mais ils avaient obtenu du bureau des émigrés une décision qui leur accordait deux mois pour fournir les preuves de leur non émigration : cela ne les empêcha pas d'être arrêtés en brumaire et d'être joints à la colonne. *Michel du Chatellier*, l'aîné, ne put supporter les fatigues du voyage. Laissé malade à Angers, il y mourut à l'Hôtel-Dieu le 1ᵉʳ nivôse an II (21 décembre 1794), tandis que *Gazet de la Noë* put achever le voyage et fut acquitté avec ses compagnons. L'arrière-petit-fils de *Michel du Chatellier* est aujourd'hui maire de Saint-Léger, et l'*Espérance du Peuple* du 30 septembre 1893 a consacré une notice émue à la mémoire de son père, *Michel Gazet du Chatellier*, un des derniers survivants, à cette époque, du combat du Chêne en 1832. — R** et R**.

65. — René GESLIN

Riche négociant nantais, *René Geslin* avait été consul en 1782, échevin en 1786 et 1787, député à Rennes pour complimenter le Parlement lors de sa rentrée en octobre 1788, et avait été candidat à l'anoblissement au commencement de 1789. Ses richesses étaient à tel point convoitées par le comité révolutionnaire, que, lors du procès de celui-ci, le président demanda à Bachelier si les 6.000 livres que Goullin et Chaux avaient pris dans la caisse du comité pour certain voyage de Paris ne provenaient pas d'une somme de 80.000 livres que Geslin avait versée pour ne pas être incarcéré. Bachelier nia, mais Goullin avoua que Geslin avait fait un don de 30.000 livres à la municipalité et n'avait pas été arrêté. Dans les notes de Bachelier sur le procès, on lit que ce don de

30.000 livres n'aurait pas été fait à la municipalité, mais aux hôpitaux et à la Société populaire. En réalité, c'était bien le comité révolutionnaire qui encaissait toutes les sommes versées ou offertes sous différents prétextes. Malgré l'affirmation de Goullin, *Geslin* fut cependant arrêté, car il déposa au procès du comité que, pendant qu'il était en prison, la compagnie Marat s'empara de 200 milles livres de tabac qu'il expédiait à Paris et les fit vendre. Un fait qui rend les recherches difficiles, c'est que *Geslin* avait un fils nommé *René* comme lui. Ce qui est probable, c'est sans doute que le père, faisant partie de la colonne des 132, fut élargi à Angers à la suite du versement dont il vient d'être question ; il est certain que le fils fut transféré, le 6 nivôse, de l'Esperonnière aux Saintes-Claires, puis au Sanitat, et que le séquestre mis sur ses biens fut levé le 3 germinal an II. Un peu auparavant, le 15 juin 1791, *Adélaïde-Marguerite Geslin*, fille de l'ancien échevin, avait épousé le capitaine Jean-Baptiste-Charles *Bertrand*, qui prit le nom de *Bertrand-Geslin*, devint maire de Nantes en 1805, fut créé baron de l'Empire en 1810[1], et est l'auteur des *Bertrand-Geslin* de nos jours. — R".

66. — Théodore GESLIN

Je ne saurais affirmer si ce *Geslin* appartenait à la même famille que le précédent. Ce que je puis dire, c'est qu'il était né à Soissons en 1761, et qu'établi marchand de toile à Nantes, il fut accusé en 1793 d'être un royaliste décidé et d'avoir sollicité publiquement la demande de la clôture des tribunes de l'Assemblée nationale. Moins heureux que son homonyme élargi à Angers, il fit le voyage de Paris tout entier et je ne sais ce qu'il devint après l'acquittement. — R".

---

[1] Voy. René Kerviler, *Bio-bibliographie bretonne*, à l'article *Bertrand*.

67. — Pierre-Charles HAMON de la THÉBAUDIÈRE

Négociant à Nantes, *Charles Hamon*, qui figure sur certaines listes sous le nom estropié de *Charlemont*, avait pris part en 1788 à toutes les manifestations du grand mouvement réformiste qui précéda la Révolution. Il avait souscrit à la fête patriotique des Trois Ordres, signé la grande requête du Tiers-États nantais et adhéré à la souscription patriotique de décembre ; mais son zèle se calma à mesure que les excès s'accentuèrent, et il fut arrêté en 1793 sous l'inculpation « d'avoir prêché la contre-révolution dans tous les tripots littéraires, et de ne s'être déterminé à arborer la cocarde nationale qu'en 1791, lorsqu'il y fut contraint par les menaces du peuple ». Je perds sa trace après l'acquittement ; mais sa famille est encore représentée à Nantes de nos jours. — R¹¹.

68. — Augustin HERNAUD

Né à Nantes en 1757, Augustin *Hernaud* était commis voyageur pour l'horlogerie, et les absences qu'il était obligé de faire pour le commerce de sa profession ayant paru suspectes aux comités révolutionnaires, il fut inscrit sur la liste des émigrés en 1792 et peu après rayé de la liste, quand il eut prouvé la nécessité et la légalité de ses voyages ; mais c'était un tiède clubiste : on l'accusa non seulement d'affecter l'inertie criminelle, mais de fréquenter les aristocrates et de se livrer à l'accaparement du numéraire. Je crains fort que le vrai motif de son arrestion en 1793 ne fût le désir de s'emparer de ce qu'il avait en magasin, car ses bijoux furent pillés, et la déposition de Vic, dans le procès de la compagnie Marat, prouve que Goullin et Chaux furent mêlés à cette affaire. Ce qui est sûr, c'est que, compris dans la colonne des 132, il s'évada pendant la nuit à Oudon, fut repris quelques jours après et réintégré à Angers. On a prétendu que son évasion n'était que simulée, qu'elle avait été convenue d'avance et qu'elle devait servir de prétexte à la fusillade en masse de la colonne. Il est assez difficile de savoir ce qu'il y a de vrai dans cette supposition qui a pourtant quelque caractère de vraisemblance. Ayant repris rang parmi ses compagnons d'infortune, il fit le voyage tout entier, fut compris dans l'acte d'accusation, avec les Bascher, les Bodin, les Chaurand, les Durocher, parmi ceux qui étaient prévenus de délits contre-révolutionnaires. Je ne sais ce qu'il devint après l'acquittement. — R¹³.

69. — François HERVÉ

Né à Avranches en 1759, Hercé porte sur la liste du tribunal révolutionnaire la qualification d'avocat du clergé. C'était plus qu'il n'en fallait pour être suspect : aussi fut-il emprisonné aux Saintes-Claires le 16 brumaire, et traduit au tribunal sous l'inculpation d'inertie criminelle, et de délits tendant au système de contre-révolution. Il revint à Nantes après l'acquittement, et la levée du séquestre sur ses biens est datée de frimaire an III. — R¹⁶.

70. 71. — Joseph et Nicolas HUGUET

Nés à Niort, les deux frères Huguet faisaient partie des molestes de la colonne. L'ainé, Joseph, était trompette de ville ; le second, Nicolas, simple serrurier. On les accusa, comme tant d'autres, d'inertie criminelle, et ils furent emprisonnés à la maison de l'Esperonnière, le 3 frimaire an II. Tous les deux accomplirent le voyage de Paris, mais l'aîné mourut à la prison de la Force, le 3 ventôse an II (21 février 1794) et son frère comparut seul devant le tribunal révolutionnaire. — R¹⁷ et ¹⁸.

72. — Jacques ISSAUTIER

Né à Paris en 1768, et commis aux vivres de la marine à Nantes, Issautier était accusé d'avoir manifesté son attachement à la tyrannie en disant hautement qu'il assassinerait ceux qui avaient voté la mort du roi ; mais il se défendit devant le tribunal en déclarant que Chaux ne l'avait calomnieusement dénoncé que parce qu'il était son débiteur. Et de fait, il publia pendant sa détention à Paris une brochure apologétique intitulée : *Exposé de la vie révolutionnaire de Jacques Issautier*, commis des vivres de la marine et soldat cavalier de la garde nationale de Nantes (S. L. Belin, an II, in-4°, 4 p.) qui semble prouver que son arrestation doit être attribuée à une simple vengeance. J'ajouterai qu'il est l'un des dix signataires de la relation Villenave avec Dorvo, Sottin, Pineau et autres. Je le classe donc parmi leurs amis. — o¹°.

73. — Pierre-Louis JAILLANT DE CHANTELOT

Né à Troyes en 1741, *Jaillant*, qui ne figure ni sur la liste des Archives nationales, ni sur celle de Verger, était négociant : il adhéra à la fête patriotique des Trois Ordres, le 16 septembre 1788, et signa la grande requête du Tiers-État quelques jours après ; mais il borna là ses velléités révolutionnaires, et l'accusation le classe parmi les coupables d'inertie criminelle. Il mourut à Paris peu après l'acquittement. C'est tout ce que j'ai pu découvrir sur lui : comme il n'était, ainsi que les quatre précédents, ni Breton, ni Nantais, les recherches sur son sujet sont plus difficiles que pour nos véritables compatriotes. — R¹².

74. — Henri JAMES

Né en 1751 à l'Epinay en Poitou, *James* était médecin à Nantes et accusé d'avoir prêché la contre-révolution dans tous les lieux publics. Emprisonné à la maison de l'Esperonnière le 25 brumaire an II, il fit le voyage de Paris tout entier, et je ne sais ce qu'il devint après l'acquittement. — R¹⁰.

* — François-Marie KERVERSEAU
Voy. — PERRICHOU de KERVERSEAU

75. — Pierre-François LAMÉ-FLEURY

Né à Nantes en 1751, *Fleury* était négociant dans cette ville et suspect de royalisme outré. Incarcéré aux Saintes-Claires le 20 brumaire an II pour propos inciviques, il fut prévenu par l'acte d'accusation d'avoir été « l'un des chefs de l'infâme complot tramé contre la sûreté de Nantes et des patriotes de cette ville ». Les scellés furent mis sur ses meubles, malgré les réclamations de sa fille. Resté malade à Angers, il rejoignit ensuite la colonne et comparut devant le tribunal révolutionnaire. Je perds sa trace après le jugement, mais je le crois père d'un ingénieur des mines qui était examinateur à l'École polytechnique en 1860. — R¹¹.

76. — Jean LANDAIS DU PÉ

Né à Couéron, *Landais* appartenait à une famille de bonne bourgeoisie locale qui aspirait à l'anoblissement par le service militaire. Il y a un *Landais* aîné parmi les signataires de la grande requête du Tiers-Etat de Nantes en 1788, et un *René Landais* parmi les blessés du combat de Nort, en juin 1793. Ancien capitaine aux grenadiers royaux, et chevalier de Saint Louis, celui-ci fut emprisonné aux Saintes-Claires le 15 octobre comme *conspirateur* et fit le voyage de Paris tout entier, mais il mourut de ses fatigues à la maison Belhomme, le 12 pluviôse an II (31 janvier 1794), avant de comparaître devant le tribunal révolutionnaire. — R¹².

77. — Pierre LAPORTE

Né à Nantes en 1754, Laporte était un simple marchand fripier et signa la grande requête du Tiers-État de Nantes en 1788, mais les excès irréligieux de la Révolution l'avaient indigné et il ne le cachait pas. Arrêté le 2 frimaire pour délits fanatiques, il fit le voyage de Paris tout entier, et je le perds de vue après l'acquittement. — R¹².

78. — Henri-Nicolas LATOISON

Né au Port-au-Prince, en Saint-Domingue, vers 1747, Latoison, après fortune faite, était venu se fixer à Nantes et s'était lié avec Coustard de Massy, aussi originaire de Saint-Domingue et l'un des principaux chefs du mouvement révolutionnaire à Nantes ; mais il eut le malheur d'avoir besoin des eaux d'Aix-la-Chapelle au commencement de 1792 ; quand il en revint on le traita comme émigré, et il fut incarcéré au château de Nantes du 20 décembre 1792 au 30 janvier 1793. Quand il eut démontré son innocence on le relâcha et il fit preuve de patriotisme lors de l'attaque de Nantes par les Vendéens en juin 1793, où il fut blessé. Son amitié avec Coustard le perdit. Celui-ci ayant été déclaré hors la loi comme Girondin, puis guillotiné à Paris, Latoison fut incarcéré le 8 brumaire sur un navire hollandais, puis compris dans la colonne des 132 et traduit devant le tribunal révolutionnaire, comme « prévenu d'avoir correspondu avec les émigrés, d'avoir émigré lui-même, et de n'être rentré qu'au mois de mai 1792 ; d'avoir extorqué de faux certificats de résidence aux magistrats de Lille, enfin de s'être montré l'un des ardents propagateurs du système fédéraliste dans les assemblées sectionnaires, et d'avoir persécuté les patriotes ».

On a vu dans la reproduction des interrogatoires comment il se défendit, niant énergiquement ce qu'on lui imputait et ajoutant : « bien différent du témoin qui ne sait hasarder que des soupçons, des bruits vagues, j'offre, je propose des preuves de tout ce que j'avance. » Il fut l'un des signataires de la relation Villenave, et je ne sais ce qu'il devint après l'acquittement. — o¹¹.

79. — Pierre-Alexandre-Martial LATOUR

Né au Cap-Français en Saint-Domingue, en 1757, *Latour* était compatriote de Latoison qui précède, et vint comme lui se fixer près de Nantes après fortune faite dans la colonie. C'était un des patriotes à idées modérées de Machecoul, et il fit, à ce titre, partie du comité organisé par les insurgés en mars 1793 ; aussi fut-il traduit devant le tribunal exceptionnel de Nantes après la reprise de Machecoul, mais acquitté le 28 mai 1793¹. Cependant il resta suspect, et en octobre il fut arrêté par la Compagnie Marat qui lui vola son argent, son argenterie et ses certificats de civisme ; et joint, malgré son acquittement, à la colonne des Nantais, sous prétexte « d'avoir entretenu des intelligences très actives avec les brigands et d'avoir été membre d'un de leurs comités ». Je perds sa trace après l'acquittement. — D¹¹.

LAVILLE. — Voy. DE LA VILLE

80. — Pulchérie LECOMTE

Né à Nantes en 1763, *Lecomte* était simple commis des douanes dans cette ville et avait été délégué à la fête de la fédération à Paris, en juillet 1790. Il n'était accusé que de l'inertie criminelle qui en fit incarcérer tant d'autres. — R¹¹.

¹ Lallié, *District de Machecoul*, p. 315.

81. — Jean Baptiste LE MASNE de CHERMONT

Né à Nantes en 1734, *Lemasne* était négociant à Nantes. Pour lui pas d'hésitation : c'était un réactionnaire avéré, bien qu'il eût en 1788 souscrit à la fête patriotique des Trois Ordres et signé la requête du Tiers Etat ; mais les excès de la révolution lui avaient ouvert les yeux, et en 1793 on l'accusait d'avoir tenu chez lui des conciliabules et rassemblements de fanatiques, d'avoir recélé des prêtres réfractaires, et entretenu des intelligences et correspondances avec les déportés. Il reprit son commerce après l'acquittement. — Il y a aujourd'hui des *Lemasne* à l'ancienne abbaye de Prières, à Nantes et à Lorient. — R¹³.

82. — François-Hilarion LEPOT

Souscripteur de la fête patriotique des Trois Ordres en 1788, puis signataire de la requête du Tiers-Etat de Nantes, *Lepot* s'était montré ardent réformiste aux débuts de la Révolution. Officier municipal en 1790 et notable en 1791, il disparaît ensuite de la scène politique ; mais il fut accusé en 1793 d'avoir envoyé 400 livres aux brigands, et incarcéré aux Saintes-Claires, le 21 brumaire an II. Il ne put effectuer tout le voyage. Resté malade à Angers, il mourut à l'Hôtel-Dieu de cette ville le 2 nivôse an II (22 décembre 1793). — R¹⁴.

83. — Julien LEROUX

Né à Nantes en 1733, *Leroux* était tanneur et négociant en cuirs. On rencontre son nom dans toutes les manifestations patriotiques de Nantes en 1788 ; puis il fit partie du comité permanent qui se substitua au conseil des échevins en juillet 1789, ensuite des notables de la municipalité de 1790 jusqu'en novembre 1791 : c'était donc un des révolutionnaires de la première heure, mais son zèle se calma et il devint fédéraliste quand la liberté de la Convention fut entravée par les exigences et les irruptions des sections de Paris. Comme il était riche, on l'accusa d'accaparement et il fut arrêté par les Maratistes. Le 18 frimaire, dans une levée de scellés apposés sur une armoire de sa femme, on trouva des lingots d'or et d'argent et 2.500 livres en assignats. Le tout fut prestement enlevé et porté au comité révolutionnaire. Aussi l'acte d'accusation portait-il qu'il était « soupçonné d'avoir accaparé une grande quantité de cuirs, que l'on a trouvés chez lui, et qu'il refusait de vendre, ne trouvant même pas le prix exorbitant auquel il l'avait porté, avant la loi du maximum, suffisant à son ambition. — Il s'est permis d'expédier des cuirs dans un temps où il savait que ses concitoyens et le service public même étaient prêts d'en manquer. Il est en outre prévenu d'avoir signé l'arrêté fédéraliste du 5 juillet. »

Il revint à Nantes après l'acquittement et je le retrouve, en 1795, assesseur du juge de paix de l'un des cantons de Nantes. — o".

84. — Michel-Jean LUETTE de la PILORGERIE

Issu d'une famille originaire du Maine qui portait « de gueules à 3 lions d'hermines couronnés d'or », Luette descendait d'un sénéchal de Châteaubriant et naquit vers 1715. Capitaine au régiment de Laval, il fut blessé sur la brèche de Berg-op-Zom en 1747, et ne pouvant continuer le service actif, il devint correcteur à la Chambre des Comptes de Bretagne, où dont l'un de ses fils fut nommé maître en 1785. Presque octogénaire au moment de la période aiguë de la Révolution, il n'émigra point, mais suspect de royalisme il fut incarcéré en octobre 1793. C'est lui qui tomba à Angers sur des bouteilles cassées, et qui, laissé sans secours, mourut de ses affreuses blessures le 11 nivôse an II (31 décembre 1793). Son petit-fils, littérateur distingué, est l'auteur de la lettre qui fut publiée, en 1882, dans la *Revue de Bretagne et de Vendée*, pour protester contre les appréciations beaucoup trop exclusives de M. Camparion au sujet des 132 Nantais. — R⁰.

85. — Jean-Clair MABILLE des GRANGES

Issu d'une ancienne famille qui a produit un secrétaire du roi en 1375, un sous-maire de Nantes en 1687, et des auditeurs de la Chambre des Comptes de Bretagne depuis 1705, *Mabille* était né à Bouzillé en 1760, et n'occupait point de fonctions publiques au moment de la Révolution ; mais ses relations de famille le rendaient suspect. Arrêté une première fois le 22 brumaire an II et enfermé à la maison de l'Esperonnière, il fut élargi le 3 frimaire, sans doute parce que la dénonciation n'avait point paru suffisante, puis arrêté de nouveau, le 21 frimaire, avec deux autres membres de sa famille. L'acte d'accusation lui impute, avec la qualification de rentier, cette inertie criminelle qui donnait un si facile prétexte aux arrestations arbitraires. Un de ses petits-fils, notre excellent confrère M. Henri Le Meignen, conserve encore un pieux souvenir, la paire de sabots avec lesquelles Mabille des Granges accomplit le terrible voyage. — R⁰.

• MALMUSSE

Voy. ci-dessus Colas de MALMUSSE

86. — Bonaventure MARGUERIN DE LONGTIER.

Né à Noyon en 1763, *Marguerin* était avant la Révolution juge de la Monnaie à Nantes ; et lorsque ce tribunal fut supprimé, il se fit négociant. Comme le précédent il fut accusé d'inertie criminelle et subit le voyage tout entier.

Après l'acquittement, on le retrouve comme témoin dans le procès du comité révolutionnaire, signalant le pillage des effets des prêtres noyés ; puis je perds sa trace et j'ignore ce qu'il est devenu. — R.^{ss}.

87. — Pierre-Jean MARIE

Né à Nantes en 1730, *Marie* était avocat dans cette ville et sans doute parent de *Marie de Cetray* qui fut député de Nantes à l'Assemblée législative en 1791. Après avoir été échevin en 1771 et 1772 et sous-maire en 1773, qualités que j'ai maladroitement attribuées à *Marie de Cetray* dans mes études sur *Cent ans de représentation bretonne* (2e série, l'Assemblée législative, Paris, Perrin, 1892, in-8°), il fut nommé membre du comité d'administration provisoire de la Commune, en juillet 1789, mais ne reparut plus dans les élections municipales en 1790. Il est vrai qu'il s'était compromis en signant avec ses confrères, les avocats Angebault et Rimbaud, une consultation en faveur des protestations du chapitre contre sa dissolution. Aussi suis-je porté à croire que ce n'est pas lui qui figure parmi les membres de l'administration départementale élus en août 1791. Ce qu'il y a de sûr, c'est qu'il fut arrêté en 1793 sous l'inculpation d'inertie criminelle. Je ne sais ce qu'il devint ensuite. — R^{ss}.

88. — René de MARTEL

Issu d'une ancienne famille du comté nantais qui avait été maintenue de noblesse d'extraction à la réformation de 1668 avec les armes « *d'or à 3 marteaux de sable* », et qui avait fourni un capitaine du château de Pirmil en 1585, un chevalier de l'ordre du Roi en 1600, un lieutenant général des armées navales en 1650 et un brigadier de cavalerie en 1748, *René de Martel*, que je crois fils de ce dernier, était né à Nantes en 1731. J'ai recueilli peu de renseignements sur sa biographie, mais je sais qu'il souscrivit en 1788 à la fête patriotique des Trois Ordres, et qu'il ne cachait pas, bien que n'ayant pas émigré, sa répulsion pour les excès révolutionnaires. Aussi fut-il incarcéré une première fois aux Saintes-Claires du 9 avril au 29 mai 1793. De nouveau arrêté en novembre, il fut joint à la colonne des Nantais sous l'inculpation de s'être montré l'un des agents du despotisme. Il revint à Nantes après l'acquittement et fut remis en possession de ses biens le 29 vendémiaire an III. — R[e].

89. — Jacques MARTIN, dit : DURADIER

Né en 1750, Martin était négociant, et s'était lancé de bonne heure dans le mouvement révolutionnaire. Délégué à la fête de la fédération à Paris en juillet 1790, il avait été élu peu après capitaine de la compagnie de la garde nationale nantaise dite : de la *Fidélité*, puis il avait élevé la voix dans les clubs et son importance avait paru suffisante pour qu'on le nommât commissaire chargé du recrutement des 300 mille hommes en mars 1793, puis commissaire du conseil exécutif à Nantes. C'est alors qu'il versa dans le fédéralisme. Beysser l'avait pris comme secrétaire, et Beysser ayant été compris dans les hécatombes du parti girondin, Martin devait le suivre. Au retour d'une mission dans les départements voisins en septembre 1793 pour acheter des grains qui manquaient à l'approvisionnement de la ville, il fut arrêté le 17 brumaire et conduit aux Saintes-Claires, avec la mention suivante sur l'écrou : « Fédéraliste enragé, vrai crapaud du Marais; prôneur de Du Chatel, et girondin persécuteur des Marat, des Robespierre, des Parisiens et de la Montagne... » Mellinet rapporte que Chevas étant allé demander à Goullin son élargissement : « Les négociants sont tous des aristocrates, répondit celui-ci, et tu dois en être un toi-même puisque tu prends leur défense. » Chevas eût été conduit en prison, si Bachelier ne fût intervenu en sa faveur[1]. Duradier

---

[1] Mellinet, *Commune et Milice*, VIII, 219.

fit le voyage de Paris tout entier et fut traduit devant le tribunal révolutionnaire comme « prévenu d'avoir été l'un des orateurs du club de la Halle, et corrupteur du ci-devant commandant Beysser, et la trompette constante du fédéralisme. » Sa défense fut faible : « Il est possible, dit-il, que j'aie été entraîné dans l'erreur, que j'aie eu des irrésolutions ; mais mes opinions n'ont jamais été nuisibles à la République... » Je le perds de vue après l'acquittement. — G¹¹.

90. — Pierre-Julien MAUBLANC

Né à Noirmoutier en 1759 et négociant à Nantes, *Maublanc* devait appartenir à une famille qui figure au Nobiliaire de M. de Courcy, comme portant « *d'azur à trois roses d'or* » ; comme seigneur de la Souchais en Saint-Philbert de Grand-lieu, et comme ayant produit *Pierre*, secrétaire du roi près la chancellerie de Toulouse, anobli en 1770. Les maratistes en voulaient surtout à sa fortune. Ils l'arrêtèrent sans ordre du comité, et lui prirent non seulement son argent, mais même celui qu'il avait en dépôt pour des patriotes. Joint à la colonne des Nantais, il fit le voyage en entier et comparut devant le tribunal révolutionnaire sous l'inculpation d'avoir un fils émigré et de lui avoir envoyé des secours. — R¹².

91 et 92. — Louis-Joseph et Louis-Victor DE MENOU

Issus d'une famille originaire du Perche qui porte « *de gueules à la bande d'or* », qui compte un croisé à la prise de Damiette en 1218 et, en sens inverse, un député aux Etats généraux de 1789 pour la Touraine, général de division en 1793, qui fit partie de l'expédition d'Egypte avec Bonaparte et s'y fit musulman sous le nom d'Abdallah, nos deux Nantais appartenaient à une branche qui se fixa en Bretagne où elle eut des abbés de Saint-Mathieu et de Bonrepos, des lieutenants de roi au château de Nantes, un commandant des 5 évêchés de Haute-Bretagne, et où elle hérita en 1752 de la baronnie de Pontchâteau à la mort du dernier duc de Coislin[1]. *Louis-Joseph de Menou* avait été lieutenant de roi au château de Nantes après son père, qui avait eu en 1718 une grande dispute avec le maire de Nantes parce que chacun d'eux prétendait offrir les clefs de la ville au duc de Penthièvre lors de son voyage en Bretagne. Il souscrivit à la fête patriotique des Trois États en 1788, ce qui ne l'empêchait pas de transmettre militairement les ordres du roi à la Chambre des Comptes pour les enregistrements forcés. *Louis-Victor*, son fils, avait été colonel du régiment de la Sarre. Tous les deux furent arrêtés le 17 brumaire an II comme agents du despotisme et incarcérés au château qu'ils avaient si longtemps habités, mais *Louis Victor* fut peu après relâché, et de nouveau arrêté et conduit aux Saintes-Claires le 30 du même mois. Tous les deux accomplirent le fatal voyage ; mais tous les deux aussi, épuisés de fatigues, moururent à la prison de la Force à peine arrivés à Paris : le père, le 4 pluviôse an II (23 janvier 1794), et le fils, deux jours après, le 6 pluviôse. — R*** et R**.

93. — Pierre MERCIER

Né à Chambéry et négociant à Nantes, *Mercier* signa la grande requête du Tiers-État en 1788, mais se guérit vite de son zèle réformiste, et fut arrêté le 14 brumaire an II et emprisonné aux Saintes-Claires pour avoir tenu des propos inciviques et avoir été trouvé *possesseur de livres de blason !..* L'acte d'accusation le classe parmi les prévenus d'inertie criminelle, et je ne sais ce qu'il devint après l'acquittement. — R**.

---

[1] On trouvera une bonne étude généalogique sur la maison de Menou dans l'*Annuaire de la noblesse de France* par Borel d'Hauterive pour 1852, p. 247 à 257.

* **MERCIER ou MERCY-BERENGER**
Voyez ci-dessus BERENGER
* — MONTBLANC — voy. MAUBLANC
* MERGERIN — voy. MARGUERIN

94. — Denis MONGIN

Cet infortuné ne figure sur aucune des listes imprimées jusqu'ici, mais M. Lallié a trouvé son nom sur une liste manuscrite contemporaine en laquelle il a toute confiance, et m'écrit qu'il est d'avis de l'admettre dans la liste définitive. C'était un receveur des consignations, qui fut incarcéré aux Saintes-Claires le 6 frimaire an II, et qui mourut en prison avant de comparaître devant le tribunal révolutionnaire. Je ne sais pas autre chose sur lui. — D^e.

95 et 96. — Joseph et Salomon de MONTI

Issus d'une ancienne famille originaire de Florence dont une branche s'établit en Bretagne au XVIe siècle et porte « *d'azur à la bande d'or, accostée de deux monts de six coupeaux de même* », nos deux Nantais descendaient d'un maître à la Chambre des Comptes, échevin de Nantes en 1573, qui fut le père de *Pierre*, maître des Comptes en 1600, père lui-même d'*Yves*, maître des Comptes en 1625 et maire de Nantes en 1611. La famille compte deux chevaliers de Malte, une fille à Saint-Cyr et cinq pages du roi de 1710 à 1782, ce qui indique de nombreuses preuves de noblesse. *Joseph de Monti* était seigneur *de Bogat* en Guérande, et *Salomon*, seigneur *de Friguel* en Guémené-Penfao. Le premier fils de *Joseph Claude de Monti*, chevalier de Saint-Louis et de Saint-Lazare, aide-major au régiment de Poitou, et de Louise-Eulalie

Danizy, souscrivit à la fête patriotique des Trois Ordres des citoyens de Nantes en 1788, mais cela ne le mit pas à couvert des insultes de la populace. Il y eut une émeute à Nantes le 18 juillet 1789, à la nouvelle de la prise de la Bastille ; plusieurs nobles furent insultés dans les rues, et *M. de Monti* fut poursuivi, « la baïonnette aux reins et le sabre levé sur la tête, par une multitude irritée, lorsqu'un homme se jeta au devant de lui pour le préserver et parvint à l'arracher à une mort certaine'... » Cet homme était Chaux, qui, plus tard membre du comité révolutionnaire, devait le faire emprisonner. *Salomon Louis-Marie*, plus jeune, né à Nantes en 1756, était fils de *Jacques-Hypolyte*, seigneur de *Friguel*, capitaine de la maison royale en 1750, et de Marie-Louise-Flavie Morand du Deron, et neveu du président. D'abord page de la grande écurie du roi, il fit partie de la cavalerie de la garde nationale de Nantes, et fut déclaré émigré en 1792 malgré un certificat de résidence à Friguel. Traduit devant le tribunal révolutionnaire de Nantes en juillet 1793 avec Fleuriot et plusieurs autres pour avoir été membre du comité royaliste d'Ancenis pendant l'occupation vendéenne, il fut acquitté le 25 juillet ; mais en octobre tous les deux devinrent de bonne prise. Tombé malade à Angers, *Joseph* mourut à la prison de la Sénéchaussée de cette ville le 20 frimaire an II (10 décembre 1793), et *Salomon* put seul accomplir le voyage en entier. Prévenu, devant le tribunal révolutionnaire de Paris, d'avoir eu des intelligences criminelles avec les brigands d'Ancenis, et même d'avoir été membre de leur comité, il se défendit en justifiant de son premier acquittement, et revint à Nantes où la famille *de Monti* a encore de nombreux représentants. Marié le 23 novembre 1781 à demoiselle Marie-Anne Pilletto dont il eut plusieurs enfants, il mourut en octobre 1812 — R⁶⁶ et R⁶⁷.

¹ Mellinet, *Commune et Milice*, VI, 33.

BERNARDIN-MARIE PANTIN
COMTE DE LA GUÈRE

97. — Jean-Louis-Adhémar de MONTRÉAL

Je n'ai que fort peu de renseignements sur cet *ex-noble du Quercy*, ainsi le désigne son écrou, qui était directeur des sels à Nantes et qui, ayant subi toutes les fatigues du voyage de Paris, mourut à la maison Belhomme le 5 pluviôse an II (24 janvier 1794) avant de comparaître devant le tribunal révolutionnaire. L'indication *d'ex-noble* démontre assez qu'il n'était pas républicain. — R^{es}.

98. — Jean-Baptiste-Bernard ONFROY de BRÉVILLE

Issu d'une ancienne famille de Normandie qui portait « d'or à la bande d'azur », et né en 1750, *Onfroy de Bréville* était négociant à Nantes et souscrivit à la fête patriotique des Trois Ordres en 1788, puis fut délégué à la fête de la Fédération à Tours en 1790. Mais là se borna son zèle en faveur du nouveau régime. Aussi fut-il inculpé d'inertie criminelle, formule élastique et commode pour inculper les suspects. Il revint à Nantes après l'acquittement, et le *Livre Doré* m'apprend qu'il fut juge au tribunal de commerce de 1795 à 1800. L'un de ses fils était inspecteur général des Ponts-et-Chaussées et directeur de l'École des Ponts-et-Chaussées en 1855. — R^{es}.

99. — Bernardin-Marie PANTIN de la GUÈRE

Nous arrivons à l'auteur même de la relation que nous avons publiée au premier chapitre: c'est pourquoi nous nous étendrons un peu plus sur lui que sur ses compagnons d'infortune.

Originaire du village de Pantin près Paris, la famille *Pantin* forma plusieurs branches dans l'Ile de France, en Angleterre, puis en Bretagne, Anjou, Poitou et Berry. On connaît, d'après une ancienne chronique de Bretagne, *Renaud*

Pantin qui vivait en 181¹. Les seigneurs de Pantin s'allièrent aux maisons d'Escouin, de Meulon, de Louvre, de Puiset, de Poissy, de la Queue, de Chasteaufort, de Chevreuse, (Chevreuse-ancien), de Moreuil, de Laigle, etc. Les alliances de la branche des seigneurs de Richemond en Angleterre ne nous sont pas aussi connues, mais nous savons que lord Richemond, reconnaissant une origine commune et la parenté qui l'unissait au comte de Landemont, lui servit une pension d'un louis d'or par jour pendant tout le temps de son séjour en Angleterre durant l'émigration. *Philippe Pantin*, après avoir abandonné le toit paternel, et guerroyé longtemps pour le roi d'Angleterre au XII° siècle, se maria une première fois avec l'héritière de la maison de Richemond, puis en secondes noces avec Hameline de *Beaupréau, dame de la Hamelinière*², arrière-petite-fille de Hamelin de Beaupréau, fils puisné de Gasselin ou Goscelin de Rennes, sire de Beaupréau, qui fit bâtir le chasteau de Hamelin³, appelé depuis le chasteau de la Hamelinière⁴. Là fut le principal

¹ Cette origine des anciens seigneurs de Pantin est encore prouvée par les armoiries presque semblables et la devise identique que porte la ville de Pantin, près Paris.

² « La Hamelinière, en Anjou, chatellenie en droit de forteresse et de guet avec les paroisses de Landemont, de la Chaussaire et de la Bouzière, les fiefs de la Hamelinière dans Tillères, aussi en haute, basse et moyenne justice, le four à ban et les dixmes de Drain, vingt-huit métairies, moulins à eau et à vent et quantité de rentes foncières et autres, « le tout contenant plus de trois lieues de chemin de proche en proche ». Cette terre n'est sortie de la famille qu'en 1701, époque à laquelle elle a été vendue à des cohéritiers. Le chartrier en a été en partie transporté au château de la Guère, en Mésanger, près Ancenis, et en partie dispersé ailleurs.

³ Table généalogique des seigneurs de Beaupréau en Anjou issus des comtes de Rennes.

⁴ La terre de la Hamelinière appartient actuellement à M. le comte des Nétumières, près Vitré, qui a hérité de cette propriété par sa femme, nièce de M. de la Guémeraye qui lui-même en avait hérité de sa mère Mᵐᵉ de la Guémeraye, née de Goyon. Le château a été l'un des premiers brûlés par les Bleus pendant la grande guerre de Vendée. Les ruines du château se trouvent à 3 kilomètres de Champtoceaux et la grande route passe à 500 mètres de là. Des chemins de traverse assez mauvais y conduisent. Une ferme est installée dans une partie du château dont il reste quatre tours, deux grandes et deux petites, bien conservées, entourées d'eau.

nid de la famille *Pantin* que l'on suit depuis la fin du XII° siècle par titres de toutes sortes, fondations ou contrats de mariage.

En voici la première : La veille de saint Michel 1211, *Raimond Pantin* fit une fondation pour la nourriture de deux religieux dans l'abbaye de saint Nicolas d'Angers avant de partir pour la terre sainte[1].

Hardouin Pantin, chevalier, seigneur *de la Hamelinière*, avait déjà accompagné Richard Cœur-de-Lion à la croisade de 1190 ; et plusieurs membres de cette famille illustrèrent plus tard leur nom par leur courage ou les emplois qu'ils remplirent dans l'église, à la cour et à l'armée.

Nous citerons, outre ceux qui précèdent, *Geoffroy*, évêque de Nantes, puis *Raymond, sgr de la Hamelinière, Olivier, sgr de Boisrouault*, gouverneur de Champtoceaux, *Pierre, sgr de Boisrouault, Charles et Hardi*, chevaliers de Saint-Jean et de Malte, *Jean, Hardi et Claude*, chevaliers de l'ordre du Roi, *Sébastien Philippe*, marquis de la Hamelinière ; *Claude, sgr de la Guère*, et le chevalier *Michel de la Guère*, qui mérita par une mort glorieuse de se voir appliqué le distique de la Henriade :

De grands fossés pleins d'eau entouraient ce vaste quadrilatère. Deux ponts-levis y donnaient accès ; l'un est remplacé par un pont de pierre ; de l'autre il ne reste que les piles. La première enceinte qui avait aussi des fossés pleins d'eau et un pont-levis se retrouve au milieu de l'avenue. L'une des grosses tours servait de fuie et a conservé sa destination. L'autre servait de chapelle et on y voit un autel orné de colonnes de marbres de différentes couleurs de grand style (époque Louis XIII ou Henri IV). Au sommet du rétable un cartouche de marbre contient une invitation à b'nir le Seigneur dans le goût de l'époque. Dans l'intérieur des ruines on retrouve les restes d'une splendide cheminée en pierre avec tableau sur la hotte et encadrements de guirlandes de fleurs et fruits dorés qui doit dater de *Samuel Pantin, marquis de la Hamelinière*, si ce n'est de *Claude*, chevalier de l'ordre du Roi, marié à Marie *de la Cressonnière*, dame du Vaudelenay de Cossay, et de Mozny, fille de haut et puissant Claude, seigneur de la Cressonnière, chevalier de l'ordre du Roi, et de Marie de Sérigné. La Hamelinière contient 140 hectares de taillis, vignes et prés, autour desquels quatre autres fermes : La Chénebaudière de 24 hectares et la Basse-Coudrière de 28 hectares, toutes deux sur Champtoceaux, la Patrissière de 21 h. sur Drain, et la Bretonnière de 30 hectares sur Saint-Sauveur.

[1] Manuscrit de la bibliothèque nationale *Fonds d'Hozier* écrit de sa main

« *Vos noms toujours fameux vivront dans la mémoire,
Car qui meurt pour son Roi meurt toujours avec gloire.* »

La terre de la *Guère* était entrée dans la famille en 1120 environ par le mariage de Marie des Salles[1], dame dudit lieu et de la Guère en Mésanger, près Ancenis; et *Jean III* forma vers 1520 une branche de ce nom. C'est dans ce château de famille que vivait en 1789 *Bernardin-Marie*, l'auteur de la relation que nous avons publiée, avec son frère aîné, le marquis de la Guère, sa nièce la comtesse de Landemont et ses trois sœurs non mariées.

C'est là aussi qu'avait vécu son père *Philippe-Auguste Pantin, marquis de la Guère*, qui était né à Rennes le 29 juin 1711 et avait épousé : 1° le 4 octobre 1735, Françoise *de la Grée, dame de Briacé*, qui mourut le 17 mars 1740, âgée de 23 ans et, 2°, le 31 décembre 1742, Angélique *Boussineau, dame du Roualle*, fille de messire André Boussineau, seigneur de la Patissière[2]. Du premier mariage était issue *Marie-Anne, demoiselle de Briacé*, née le 30 septembre 1737, mariée le 25 janvier 1755 à *Louis-Alexandre Pantin de Landemont*, son cousin au septième degré, d'où un fils *Louis-Philippe-Alexandre, baron de Landemont*, colonel de cavalerie, premier baron de la province du Maine, chevalier des ordres de

---

[1] M. E. Maillard dans son histoire d'Ancenis, à la page 94, dit que la famille des seigneurs de la Ramée possédait la Guère avant *Sébastien-Philippe Pantin*. Il n'y a pas eu de *Sébastien-Philippe*, seigneur de la Guère mais bien *de la Hamelinière* (branche aînée de la même famille; les seigneurs de la Ramée ont été en 1600 seigneurs de la Guère; mais en 1120 l'on des Salles en était seigneur avant la famille *Pantin* et c'est de cette famille que la terre de la Guère vint dans la famille *Pantin de la Hamelinière* puis passa successivement dans les branches *de la Guère* et *de Landemont*.

[2] Ce château de la Patissière, fut connu depuis sous le nom de Landemont parce que M. le comte Félix de Landemont le fit reconstruire. Les restes de l'ancien château servent de communs. Il se trouve sur la rive droite de la Loire près la gare de Basse-Indre. Le château domine le fleuve et jouit sur la Basse-Loire d'un des plus beaux panoramas qu'on puisse voir! Il appartient actuellement à Madame la vicomtesse des Nouches, née Marie de Landemont. Le grand vestibule est orné de boiseries très curieuses, style renaissance, qui vient d'une ancienne chapelle du XII° siècle possédée par sa mère Mme Cita de Bourmont dans les environs de Fougères.

Saint-Louis et de Bavière, chevau-léger de la garde sous Louis XVI, présenté au roi en 1774 et mort célibataire.

Du second lit naquirent :

I. — *Philippe-André, marquis de la Guère*, né le 13 février 1743, cornette au régiment royal dragons, le 9 septembre 1761, sous-lieutenant en 1765, capitaine en second le 8 avril 1770, qui prit sa retraite le 25 janvier 1782 ayant épousé le 7 décembre 1774 Hyacinthe-Geneviève Thierry de la Prévalaye, et mourut le 7 mai 1813 à l'âge de 67 ans, ne laissant qu'une seule fille, *Marie-Adélaïde*, mariée en 1799 à son cousin *Louis-François-Jean Pantin, comte de Landemont*, colonel, chevalier de l'ordre de Saint-Louis.

II. — *Bernardin-Marie* dont il sera plus longuement question et qui est l'auteur de nos mémoires.

III. — *Jeanne-Angélique*, née le 10 novembre 1743, morte sans alliance à Nantes en 1817.

IV. — *Julie-Françoise*, née le 1 novembre 1744, morte sans alliance.

V. — *Marie-Renée-Hyacinthe*, née le 8 novembre 1748, morte sans alliance. Elle portait le nom de M⁽ˡ⁾ *Pantin du Roualle*, d'une ferme qui venait de la famille de Boussineau.

VI. — *Marie-Aimée-Adélaïde*, née le 9 mars 1753, mariée avec messire Henri-François Rousseau de l'Orchère et de la Meilleraye, fils de Jacques, marquis de la Meilleraye, et de Rose Simon de Vouvantes. (Le marquis de la Meilleraye est l'auteur d'un volumineux manuscrit qui forme une sorte de livre de raison ou de mémoires anecdotiques très intéressants et qui est conservé au château de la Meilleraye par le propriétaire actuel M. Bureau.) — C'est elle qui pendant la Révolution fit racheter trois fermes de la Trappe et les offrit en pur don aux religieux lors de la restauration de cette abbaye. Aussi les moines la regardaient-ils comme une de leurs fondatrices et la traitaient-ils ainsi lorsqu'elle se présentait à la porte du monastère où le père abbé venait lui offrir l'eau bénite et la servir à table lorsqu'elle consentait à y manger.

Revenons à *Bernardin-Marie*. Voici son acte de baptême.
« Le 5 juin 1747 a été baptisé *Bernardin-Marie*, fils d'écuyer *Augustin Pantin*, chevalier, seigneur *de la Guère*, et de dame Angélique Boussineau. Ont été parrain : honorable garçon Boutin et marraine : honnête fille Anne Salé, lesquels ne savent encore signer'. »

Sous-lieutenant au régiment de Cambresis le 21 mars 1761 passe au régiment de Penthièvre (devenu le 78ᵉ régiment d'infanterie)le 21 septembre 1761,lieutenant de la compagnie colonelle le 4 mai 1771,capitaine en second le 8 août 1779, capitaine commandant le 8 juin 1787, il épousa à Orléans,le 16 août 1790. Thérèse *Alix de Broucille*,fut nommé chevalier de Saint-Louis le 13 février 1791, et prit sa retraite le 15 septembre de la même année. Un an après, sa femme lui donnait une fille, *Louise-Olympe-Delphine Pantin de la Guère*,née le 2 décembre 1792 au château de la Guère. C'est probablement ce qui explique pourquoi il n'émigra point ; mais en revanche il eut à subir toutes sortes de vexations et de misères.

Bientôt la campagne ne fut plus tenable et il fallut se retirer à Ancenis ; mais voici qu'en juin 1793, l'armée vendéenne marchant sur Nantes. Ancenis fut menacé. Quoique les fortifications eussent été relevées depuis trois mois, on dut renoncer, après deux délibérations du conseil de guerre, à une résistance impossible. L'ordre de se retirer sur Nantes, en emportant toutes les munitions, fut donné, avec le consentement de Savariau, commissaire du département, et d'après le conseil du général Canclaux qui commandait l'armée des côtes de Brest, par le représentant Coustard, lui-même, accouru à Ancenis pour empêcher les troupes d'imiter l'exemple de celles d'Angers et d'abandonner la ville. Après l'évacuation par la force armée et les corps admi-

' On ne saurait trop admirer cet ancien usage breton qui faisait que l'on donnait aux fils des plus grands seigneurs pour parrain et marraine des enfants de la plus pauvre condition. Boutin et Salé ont porté bonheur à Bernardin-Marie, car M. de la Guère était d'une très grande piété. Il édifiait tous ceux qui l'ont connu.

nistratifs, qui eut lieu le 16 juin, à deux heures du matin, les habitants se rassemblèrent dans l'église Saint-Pierre pour aviser aux mesures nécessaires de prudence, et pour nommer un comité provisoire qui s'installa dans la maison commune. Ce comité, organisé sous le patronage de l'armée royaliste, était composé de MM. Bodinier, de Fleuriot, Leclerc, Lagrange, Huchet, Durozier, Cheguillaume, Cheguillaume, aîné, Brossaud, aîné, Luneau, Papin, Bertrand et Pantin de la Guère.

Le registre de ses délibérations, visé le 8 juillet par les représentants du peuple Merlin et Gillet et conservé aux archives départementales, commence le 16 juin 1793 et finit le 6 juillet suivant. Le comité tint onze séances.

Mais l'attaque de Nantes ne réussit pas. Cathelineau blessé à mort, transporté en voiture à Ancenis, puis en bateau à Saint-Florent, y mourut quelques jours après. Le général Canclaux revint le 7 juillet à Ancenis. La garde nationale rentra dans ses foyers le 11 avec l'administration du district qui reprit désormais, seule, ses séances ordinaires ; et les membres du comité provisoire, y compris Pantin de la Guère, furent expédiés au tribunal révolutionnaire de Nantes qui les acquitta le 25 juillet.

Cet acquittement n'empêchait pas le comte de la Guère de rester suspect, et le 11 septembre, à la suite de plusieurs combats livrés dans les environs d'Ancenis, le conseil de district s'assembla sous la présidence du représentant du peuple Méaulle et décida l'arrestation d'une douzaine de personnes parmi lesquelles il fut compris pour être conduit dans les prisons de Nantes. C'est de là qu'il fut choisi pour faire partie de la colonne nantaise. On a lu le récit de ses tortures. En passant à Ancenis, il put embrasser sa femme et il lui recommanda d'aller se réinstaller au château de la Guère, malgré les périls qu'elle pouvait y courir, afin d'empêcher par sa présence la confiscation de cette terre et la conserver à ses cousins de Landemont, les aînés de la maison. Elle y vit, cachée derrière un bahut, massacrer son jardinier pendant une visite domiciliaire ; puis le 20 mars 1791, le directoire du département ordonna, vu l'absence du propriétaire en titre, le sequestre du château et la vente du mobilier. Mme de la Guère dut se réfugier à Paris, où elle suivit les phases du procès de son mari. Après l'acquittement, le sequestre mis sur le château de la Guère fut levé, et ils purent l'habiter de nouveau, alternant leur séjour avec celui de la ville de Nantes où le comte de la Guère, qui avait pris le titre de marquis après la mort de son frère aîné, mourut le 25 novembre 1827. Sa femme ne lui survécut que de quelques mois. Leur petit-fils, le marquis *de la Guère*, qui habite le château de Deffens, dans le Cher, est le possesseur de l'intéressant manuscrit que nous avons publié, et nous devons les détails qui précèdent à son père, le comte Alphonse de la Guère, auteur de cette publication. — R[x].

100. — Antoine PECCOT

Fils d'*Antoine Peccot*, entrepreneur de travaux publics et d'*Anne Crucy*, qui portait un nom célèbre dans les fastes de l'architecture nantaise, *Antoine II* naquit à Nantes le 30 décembre 1769, et achevait ses études de droit à Rennes lorsque éclatèrent dans cette ville les troubles de 1788 et 1789. Il y prit grande part, et revenu à Nantes en 1790 il s'affilia à la Société populaire et devint l'un des principaux coryphées de la Révolution dans son pays natal. Rédacteur de la *Chronique de la Loire-Inférieure*, il se donna pour principale tâche de tonner en toute occasion contre les prêtres et contre les nobles ; et publia des pamphlets tels que les *Aristocrates dans la lune*, des pièces de théâtre telles que le *Tartufe du jour* ou le *Prêtre réfractaire*, dans lesquels la noblesse et le clergé orthodoxe étaient couverts de ridicule. Il composait pour les fêtes civiques des couplets contre les préjugés sacerdotaux, et c'est lui qui est l'auteur de la pièce de vers, chantée le 4 novembre 1792, qui se termina ainsi :

... Nous ne craindrons plus aucun traître,
Aucun ennemi de la loi,
Quand le boyau du dernier prêtre
Aura pendu le dernier roi.

Aussi, en récompense de son zèle anticlérical, fut-il élu à cette époque administrateur du département de la Loire-Inférieure. C'est en cette qualité qu'il signa l'arrêté fédéraliste du 5 juillet 1793 et rédigea, le 22 juillet, l'*Adresse du département à la Convention Nationale* contre les agissements de la Montagne qui ne le lui pardonna point. En dépit des gages sérieux qu'il avait donnés à la Révolution, il fut incarcéré aux Saintes-Claires le 21 brumaire an II (11 novembre 1793) et joint à la colonne des 132 Nantais. On a de lui une brochure pendant sa détention à Paris. Elle est intitulée : *Antoine Peccot, fils, Nantais, détenu à Paris, au comité de Sûreté Générale (Paris*, Belin, 17 floréal an II, in-4°, 54 p.). Il y vante ses virulentes attaques contre les prêtres et contre les nobles, et s'étonne qu'un si pur révolutionnaire ait pu être poursuivi. C'est aussi l'un des signataires de la brochure que nous avons déjà citée à propos de Dorvo, sous le titre : *Observations sur le prétendu fédéralisme du département de la Loire-Inférieure*. On a lu son interrogatoire et sa modeste défense : « Je n'ai cessé d'être l'ami de la liberté : si j'ai paru pendant quelques moments la contrarier, l'erreur seule en fut la cause... » C'est encore un des signataires de la *Relation Villenave*. Acquitté, il devint en 1795 substitut de l'agent national, puis administrateur du district, enfin professeur à l'École Centrale de la Loire-Inférieure et commissaire du gouvernement près la Monnaie de Nantes, poste qu'il occupa jusqu'en 1814. Membre de la

Société académique de la Loire-Inférieure dès sa fondation, il avait continué jusqu'au Consulat à être l'orateur attitré des fêtes civiques, et il publia en 1802 un livre licencieux intitulé : *Les puériles aventures de Nicolas Riart*, qui fait fort peu d'honneur à son sens moral. Il faut en dire autant d'un volume de poésies, publié après sa mort par son fils, en 1832, sous le titre: *Chapitres en vers*. Cela est digne de la *Pucelle* et de la *Guerre des Dieux*. Il mourut à Nantes le 22 juillet 1814. — G[te].

101. — Joseph-Michel PELLERIN

Né à Nantes le 27 septembre 1751, *Pellerin* fit ses études classiques au collège de l'Oratoire et fut reçu avocat à Rennes en 1772. Ayant donné sur lui une longue étude dans mes *Recherches sur les députés de la Bretagne aux Etats généraux de 1789*, je me contenterai de dire ici qu'il occupait une bonne place au barreau de Nantes, lorsque, ayant publié en 1788 divers mémoires sur les réformes à introduire dans l'administration de la justice en France et sur la constitution des Etats de Bretagne, il fut choisi par les électeurs de la sénéchaussée de Guérande, pour rédacteur de leur cahier des charges et doléances, puis pour leur député. Après avoir voté à Versailles avec la majorité pour la constitution en Assemblée nationale, il se sépara d'elle dès qu'il vit que les réformes dépassaient le but que ses mandataires avaient assigné et qu'elles entamaient le domaine religieux. A la déclaration des *droits* de l'homme, il essaya sans succès d'opposer une déclaration des *devoirs*. Il vota pour que l'Église conservât ses propriétés, pour que la religion catholique fût déclarée religion de l'Etat, et ne voulut prendre aucune part aux délibérations sur la constitution civile du clergé, comme n'étant pas de la compétence d'une assemblée laïque. Enfin, malade et inquiet de

la marche des événements, il donna sa démission le 4 septembre 1790 et revint à Nantes pour se consacrer à la défense de ceux que la Révolution allait opprimer. Son acte le plus éclatant sous ce rapport fut son courageux mémoire pour les religieuses des Couëts arrachées de leur couvent par des mégères et soumises à un traitement odieux : mais, accusé d'avoir outragé dans ce mémoire la garde nationale dont un détachement avait laissé accomplir cette violence, il fut incarcéré au château de Nantes le 22 juin 1791, et, lorsqu'il fut autorisé peu après à en sortir, la populace l'obligea par ses cris de mort à y rentrer : ce ne fut qu'après plus d'un mois qu'il put être libre sans danger. Aussi depuis cette époque, toutes les fois qu'il y avait un mouvement populaire, le premier citoyen arrêté était Pellerin. Je le retrouve au Château, du 13 mars au 13 juillet 1791, puis encore le 13 septembre. Arrêté une dernière fois le 30 brumaire (20 novembre), il fut incarcéré cette fois à l'Esperonnière et joint à la colonne des Nantais pour être traduit au tribunal révolutionnaire, sous l'inculpation d'avoir « par fanatisme lâchement abandonné son poste à l'Assemblée constituante lors de la loi sur le clergé, et d'avoir eu des liaisons avec les brigands ». On a lu, à la suite de l'interrogatoire, sa belle et noble défense :

« ... Je l'avoue, j'ai été membre de la première Assemblée nationale, et je ne puis que m'honorer d'y avoir figuré, parce qu'au su des accusateurs eux-mêmes, j'ai rempli le vœu de mes commettants, celui de la nation entière, avec l'exactitude d'un représentant qui ne connaît que son devoir et sa conscience; avec les hommes courageux de cette assemblée, j'ai concouru à faire restituer au peuple l'exercice de ses droits...

« Je n'ai jamais été faible dans les assemblées politiques, ni dans le sein de l'Assemblée constituante; je l'ai prouvé plusieurs fois au risque de me compromettre; j'ai toujours énoncé mon opinion avec courage. jamais je n'ai évité l'occasion de me prononcer, lorsque mon devoir m'en faisait une loi; je ne suis ni fanatique, ni follement exalté, ni faux patriote; m'accuser de lâcheté, de fanatisme, c'est me calomnier... »

Cette déclaration est confirmée par l'extrait qui va suivre d'un opuscule publié par Pellerin peu avant sa mort et intitulé le *Prisonnier philosophe*. On y trouvera en même temps des renseignements intéressants sur son beau-frère *Gautier*.

« Ceux qui me liront seront tentés de croire que je me suis rendu bien coupable, puisque j'ai été plusieurs fois incarcéré dans les Prisons. Voici ma justification :

« J'ai rempli pendant les 17 premiers mois de la session de la première Assemblée nationale, dont j'étais membre, mes fonctions de député avec l'exactitude d'un représentant qui avait promis de ne suivre que son devoir dans l'expression du vœu de ses concitoyens, et de sa conscience, dans les autres circonstances de sa mission. Je me suis vu, à mon retour, exposé à bien des reproches ; mais on ne les a jamais portés jusqu'à attaquer mon honneur. Peu après, ont commencé les vexations auxquelles j'ai été en but. — Une communauté de femmes fut outragée et arrachée de son cloître dans une émeute suscitée par des agitateurs. — J'étais depuis plusieurs années le conseil de cette maison. — J'aurais été un lâche si je l'avais abandonnée dans la situation où elle se trouvait et qui excita bientôt l'indignation de tous les honnêtes gens. Je rédigeai pour elle une pétition, bien fondée sans doute puisqu'elle a produit depuis son effet. Mais je devins odieux à bien des gens et la privation de ma liberté suivit de près la réclamation de la communauté dont j'avais entrepris la défense. — Je fus enlevé de nuit et conduit au Château. Huit jours après je fus élargi par l'administration. Mais je ne pus profiter de la liberté qu'elle me rendait. Je me vis exposé à être assassiné par des hommes égarés, et obligé de me réincarcérer moi-même pour leur épargner un crime. Je fus élargi une deuxième fois par le conseil militaire et cette fois je pus sortir de ma prison. Mais un libelliste, qui ne m'a peut-être jamais vu, qui certainement ne me connaît point, parla de moi dans ses feuilles, comme un ennemi du peuple qu'il indisposa autant qu'il put contre moi. Il ne savait pas que j'appartenais à ce peuple par ma naissance; que j'ai défendu, en 1778, ses droits, les miens, et depuis ceux de mes parties, contre les préjugés de l'orgueil et le despotisme des anciens corps, que j'ai plaidé; en 1789, la cause du peuple au tribunal de l'opinion publique dans la grande affaire de la représentation respective des ordres d'alors aux anciens États de mon pays; que j'avais enfin, dans l'exercice de ma profession, des relations habituelles avec le peuple qui me rendait, au besoin, la justice que je l'ai toujours servi avec zèle.

« Je fus donc qualifié d'*ennemi du peuple* par ce libelliste calomniateur et je me vis encore exposé à être inquiété. Je me tins caché pendant quelque temps, c'est-à-dire, que je ne fis que changer de prison. Je reparus enfin, pour reprendre l'exercice de ma profession. L'insurrection de la Vendée se manifesta quelques mois après et quoique je n'eussse aucune part à cet événement, on m'enveloppa dans l'arrestation de tous les citoyens qu'on soupçonna y être intéressés. Je fus de nouveau conduit au Château et de là transféré, avec beaucoup d'autres détenus, dans l'obscur réduit qu'habitaient autrefois les *filles de Sainte-Claire*, et de là encore transféré, après quatre mois de séjour, dans cette triste maison, à bord d'un navire. Il y avait près de cinq mois que l'on me promenait ainsi de de prison en prison, lorsque des commissaires, nommés par le Département pour faire la visite des maisons d'arrêts et vérifier s'il y avait lieu ou non à continuité de détention et à dénonciation à l'accusateur public, rapportèrent n'avoir trouvé aucune charge contre moi et quelques autres, et qu'ils s'étaient assurés que nous n'étions dénoncés, ni les uns ni les autres, à l'accusateur public. L'administration arrêta en conséquence que nous serions élargis. Je rentrai chez moi encore une fois et il y avait à peine quatre mois que j'y étais, et je n'étais presque pas sorti de ma maison dans cet intervalle de temps, que je fus arrêté pour la troisième fois, sans ordre prescrit, mais par la seule autorité d'hommes qui se disaient pourvus de pouvoirs suffisants pour arrêter tous les citoyens qu'ils jugeaient suspects. Cependant il venait d'être authentiquement reconnu que je ne l'étais pas et il semblait que l'on ne pouvait attenter à ma liberté qu'en vertu d'un *mandat d'arrêt*, émané du comité de surveillance, après une délibération par lui prise dans les formes prescrites par la loi du 17 septembre 1793. Mais il y avait des gens à Nantes qui se faisaient une habitude de violer les lois et un jeu de l'oppression de leurs concitoyens. Une multitude fut ainsi jetée arbitrairement dans les prisons. Si encore tous en avaient été quittes pour être privés quelque temps de leur liberté !......

« Le sort m'a désigné ensuite comme 131 autres détenus, pour être transféré à Paris. Je dis le *sort* ; car le même arbitraire a commandé ce transfèrement et nommé ceux que l'on y soumit. La loi du 17 septembre ordonnait bien au comité de surveillance d'envoyer au comité de sureté générale de la Convention *état des personnes* qu'il avait fait arrêter, *avec les motifs de leur arrestation* ; le comité de Nantes fit le contraire, il envoya les personnes mêmes à Paris et n'adressa ni au comité de sureté générale, ni à l'accusateur public près le tribunal extraordinaire, aucun motif de sa conduite à notre égard.

« L'histoire de cette translation ne présente que des horreurs que je veux oublier ; Mais elle me rappellera toujours de grands chagrins J'ai perdu un beau-frère, qui était mon ami (*M. Gautier, architecte*) et qui, enveloppé dans la proscription des 132, a péri sur la paille dans la plus affreuse et la plus infecte des prisons, celle d'Angers. Une épouse chérie, un père respectable, des sœurs qu'il aimait n'avaient été arrêtés avec lui. Il s'en voyait séparé, avec la crainte, trop fondée de ne les revoir jamais. C'en était trop pour accabler un homme sensible. Sa religion, sa vertu, son courage n'ont put le soutenir contre tant d'assauts, il y a succombé.

« J'avais perdu précédemment ma mère, et une mère qui m'était bien chère, que la seule nouvelle de mon incarcération première avait frappée d'un coup qui, quelques mois après, la précipita au tombeau.

« Après huit mois de séjour dans plusieurs prisons de Paris où j'ai vu périr un très grand nombre de mes 131 camarades, par suite des mauvais traitements que nous avons éprouvés en route, et du chagrin dont nous avons été tous plus au moins vivement affectés et après avoir vu beaucoup d'autres de la même société et moi aussi rappelés des portes de la mort, j'ai enfin été élargi, avec ceux qui ont survécu, par jugement du Tribunal Révolutionnaire qui n'a pas plus trouvé contre moi, que contre la presque totalité de mes camarades, je ne dirai pas des délits à punir, mais de simples fautes à reprendre.

« Dieu veuille que rendu pour la troisième fois à une épouse trop longtemps désolée et à quatre enfants qui ont quelque besoin de moi, je jouisse enfin dans ma propre maison de la tranquillité et de la sureté. Je n'ai jamais troublé et je ne troublerai jamais ni celle de mes concitoyens, ni celle de notre patrie commune; mon amour pour elle, quoique moins démonstratif, moins extérieur et moins sensible que celui de beaucoup d'autres, n'en est pas moins vrai, et il me portera toujours à la servir. Je crois le faire en lui offrant un essai qui lui conservera des citoyens précieux.......... »

Il mourut d'épuisement à Nantes, après l'acquittement, le 29 novembre 1794, laissant deux fils dont l'un, magistrat, donna sa démission en 1830, et dont l'autre, professeur à l'École de médecine de Nantes, est mort en 1852.

Pellerin a laissé de curieux manuscrits, particulièrement un « Journal de la Tenue des États-généraux, écrit jour par jour », des notes très complètes sur le procès des 136 Nantais, prises à l'audience même, et véritable sténographie des débats. Nous y relevons une particularité assez caractéristique. Quelques-unes de ces notes sont écrites sur le verso de billets qu'on faisait passer aux prisonniers. Sur l'un d'eux, je lis ces mots : « Votre liberté approche, courageux Nantais, encore quelques jours, peut-être quelques heures, et vous serez libres... ; toutes les âmes sensibles vous plaindront, s'il en existe encore ». Sur un autre : « Salut et fraternité. Delahaye, peintre, rue du Four-Honoré, n° 40, aux citoyens Pellerin, Hervé et autres coaccusés de leur connaissance dont ils suivent l'affaire avec le plus grand intérêt. » Ces témoignages de sympathie prouvent combien était éveillée l'attention du public sur un procès qui devait avoir de si graves conséquences.

Le portrait de Pellerin ne figure dans aucune des collections de portraits gravés à l'époque de la Révolution, mais son arrière-petit-fils, M. Le Meignen, avocat à Nantes, notre collaborateur, possède une jolie peinture qui nous a conservé sa physionomie très fine et très distinguée. M. Charles Pellerin de la Vergne, maire de Boussay et ancien conseiller général du canton de Clisson, est petit-fils de Pellerin. — R¹.

102. — François-Marie PÉRICHOU de KERVERSAUX

Appartenant à une ancienne famille de la Roche-Derrien, qui portait : *de gueules à six billettes d'argent*, mais qui fut déboutée de ses prétentions à la noblesse lors de la réformation de 1668, faute d'avoir fourni des preuves suffisantes, et qui cependant fut appelée à l'arrière-ban de Cornouaille en 1694 et figura dans les rangs de la noblesse à la protestation de 1788, *Kerversaux* naquit à Plouguiel (Côtes-du-Nord) le 13 juin 1757. Il avait donc trente ans à l'époque des premiers troubles de la Révolution. Son acte d'accusation près le tribunal révolutionnaire le dit « ex-noble et ex-constituant à Paris ». Je ne sais où cette dernière qualification a été prise, car je n'ai retrouvé son nom sur aucune des listes des députés de Paris à la Constituante ni dans le *Dictionnaire des Parlementaires français*. Ce qu'on peut affirmer, c'est qu'il observa de très près les mouvements réformistes, qu'il prit part à la lutte de « l'indépendance contre le despotisme », et qu'il est l'auteur au moins des six premiers volumes de l'*Histoire de la Révolution* par *deux amis de la liberté*, dont trois volumes parurent en 1790, deux en 1791, le sixième en 1793, et les autres, composés par différents auteurs, s'échelonnèrent jusqu'en 1802. Tous les mouvements de la Bretagne y sont décrits avec beaucoup de détails et une grande précision, et l'émeute de Lisiec, près Vannes, en février 1791, réprimée par les dragons nationaux de Lorient, est rapportée dans le sixième volume, avec un luxe de circonstances, de noms et d'éloges pour le major Beysser, qui ne peut être attribué qu'à un membre de la troupe. Or *Kercersaux* s'était engagé en avril 1791 dans le corps des dragons nationaux de Lorient : il avait donc pu recueillir des notes toutes fraîches sur ce qui venait de se passer, et, comme Beysser le prit presque aussitôt pour secrétaire, on s'explique facilement les louanges dithyrambiques qu'il lui décerne. Le corps des dragons de Lorient étant devenu le 15ᵉ régiment de chasseurs à cheval, en conservant Beysser pour colonel, *Kercersaux* vint à Nantes avec son régiment, y fut nommé lieutenant en avril 1793, et devint l'aide de camp de Beysser quand celui-ci fut promu général. Ce fut lui qui rédigea les proclamations fédéralistes de l'infortuné vainqueur de Mâchecoul, et lorsque Beysser eut payé de sa tête sa résistance à la Montagne, son aide de camp fut arrêté comme son complice et son *corrupteur*, et fut incarcéré à Nantes le 20 brumaire, an II, puis joint à la colonne des Nantais.

Après l'acquittement, il rentra à son corps, et fut nommé,

le 3 prairial, an III, aide de camp de Canclaux. Chef d'escadron en l'an IV, il fut bientôt promu adjudant général aux Iles-sous-le-Vent, puis, en l'an V, général de brigade à Saint-Domingue, où il resta plusieurs années, et où il contribua, sous les ordres de Leclerc, à la conquête de la partie espagnole de l'Ile en l'an X. Préfet colonial de la Guadeloupe en l'an XII, il y rétablit l'ordre et l'industrie, mais fut forcé de capituler entre les mains des Anglais en 1810. Prisonnier de guerre en 1811, il fut nommé commandant de place à Besançon et chevalier de Saint-Louis. Il mourut à Paris le 22 février 1825, membre du grand conseil de l'hôtel des Invalides. — 0[1].

103. — Pierre-Augustin PERROTIN

Né à Noirmoutiers en 1768, et frère d'un signataire de la requête du Tiers-Etat de Nantes en 1788, *Perrotin* n'avait que vingt-deux ans au moment des premiers troubles révolutionnaires. Au lieu de se lancer dans les orages des clubs, il préféra, tant qu'ils ne furent pas obligatoires, rester tranquillement chez son père. De là à l'inertie criminelle il n'y avait qu'un pas, et il fut incarcéré sous ce prétexte à la maison de l'Esperonnière le 17 brumaire an II (17 novembre 1793). Le mois suivant, son père faisait à la patrie un don de 19,456 livres, mais cela ne réussit pas à sauver le fils qui partit pour Paris avec la lugubre colonne. Chaux, entendu comme témoin, l'accusa devant le Tribunal d'être muscadin, d'avoir signé des pétitions à Capet, et tenu des propos contre-révolutionnaires dans la Société populaire, de ne s'être pas montré à la journée de Saint-Pierre lors de l'attaque de Nantes par les Vendéens, etc.; mais il ajouta, sans doute sous l'influence du souvenir des dons paternels, que l'intention du comité, en l'arrêtant, n'avait été que de l'éloigner de Nantes et non pas de le traduire devant le tribunal révolutionnaire... Après l'acquittement Perrotin revint à Nantes, où je le perds de vue. — R⁷⁷.

104 et 105. — Julien et Jean-Marie PICHELIN père et fils.

Les deux *Pichelin* descendaient de *Jean* qui était notaire de la baronnie d'Ancenis aux Touches en 1654, et mourut en 1706. Ce *Jean* eut pour fils *Luc Pichelin du Frétay*, reçu licencié en droit à la Faculté de Poitiers en 1675, qui fut sénéchal de la baronnie de la Musse, et le père de *Céleste Pichelin de la Chapelle*, né à Nantes en 1709, reçu licencié en droit à Nantes en 1725, avocat dans cette ville. Né à Nantes en 1739, *Julien Pichelin du Cléray*, notre Nantais, était fils de ce dernier ; il fut reçu licencié en droit à l'Université de Rennes en 1764, puis nommé juge garde à la Monnaie de Nantes. *Jean-Marie*, son fils, était né à Nantes en 1769. Tous les deux étaient accusés « d'avoir tenu chez eux des conciliabules et rassemblements de prêtres réfractaires, d'avoir cherché à discréditer les assignats et d'avoir entretenu des intelligences avec les brigands ».

Incarcérés une première fois au Château le 11 mars 1793, puis relâchés, ils furent arrêtés de nouveau le 4 frimaire (24 novembre) et conduits à la maison de l'Esperonnière à la suite d'une dénonciation qui leur prêtait un propos séditieux : ils auraient dit « qu'il faudrait fusiller les membres des clubs assemblés... » Tous les deux firent le voyage complet de Paris et revinrent à Nantes après l'acquittement. *Jean-Marie* ne mourut qu'en 1831, et fut le père de *Pierre-Louis-Antoine*, né le 29 juin 1814, licencié en droit de la Faculté de Paris, avoué à Nantes, père lui-même de *Pierre-Marie-Emile*, né à Nantes en 1847, avocat du barreau de Nantes, de qui je tiens les dates précises qui précèdent, et de *Paul-Marie-Ernest* né en 1849, banquier à Nantes. Il ne reste aucune lettre des deux *Pichelin* pendant leur détention. — R³³ et R⁴.

106. — Sébastien-Augustin PINEAU DU PAVILLON

Outre deux familles qui furent déclarées de noblesse au ressort de Nantes à la réformation de 1666, je rencontre à Nantes au XVIIIe siècle un *Pineau*, lieutenant de la milice bourgeoise en 1749, capitaine de 1762 à 1781, et un autre *Pineau*, marchand, membre du comité permanent en 1789, notable de la municipalité en 1790 et 1791. Ils étaient sans doute de la même famille que notre Nantais, qui, avocat au présidial avant la Révolution, fut élu, en février 1791, officier municipal dans la mairie Kervégan, et le 28 août 1791, accusateur public près le tribunal criminel du département de la Loire-Inférieure. C'est dire qu'il avait embrassé avec ardeur les principes révolutionnaires. Au mois de mars 1793, lorsque des émeutes éclatèrent à la fois sur divers points du département et de la Bretagne, il fut nommé membre du tribunal extraordinaire qu'on institua à Nantes pour juger les rebelles pris les armes à la main. En même temps il était lieutenant de la garde nationale et il se battit avec intrépidité lors de l'attaque de Nantes par les Vendéens en juin 1793; mais cela ne le sauva point des vengeances de la Montagne : il avait longuement péroré, puis voté en juillet pour l'envoi d'une force départementale au secours de la Convention; il fut donc arrêté en novembre, comme l'un de ces « agents du fédéralisme que l'on avait distribués dans les sections pour y égarer et corrompre l'esprit public » et expédié à Paris. C'est l'un des signataires de la *Relation Villenave*. La bibliothèque de Nantes cite deux mémoires écrits personnellement par lui pendant sa détention. Le premier a pour titre : *Sébastien Pineau, dit : Pavillon, sous-lieutenant dans la garde nationale de Nantes à ses concitoyens* (Paris, Belin, s. d. in-4°, 19 p.). Le second : *Encore un mot à Messieurs Chaux et Goullin,* membres et directeurs du comité de surveillance de Nantes (*ibid*, in-8°, 7 p.). Après l'acquittement, je le perds de vue. — G¹⁴.

107. — N. PISANÇON

J'ai fort peu de renseignements sur ce commis négociant qui fut un instant major de la place de Nantes, ce qui semble indiquer une bonne situation dans le parti révolutionnaire. Tout ce que je puis affirmer, c'est qu'il fut incarcéré aux Saintes-Claires le 13 pluviôse, an II, (5 novembre 1793) comme très suspect, et comme ne possédant pas de certificat de civisme. Ayant effectué tout le voyage de Paris, il mourut à la maison Picquenot le 13 pluviôse, an II (1ᵉʳ février 1794), avant d'avoir pu comparaître devant le tribunal révolutionnaire. — D¹⁷.

*. — PLANCHY. Voy. ci-dessus CLANCHY

108. — François-André POIRIER

Né à Nantes en 1751, *Poirier* y était négociant et tourneur. Je ne rencontre pas son nom dans le recueil Mellinet parmi ceux qui se firent remarquer à Nantes pendant la période des débuts de la Révolution, et je constate seulement, d'après son écrou aux Saintes-Claires, qu'il fut arrêté le 6 novembre 1793 par la compagnie Marat, comme aristocrate. On l'accusait d'avoir eu des intelligences avec les émigrés. Après l'acquittement, il revint sans doute à ses tours, et ne fit pas plus parler de lui qu'auparavant. Il y a encore des *Poirier* à Nantes, mais je n'ai pas retrouvé s'ils appartiennent à la même famille. — R⁷³.

109. — François DU PONT D'AUBEVOYE DE LA ROUSSIÈRE

Issu d'une famille originaire du Maine qui portait : *d'argent à 2 chevrons de gueules*, avec la devise : *Virtute et labore* ; qui compte un chevalier de Malte en 1551, et un gentilhomme de la chambre du roi en 1614 ; et qui fut déclarée noble d'ancienne extraction au ressort de Nantes par arrêt du parlement de Bretagne en 1781, *François du Pont d'Aubevoye* ou *du Pontaubevoye* avait épousé Louise-Marie *Guillermo de Tréveneuc*, et souscrivit en 1788 à la fête patriotique des trois ordres des citoyens de Nantes. Or Mme de Tréveneuc, sa belle-mère, était fille de *Charette Boisfoucauld*, celui même dont nous avons esquissé ci-dessus la biographie. Tout ce qui tenait au nom ou à la famille de Charette étant de droit suspect à la fin de l'année 1793, M. *de la Roussière*, c'est ainsi qu'on l'appelait généralement, fut arrêté et incarcéré sur une galiotte, sans doute pour être noyé, puis ramené aux Saintes-Claires le 29 octobre 1793, sur la demande de Mme de Tréveneuc, pour qu'il pût donner quelques soins au vieux Boisfoucauld qui était infirme. Tous les deux partirent de Nantes avec la colonne et tous les deux restèrent et moururent à Angers : Boisfoucauld dans les tristes circonstances que nous avons déjà relatées, et La Roussière à l'Hôtel-Dieu, le 17 nivôse, an II (6 janvier 1794), laissant trois enfants qui n'ont pas eu de postérité. — R^{te}.

110. — Arthur-Charles POTHON ou POTON

Né à Paris en 1755. *Poton* devint, je ne sais trop par quelles circonstances, administrateur du département de la Loire-Inférieure en 1792 et vice-président de cette administration dont il partagea les opinions contre la Montagne. Aussi fut-il accusé de fédéralisme en novembre et, sous l'inculpation plus précise d'avoir calomnié le 31 mai, fut-il arrêté et joint au sinistre cortège. Il signa la brochure intitulée *Observations sur le prétendu fédéralisme de la Loire-Inférieure*, que j'ai déjà citée à propos de Dorvo et d'Antoine Peccot. Après l'acquittement, il resta sans doute à Paris, car je ne le retrouve plus dans nos parages. — G[r].

111. — François-Amable POUCHET

Né à Rouen en 1761, *Pouchet* était chapelier à Nantes. On l'accusait d'avoir eu des liaisons criminelles avec les prêtres assermentés et d'avoir servi leur cause. Au nom de la liberté de conscience il fut arrêté ! Cependant c'est un des signataires de la *Relation Villenave* : c'est pourquoi je me demande ce qu'il pouvait y avoir de vrai dans cette accusation. — D[r].

112. — René Claude POYDRAS

Né à Nantes en 1752, et fils de *François Poydras* originaire de Rezé près Nantes, *René-Claude Poydras* était un des notables marchands de draps de cette ville et le frère cadet du célèbre *Julien Poydras* qui fit une fortune considérable à la Louisiane et se trouvait président de la Convention de cette colonie, lors du traité de cession aux États-Unis par la France, moyennant 80 millions, en 1803.

Délégué par sa corporation pour réclamer l'élection du

corps municipal par la généralité des électeurs en mai 1789. *René-Claude* n'occupa point de fonctions politiques pendant la Révolution. Bachelier, entendu comme témoin dans le procès des 132, prétendit qu'il avait été administrateur du département et destitué ; mais cela était faux, car je ne trouve son nom sur aucune liste de fonctionnaires publics : il se contenta du service de la Garde nationale et bien qu'il fût aussi accusé de liaisons intimes avec les aristocrates et de dispositions fréquentes à distribuer des « pamphlets liberticides », il fut blessé à l'attaque de Nantes par les Vendéens. On se rappelle sa déclaration dans le procès.

« Vous ne devrez point ignorer que j'ai été blessé de trois coups de biscayens ; qu'au moment où je perdais tout mon sang j'ai négligé mes propres blessures pour ne m'occuper que des secours à donner à une trentaine de camarades ; souvent mon sac m'a servi d'oreiller ; enfin mandé au Département, je m'y rends, je m'informe des motifs pour lesquels je suis appelé, des reproches que l'on peut avoir à me faire ; on me répond que j'étais un b... trop fin pour me compromettre ; de suite on m'envoie aux Saintes-Claires tout baignant de sang, on me refuse un certificat de chirurgien pour obtenir la permission de me faire traiter de mes blessures dans mon logement... »

C'est le 30 vendémiaire, an II (21 octobre 1793), qu'il fut arrêté. On le joignit à la colonne des Nantais en même temps que son beau-frère l'avocat René-Alexandre Garnier que nous avons cité ci-dessus ; et le comte de la Guère nous a rendus témoins de ses adieux déchirants à son fils au moment du départ. Sa famille est très honorablement représentée à Nantes, où il mourut en 1827. Son frère Julien qui mourut à la Pointe Coupée en Louisiane, le 23 juin 1824, avait fait deux parts de son immense fortune, la moitié pour des établissements de bienfaisance à la Louisiane et la moitié pour ses dix nièces et son neveu *Benjamin* dont les deux fils existent encore aujourd'hui. — R.

113. — Pierre-Joseph PRÉBOIS

Prébois était un constructeur de navires à Nantes. Tout ce que je sais sur lui c'est qu'il avait été élu magistrat consulaire en 1785, qu'en 1788 il souscrivit à la fête patriotique des trois ordres, et signa la requête du Tiers Etat : puis qu'ayant été arrêté comme suspect en 1793, et ayant accompli le voyage de Paris tout entier, il mourut à la maison Belhomme le 27 nivôse, an II (16 janvier 1794). — D".

114. — François PUSSIN

Né à Nantes en 1768 et négociant, *Pussin* était sans doute de la même famille que le procureur du roi à la Monnaie qui fut élu député suppléant de la sénéchaussée de Nantes aux Etats généraux. Elu officier municipal dans la mairie Kervégan en février 1790, il céda la place au procureur du roi à la Monnaie en décembre et son zèle révolutionnaire se refroidit ensuite singulièrement, car il fut arrêté en 1793 comme suspect d'inertie criminelle. Je ne sais ce qu'il devint après l'acquittement. — D".

115. — François-Marie-Joseph RÉMAUD DE LA GOBINIÈRE

Né le 29 septembre 1749 à Venansault, au diocèse de Luçon, *Rémaud* fut d'abord greffier du présidial de Nantes et acheta en 1785 une étude de notaire dans cette ville où il avait épousé en 1777 Claudine-Françoise *Cailleau* qui lui donna quatorze enfants. Accusé d'avoir entretenu des intelligences avec les émigrés, il fut arrêté par la compagnie Marat le 18 brumaire, an II (8 novembre 1793), et incarcéré aux Saintes-Claires avec la qualification d'aristocrate. Il fit le voyage de Paris tout entier, et l'un de ses petits-fils, conducteur principal des ponts et chaussées, aujourd'hui en retraite à Nantes, a bien voulu me communiquer deux des lettres qu'il écrivit de Paris à sa femme, l'une pendant sa détention, l'autre au moment de son acquittement. Les voici : on pourrait croire la première copiée sur celles de Bernède : ce sont les mêmes sentiments exprimés presque dans les mêmes termes.

« A Bercy, près Paris, le 13 messidor, l'an 2º de la République française et à jamais indivisible.

« Chère et douce amie,

« J'ai reçu le 4 courant ton obligeante lettre du 30 prairial, par laquelle tu me marques que ta santé se soutient ainsi que celle de ta mère et de nos chers enfants ; tu peux croire que ces nouvelles m'ont fait plaisir. Le même jour 4, je t'écrivis pour te prier d'inviter le Cⁿ Mailliet à me donner un certificat de service plus circonstancié que celui qu'il m'accorda le 6 germinal ; cette réclamation est fondée sur les principes de justice et de raison : il te l'a donné, tu n'auras pu le faire viser par le Cⁿ Deurbroucq puisqu'il a quitté Nantes. J'attends ta réponse à cet égard aujourd'hui ou demain.

« Chère amie, je me suis persuadé jusqu'à ce moment qu'il n'avait rien été changé dans ta position depuis l'instant où on nous a séparés, et que nos administrations y auront été sensibles comme convaincues que mon arrestation ne pouvait être que le fruit des haines et des calomnies. Tu concevras sans doute que c'est là une question que je te fais fondée sur l'inquiétude que j'ai de te savoir dans l'infortune et dans l'impossibilité de pourvoir par toi-même à tes besoins et à ceux de nos chers enfants.

« Voilà, chère et douce amie, les seuls motifs qui augmentent journellement mes douleurs et l'ennui de ma captivité.

« Nous soupirons sans cesse après la décision de notre

affaire, qui en ce moment se trouve encore dans le même état qu'elle était à l'époque où on m'ôta la liberté, et nous n'existons que dans l'intime confiance que nous avons dans les vues de nos législateurs et les lumières des citoyens qu'ils ont chargés d'examiner nos consciences. Ainsi, chère amie, je t'invite à ne te point faire de peine, à tout espérer et pour cet effet à prendre sur ta raison les motifs nécessaires et de consolation dans l'adversité. Je connais la faiblesse de ton tempérament et la sensibilité qui t'a souvent occasionné des événements fâcheux : mon devoir me prescrit donc de t'exhorter sincèrement à t'armer de patience pour pouvoir résister aux maux que produit la calamité : en le faisant par amitié pour moi et pour nos enfants, tu mériteras de plus en plus mon estime et l'assurance de ma tendresse ; dans ces sentiments, j'aime aussi, chère et douce amie, à te dire avec plaisir que je t'embrasse mille et mille fois de cœur. Veuille, je te prie, embrasser la mère et nos chers enfants pour moi. Au surplus daignez tous agréer les vœux sincères que j'adresse en ce moment à l'Être suprême pour votre conservation.

« Ton affectionné et infortuné époux,

Signé : RENAUD. »

« A Paris, le 28 fructidor, l'an 2 de la République.

« Ma chère et bonne amie,

« La justice nationale vient de faire éclater mon innocence, mes fers sont enfin brisés ! Je suis libre. Maintenant je respire avec tous mes camarades le meilleur air de Paris. Juge, ma chère et douce amie, combien j'ai de plaisir en t'annonçant cette consolante nouvelle. Les débats de notre affaire ont duré six séances, les unes depuis neuf heures du matin jusqu'à trois heures du soir, les autres depuis cette heure jusqu'à dix heures. Jamais la salle d'audience, dans quelque cause que ce soit, n'a été si remplie ; la nôtre a paru intéresser tout le peuple : les Parisiens nous ont accueillis avec tendresse et sensibilité, tous ont versé des larmes de joie ainsi que les juges et jurés ; nous ne pouvions retenir les nôtres. Chacun s'est empressé à nous voir, nous embrasser et à nous porter même en triomphe. C'est aujourd'hui à quatre heures que cette touchante scène a eu lieu. Actuellement il reste aux membres du comité révolutionnaire à figurer à notre place.

« Ma santé est bonne, elle va se raffermir. Il ne me reste plus qu'à remplir le désir sincère que j'ai de vous revoir tous, et je vais faire tout ce qui convient pour me mettre en marche vers ma chère et malheureuse patrie. On nous a dit bien des fois qu'elle était dans une grande désolation ; il faut espérer qu'elle rentrera dans la *voye* du bonheur. La justice nationale est actuellement une mère attentive ; autant elle est sévère envers les coupables, autant elle est douce et bienfaisante envers les justes : son grand but est d'anéantir les ennemis de la chose publique et d'améliorer le sort des hommes probes.

« Fais part de cette heureuse nouvelle à toutes les personnes qui se sont intéressées à ma fâcheuse position.

« Je t'embrasse du meilleur de mon cœur ainsi que la mère et nos chers enfants et suis ton fidèle ami et époux :

Signé : REMAUD. »

Remaud revint, après l'acquittement, reprendre les affaires de son étude : il était en même temps greffier du juge de paix en l'an III. Il mourut à Nantes le 2 janvier 1806, laissant quatre fils : 1° *Pierre-Anne-Joseph,* chirurgien de marine sur les vaisseaux de l'État, qui prit part au combat de Trafalgar (1805) et périt en mer un peu plus tard ; 2° *Auguste,* embarqué à l'âge de 13 ans sur le corsaire « la Prudence », armateur Cossin de Nantes, qui dût périr en mer, car on n'a jamais eu aucunes nouvelles de lui ; 3° *Stanislas-Charles-Frédéric* engagé volontaire à l'âge de 14 ans, qui fit une partie des guerres de l'Empire, fut congédié avec le grade de sous-officier et nommé quelques années après à l'emploi de percepteur des Contributions directes à Questembert (Morbihan) qu'il exerça pendant 12 ans ; il est mort à Nantes le 11 juillet 1860 ; 4° *François*, le père du conducteur des ponts et chaussées, qui fut simultanément et pendant de longues années secrétaire du Parquet de Nantes et greffier de la Justice de paix du 4° canton de cette ville, puis nommé en 1850 juge de paix du canton de Mâchecoul. Il est mort le 30 juin 1879. — L'une de leurs sœurs épousa M. *Fleurenceau de Bellevue*, chef de division à la préfecture de Nantes. — R°.

116. — Jean-Baptiste-François RETAUD DU FRESNE

Né à Nantes en 1741 et fils de noble maître *Jean-Baptiste Retaud du Fresne*, qui avait été conseiller du roi, procureur syndic de la communauté de Nantes de 1733 à 1752, Jean-Baptiste-François fut officier de marine et vivait fort tranquille dans sa ville natale, quand il fut dénoncé pour conserver chez lui « un gilet de chasse parsemé de fleurs de lys ! » Le fait serait à peine croyable s'il n'était consigné sur l'écrou des Saintes-Claires, à la date du 31 octobre 1793. Joint à la colonne des Nantais, il accomplit le voyage de Paris tout entier et comparut devant le tribunal révolutionnaire sous l'inculpation d'inertie criminelle. Après l'acquittement, il rentra à Nantes, devint juge de paix de Vertou, et je ne sais quand il est mort. — R°.

117. — Pierre-Vincent ROGER DE LA MOUCHETIÈRE

Issu d'une famille originaire de Belle-Ile en Mer qui portait « *d'azur à 3 coquilles d'argent* », Pierre-Vincent, fils de *Philippe-Vincent Roger* lieutenant-général de l'amirauté de Nantes et d'Anne-Renée *Laurencin* qui était nièce de Gérard Mellier le célèbre maire de Nantes, fut baptisé dans la paroisse de Sainte-Croix de cette ville, le 1" juin 1737. Lui-même devint lieutenant-général de l'amirauté après son père, et fut nommé maire de Nantes en 1770. On a des jetons à ses armes avec la devise : *Vincit Amor patriæ*. Il souscrivit à la fête patriotique des trois ordres en 1788, mais là s'arrêta son zèle, et comme ses anciennes fonctions le désignaient pour la liste des suspects, il n'y échappa point ; il fut incarcéré avec plusieurs de ses collègues anciens maires, puis désigné pour la colonne. Il put accomplir le voyage de Paris tout entier, mais il mourut de ses fatigues à la Conciergerie le 25 nivôse, an II (14 janvier 1794). Il avait épousé en 1765, dans la chapelle Saint-Gabriel, au Bois de la Touche, Rose-Eulalie *Montaudouin*, dont un fils, *Jean-Aimé Roger de la Mouchetière*, né à Nantes en 1773, marié en 1797 à Ambroisine *Hercé de la Bauche*, adjoint au maire de Nantes en 1813, mort chevalier de la Légion d'honneur le 3 octobre 1828. — R^M.

118. — Mathurin-Pierre ROUSSEAU DES MÉLOTERIES

Je ne pourrais dire si ce Rousseau appartient à la même famille que les *Rousseau de Saint-Aignan* qui sont aussi du pays nantais et qui ont produit des magistrats aux Comptes, un maire de Nantes et deux pairs de France. Ce que je sais, c'est qu'il était capitaine et négociant ; qu'il souscrivit à la fête patriotique des trois ordres en 1788, qu'il publia en 1789 un ouvrage intitulé « *Le Breton cultivateur et commerçant* » et qu'il fut incarcéré aux Saintes-Claires le 18 brumaire, an II (17 novembre 1793, avec la mention à l'écrou : « aristocrate dangereux ». Sur un bruit qu'il avait caché dans sa cave cent mille livres en numéraires, on fit des fouilles dans sa maison sans résultat. Joint à la colonne des Nantais, il fut laissé malade à l'Hôtel-Dieu d'Angers et n'alla pas jusqu'à Paris.

Cependant il est probable qu'il ne mourut pas à Angers, car il est mention de lui dans le registre du district à la date du 19 frimaire, an III Peut-être ignorait-on sa mort. En tout cas, je ne sais ce qu'il est devenu. — R".

*. — DE LA ROUSSIÈRE. Voy. DE PONTAUBEVOYE

*. — DE SAINT-BLANCARD. Voy. ci-dessus CASTRAS

119. — Pierre-Grégoire SARREBOURSE D'AUDEVILLE

Issu d'une famille originaire de l'Orléanais, qui porte « d'azur à la croix ancrée d'or », qui compte parmi ses membres un maire d'Orléans en 1715, plusieurs juges consulaires à Nantes de 1720 à 1760, un sous-maire de Nantes en 1755 et un général des finances en Bretagne en 1785, *Pierre-Grégoire* était négociant, fut élu juge consulaire en 1787, souscrivit à la fête patriotique des trois ordres en 1788, et fut délégué par sa section à la fête de la Fédération à Paris le 14 juillet 1790, puis arrêté comme suspect de *négociantisme* en 1793. Joint à la colonne des Nantais, il put accomplir le voyage de Paris tout entier, mais il mourut à la maison Belhomme le 25 nivôse, an II (14 janvier 1794), avant d'avoir comparu devant tribunal révolutionnaire. Les scellés furent levés chez lui à la demande de son frère le 2 frimaire, an III. De nos jours un Sarrebourse d'Audeville, appartenant à la même famille a publié des poésies dans la *Revue de Bretagne et de Vendée*: un autre s'est rendu tristement célèbre à Nantes par le meurtre de sa femme. — R".

130. — Jean-Henri SAUQUET

Né à Mésuy en 1758, *Sauquet* était, avant la Révolution, procureur du roi à la Monnaie de Nantes, et fut élu procureur de la commune en 1790. Il paraît que son zèle révolutionnaire ne tarda pas à se refroidir, car il ne fut pas réélu en 1791 ; et en 1793 il était accusé d'intelligences avec les émigrés, même d'avoir été leur agent. Il fit le voyage de Paris tout entier et je ne sais ce qu'il devint après l'acquittement. — D°.

131. — Jean SERVELLE

Mes recherches ont été vaines sur ce courtier en marchandises. Tout ce que j'ai pu découvrir c'est qu'il fut incarcéré à la maison de l'Esperonnière le 29 brumaire an II (19 novembre 1793), qu'il fit le voyage de Paris tout entier et qu'il mourut à la maison Picquenot le 13 pluviôse (1ᵉʳ février 1794) avant d'avoir comparu devant le tribunal révolutionnaire. — D°.

132 et 133. — Pierre-Jean-Marie SOTIN de la COINDIÈRE et Jean-Marie SOTIN, son frère cadet.

Fils d'un avocat de Nantes, *Sotin de la Coindière* naquit dans cette ville le 13 avril 1764, fit ses études de droit à Rennes et venait d'être lui-même reçu avocat lorsqu'éclatèrent les troubles réformistes de 1788. Il y prit une grande part, prononça dans la salle des actes du collège de Nantes un violent discours qui faillit être censuré, et fut l'un des organisateurs de la marche des jeunes gens sur Rennes en janvier 1789. Élu membre de la commune de Nantes au mois d'août, puis major du corps des volontaires l'*Union*, il devint en mars 1790 administrateur du district de Nantes et, en octobre 1791, président de l'administration du département de la Loire-Inférieure. Sa principale tâche semblait être de poursuivre les prêtres insermentés et d'accompagner la force armée chargée d'installer les prêtres constitutionnels. Le 2 janvier 1793, il fut chargé d'aller lire à la Convention une adresse rédigée par Peccot pour protester contre ses débats scandaleux, et malgré les murmures de l'assemblée, il accomplit sa mission. En mars, il fut l'un des commissaires envoyés pour reprendre Mâchecoul, et en juin, il concourut énergiquement à la défense de Nantes contre les Vendéens. « Depuis le crépuscule de la Révolution, disait-il plus tard dans sa défense, à sa place, il me semble que j'aurais dit l'aurore, il ne s'est pas fait dans la commune de Nantes un seul acte de patriotisme auquel je n'aie participé, non d'une manière indirecte, non en me laissant entraîner par le courant de l'opinion, mais avec toute la chaleur, tout l'enthousiasme d'une âme profondément éprise de l'amour de la liberté »... sauf pourtant de la liberté de conscience, mais il y avait alors un tel aveuglement qu'on ne s'apercevait point de ces contradictions. Et il ajoute : « Fondateur de la Société populaire de Nantes, j'y ai toujours professé les opinions les plus populaires, les principes les plus démocratiques. »

Arrive le 31 mai. Tous les départements bretons se coalisent pour résister à la Montagne. Solin signa l'arrêté du 5 juillet et fut même l'un des délégués de l'assemblée de résistance réunie à Caen sous le patronage des Girondins en fuite. On a lu sa justification :

« Enfin, le 5 juillet, les trois administrations réunies prennent un arrêté dans le sens des départements coalisés ; je n'avais suivi aucune nouvelle depuis le 10 avril que j'étais parti pour Mâchecoul, je ne connaissais les événements du 31 mai que depuis le 9 juin ; je les avais entendu peindre des couleurs les plus odieuses. Toutes les sections de Nantes avaient pris pendant mes absences des délibérations qui avaient servi de base à cet arrêté. Les meilleurs patriotes de Nantes, ou au moins la très grande majorité, partageaient la manière de voir des administrateurs, les y confirmaient par des applaudissements : je fus égaré comme les autres Je croyais prendre un parti qui devait sauver la République ; j'en pris un qui eût pu la perdre. Cependant, peu de jours après, les esprits s'éclairent ; l'arrêté pris le 5 juillet fut rétracté le 13, et l'acte de rétractation fut envoyé par des députés aux représentants du peuple. Ceux-ci le firent passer à la convention, qui reçut l'acte du 5 et celui du 13 presque en même temps... »

En somme il invoque la surprise de sa bonne foi et déclare que, s'il a été égaré, il n'a pu faire le mal qu'avec de bonnes intentions ; mais il se garde bien de dire qu'il a été à Caen ; et j'imagine que ce fut le principal motif de son arrestation. Il fut incarcéré aux Saintes-Claires le 25 brumaire (15 novembre 1793) et son frère cadet, marin, âgé d'un an de moins que lui, le 29 brumaire, comme chaud partisan du fédéralisme et calomniateur du 31 mai. Tous deux firent le voyage de Paris tout entier, et Sotin aîné publia son apologie pendant sa détention.

Sotin resté à Paris après l'acquittement, et sous l'influence de la réaction thermidorienne, fut nommé commissaire du Directoire près de l'administration départementale de la Seine. En thermidor, an V, il devint ministre de la police et fut chargé en cette qualité d'exécuter les lois de proscription du 18 fructidor : « Bon voyage, aurait-il dit à quelques-uns de ses anciens persécuteurs ; voilà, Messieurs, ce que sont les révolutions ! » On rapporte aussi que dînant un jour en face de Letourneur, membre du Directoire, celui-ci se permit après le champagne de l'interpeller en disant : « Sais-tu bien que de Sot à Sotin il y a peu de distance. — Celle de la table », répliqua le ministre de la police. C'était de la présence d'esprit. Mais la roche Tarpéienne est près du Capitole. Dénoncé au Conseil des Cinq Cents, en janvier 1798, pour avoir fait suspendre à Lyon la confection des costumes des représentants du peuple, sous prétexte qu'ils étaient de casimir anglais, et les députés n'ayant pu assister en costume à la fête de l'anniversaire du supplice de Louis XVI, on démontra qu'il avait agi avec trop de légèreté sur un faux renseignement, et que les casimirs étaient bien français. *Sotin* fut obligé de donner sa démission, et peu après envoyé ambassadeur à Gênes.

Mais il était écrit qu'il gâterait toujours sa situation par des imprudences. On l'avait chargé de fomenter l'insurrection dans le Piémont pour donner prétexte au Directoire de mettre la main sur les états du roi de Sardaigne : il adressa au ministre des Affaires étrangères du gouvernement ligurien deux lettres fort maladroites qui éventèrent la mèche, et il fallut le rappeler. En juillet 1798 on le nomma consul général à New-York : là encore il ne sut pas garder de mesure et on le fit descendre d'un autre degré dans la hiérarchie en le transférant comme simple consul à Savannah. — Il n'était pas au bout de ses peines. A Savannah il eut la mauvaise fortune de prêter la main au mariage de Jérôme Bonaparte avec Mlle Patterson, et il fut définitivement rappelé en 1804.

Il alla enfin échouer comme percepteur des contributions directes dans la commune de la Chevrolière près Nantes, où il mourut le 13 juin 1810, après une carrière fort accidentée.

Je n'ai pas retrouvé ce que devint son frère. — o[14] et o[15].

124. — Paul SPECKMANN

Né à Bonn, en Allemagne, en 1752, *Speckmann* était chirurgien de la marine du commerce à Nantes. Je ne sais s'il s'était fait naturaliser, mais il fut traité comme citoyen français et incarcéré par la compagnie Marat aux Saintes-Claires le 10 brumaire, an II, sous l'inculpation d'inertie criminelle. Je perds sa trace après l'acquittement. — R[11].

125. — Benoit SUE

Né à Cosne en 1734, et chirurgien major du château de Nantes et de l'Hôtel-Dieu, Sue fut accusé de n'avoir pu, à cause de son incivisme, se faire admettre dans le corps des vétérans, et incarcéré, comme le précédent, sous l'inculpation d'inertie criminelle. Appartenait-il à la grande famille des chirurgiens Sue qui ont illustré l'Académie de Paris pendant tout le XVIII° siècle et au-delà, et ont produit le célèbre romancier, je ne puis le dire ; et ne sais ce qu'il devint après l'acquittement. — N°.

126. — Aubin-Léonard TAILLEBOIS

Né à Avranches en 1740, et marchand d'ardoises à Nantes, Taillebois signa l'acte de la souscription patriotique du Tiers Etat en décembre 1788, mais borna là son zèle, car il fut incarcéré aux Saintes-Claires le 27 brumaire, an II (17 novembre 1793), comme prévenu d'avoir eu des relations criminelles avec les fanatiques et les prêtres réfractaires, et d'en avoir même recélé chez lui. Le nom est encore porté dans la région de la Basse-Loire. — N°.

127. — Jean-Baptiste THÉBAUD

Pendant tout le cours du XVIII° siècle, on rencontre un grand nombre de Thébaud à Nantes, un marchand de draps de soie, juge consulaire en 1723, un enseigne de la milice bourgeoise en 1749, un député agrégé aux Etats en 1761, etc. Jean-Baptiste était négociant, un des associés de la grande maison Thébaud Feydeau, et sa fille épousa le célèbre munitionnaire Ouvrard. Il souscrivit à la fête patriotique des trois ordres et signa la grande requête du Tiers Etat en 1788. Son crime fut d'être négociant : on l'accusa d'accaparement égoïste et des adjectifs comme ceux-là suffisaient pour vous faire incarcérer. Il subit tout le voyage de Paris et reprit sans doute son commerce après l'acquittement : les notes de certaines listes disent qu'il fut tué par les chouans. Le recueil Mellinet fait le plus grand éloge d'un de ses parents *Michel Thébaud* qui fut commissaire pour la recherche des grains en 1792 et mourut à Nantes plus qu'octogénaire en 1811. — R[1].

128. — Charles-François THOMAS

Né à Rennes en 1762, *Thomas* était négociant à Nantes, de la maison *Michel La Lande et Thomas*. Il fit partie de l'Association des jeunes gens de Nantes en janvier 1789, fut l'un des délégués de section à la fête de Fédération à Paris le 14 juillet 1790 et rapporta la bannière, comme étant le plus âgé. Mais il fut accusé de s'être constamment montré l'ennemi des clubs et des sociétés populaires et d'avoir été le rédacteur de viles pétitions au tyran Capet : aussi fut-il arrêté le 24 brumaire, an II ; mais je crois plutôt qu'on en voulait à son argent, car dans une apologie qu'il adressait au comité de sûreté générale le 6 germinal, il se disait franc patriote. Il revint à Nantes après l'acquittement et fut élu en 1793 juge suppléant au tribunal de commerce. — D[4].

129. — Sébastien-Louis-Luc TIGER

Né en 1738, *Tiger* était avocat à Nantes et procureur au présidial. Il ne prit point de part aux mouvements des débuts de la Révolution, car je ne rencontre pas son nom dans le recueil de Mellinet. Je ne le connais guère que par l'acte d'accusation qui le déclare défenseur et agent d'émigrés, cousin germain de l'un des chefs de l'armée vendéenne, et qui lui impute à crime ses sentiments royalistes. La Relation du comte de La Guère, nous a appris que, pendant la nuit du voyage de Nantes à Ancenis, il s'égara, qu'une vieille femme lui offrit un asile sûr, mais qu'il refusa, sans doute pour ne pas la compromettre et se fit conduire à Oudon. Pendant sa détention à Paris, sa femme, née Castonnet des Fosses, réclama des secours, attendu que ses débiteurs refusaient de la payer, en exécution d'un arrêté du comité révolutionnaire qui défendait de rien payer aux familles des détenus !... Après l'acquittement, il profita de la réaction thermidorienne pour se faire nommer commissaire national près le tribunal de district, puis je le perds de vue. — R⁴⁴.

130. — Philippe-Robert VALLOT

Né à Nantes, Vallot y était courtier en marchandises, et participa aux mouvements réformistes de 1789. Elu capitaine de la cavalerie volontaire en 1790, notable de la municipalité en 1791, commissaire pour la recherche et le transport des grains destinés aux subsistances en 1792, il fut de ceux qui voulurent résister à la Montagne en juin 1793. Aussi l'acte d'accusation lui impute-t-il d'avoir été l'un « des plus ardents prôneurs du fédéralisme au club de la Halle, le plus enragé détracteur de la Convention, le partisan le plus chaud des Villenave, Peccot et autres chefs fédéralistes ». Comme il était négociant, on y ajouta de plus l'accaparement et l'agiot, et il fut incarcéré à l'Esperonnière le 24 brumaire, an II (14 novembre 1793). Il fit le voyage de Paris tout entier. Après l'acquittement je ne le retrouve plus. — O⁽ᴹ⁾.

131. — François-René-Marie VARSAVAUX DE HENLÉE

Né au château de Blain le 20 mai 1749, *Varsavaux de Henlée* était le fils du célèbre avocat *Varsavaux de Kergestin*, archiviste du château de Blain, qui publia en 1750 le *Traité des Communes*, et dont Levot a longuement décrit les travaux dans la *Biographie bretonne*. Echevin de Nantes et notaire en cette ville, il fit partie, en novembre 1788, de la députation *des douze* à Versailles pour demander une plus équitable proportion du Tiers État en face de la Noblesse et du Clergé, fut agrégé à celle des États de Bretagne en janvier 1789, député en Cour entre les deux sessions, en février, puis élu en avril, député suppléant de la sénéchaussée de Nantes aux États généraux. Il n'eut pas occasion d'y siéger, et continua à propager à Nantes le mouvement constitutionnel, mais en s'arrêtant aux limites de l'Assemblée constituante : aussi fut-il accusé en 1793 d'avoir été l'agent de plusieurs aristocrates et agioteurs, et fut-il arrêté sous l'inculpation d'avoir, comme notaire, passé un acte de vente entre un de ses clients et un prêtre déporté !... Après l'acquittement, il reprit son étude et mourut à Nantes le 15 septembre 1820, laissant un fils qui fut élu député de la Loire-Inférieure en 1830 et 1831. Je ne m'étendrai pas davantage sur sa biographie, lui ayant consacré des notices dans mes *Recherches sur les députés de Bretagne en 1789* et dans *Cent ans de représentation bretonne*. — G[11].

132 et 133. — LOUIS-JOSEPH et PIERRE-MARIE DE VAY, frères

Issus d'une famille originaire de la paroisse et seigneurie de Vay, au comté de Nantes, qui portait « *de gueules au croissant d'hermines, surmonté d'une croisette d'or* », qui fut maintenue de noblesse à la grande réformation de 1668, et qui a produit un procureur général aux comptes en 1477, et des conseillers au Parlement de Bretagne, les deux frères *de Vay* étaient de situation et d'âge fort différents. L'aîné, *Louis-Joseph*, seigneur *de la Fleurisis*, avait été reçu conseiller au Parlement de Rennes en 1770 et était père de sept enfants. Le cadet, *Pierre-Marie*, plus jeune d'une quinzaine d'années, et né à Nantes en 1760, avait été officier. Ils étaient les fils de ce bouillant gentilhomme nantais qui, aux États de 1750, avait terminé une discussion fort orageuse en se jetant sur l'évêque de Saint-Brieuc au moment où il signait l'enregistrement de l'impôt des 2 sous pour livre en sus de la capitation, pendant que le député Dessaux mettait le poing sous le nez du duc de Rohan pour l'empêcher de signer. Tous les deux étaient plus pacifiques. Ils n'émigrèrent point et furent dénoncés au comité révolutionnaire pour leur inertie criminelle. Bachelier déclara plus tard au procès que leur présence était inquiétante pour la ville de Nantes : en sorte que les nobles qui émigraient voyaient leurs biens confisqués, et ceux qui n'émigraient pas étaient jetés en prison avec leurs biens séquestrés. Le cadet fut arrêté le 20 brumaire, an II, et l'aîné le 6 frimaire. Tous les deux se trouvaient à la maison de l'Esperonnière le jour du départ de la colonne nantaise. Un seul d'entre eux, l'ex-conseiller au Parlement, était désigné pour la suivre. Son frère, jeune et célibataire, se dévoua pour lui et répondit à l'appel à sa place ; mais sa belle action fut inutile. Le lendemain, l'erreur ayant été reconnue, on ne rappela pas le cadet, et l'on fit partir l'aîné pour Angers parmi ceux qui allaient remplacer les libérés. Le malheureux père put accomplir le voyage de Paris tout entier, mais il mourut de ses fatigues à la maison Belhomme, le 27 nivôse, an II (16 janvier 1794). Son frère comparut seul devant le tribunal révolutionnaire et je n'ai pas retrouvé ce qu'il devint après l'acquittement. — R" et R".

134. — François-Armand de la VILLE

Issu d'une famille originaire de Thouars, aujourd'hui éteinte, qui portait « *d'argent à la bande de gueules* », et qui parait être une branche cadette de la maison *de la Ville de Férolles, marquis des Dorières*, notre Nantais était le second fils du conseiller au présidial, *Pierre de la Ville de Chambardet* qui fut maire de Nantes en 1772, et le frère du curé de la paroisse de Sainte-Croix. Lieutenant civil et criminel au présidial de

Nantes, il se fit négociant lorsque les présidiaux furent supprimés en 1790 et fut élu notable dans toutes les municipalités depuis 1790 jusqu'en 1793, ce qui prouve qu'il avait adopté les principes de la Révolution, mais non pas jusque dans leurs plus violents excès, bien qu'il eût endossé un grand nombre de délibérations fort avancées, car il fut incarcéré au Château du 17 mars au 10 mai 1793. Ayant été relâché, il fut de nouveau arrêté et conduit aux Saintes-Claires le 21 brumaire, an II (11 novembre) et joint à la colonne des Nantais : mais il resta malade à Orléans le 1ᵉʳ janvier 1794 ; et le comité révolutionnaire de Nantes délibérant sur une requête de lui le 6 germinal, an II, déclarait « qu'il avait été étranger au fédéralisme, qu'il avait donné des soins aux défenseurs de la patrie, mais qu'il avait tenu des propos suspects au bureau de la municipalité ». On l'oublia à Orléans ; il ne comparut pas devant le tribunal révolutionnaire et dut sa liberté à la réaction thermidorienne. On le retrouve en 1805 conseiller municipal de Nantes où il mourut en 1808. Malgré la déclaration du comité révolutionnaire, je dois le classer parmi les fédéralistes. — G[r].

135. — Guillaume-Mathurin-Thérèse VILLENAVE

Né à Saint-Félix de Caraman en Languedoc, le 13 avril 1762, *Villenave* était fils d'un médecin. Une très longue étude et très documentée lui a été consacrée par Evariste Colombel dans l'ancienne *Revue des provinces de l'Ouest* qui paraissait à Nantes en 1851 : je n'entreprendrai donc pas sur lui une notice très détaillée, et je me bornerai à résumer cette étude. Il se destina d'abord à l'état ecclésiastique et porta le petit collet : puis il vint à Paris en 1783, concourut pour le prix de de poésie à l'Académie française et entra comme précepteur chez le duc d'Aumont, où il entra en relation avec les principaux personnages et littérateurs du temps. En 1789, il se jeta dans le mouvement révolutionnaire, quitta le petit collet, se fit journaliste et fonda le *Rodeur français*. En 1792, il vint à Nantes pour se marier avec une anglaise, Miss Tassel, et se trouvant bien dans cette ville, il y resta, hanta les clubs, se fit défenseur officieux devant le tribunal criminel, prononça l'oraison funèbre de Michel Lepelletier, et montra tant de zèle populaire qu'on le nomma en mars 1793 suppléant de l'accusateur public. Il exerca ces fonctions pendant trois mois. En juin, après avoir énergiquement concouru à la défense de Nantes contre l'armée vendéenne, il donna sa démission et devint un des secrétaires de l'Assemblée girondine de résistance réunie à Caen. Après l'écrasement de l'armée girondine, il revint à Nantes où il reprit son rôle de défenseur officieux, mais où il fut bientôt obligé de se défendre lui-même car il était devenu suspect. Arrêté le 9 septembre, comme l'un des chefs du fédéralisme, il fut joint à la colonne des Nantais et resta quelque temps malade à Blois, puis fut transféré à Paris où on l'interna d'abord à la Conciergerie puis à la maison Belhomme. C'est de là qu'il publia son apologie, sous le titre : *Cri du républicain persécuté* (Paris, Galetti, 10 nivôse. an II), dans laquelle, pour sauver sa tête, il se fit terroriste, et exagéra sa conduite révolutionnaire à tel point, qu'il dut plus tard désavouer sa brochure et déclarer qu'il l'avait écrite sous l'influence de la fièvre et de la peur. On a lu sa défense lors du procès et je n'ai pas à y revenir. Après l'acquittement, il resta quelque temps à Paris où il défendit quelques uns des membres du comité révolutionnaire de Nantes, puis il revint à Nantes en l'an III, et y publia, cette même année, un poème satirique intitulé *La Jacobinade*, puis un traité sur *Les Jurés* en l'an IV. Il fonda le *Journal de Nantes et du département de la Loire-Inférieure* en l'an V et le rédigea jusqu'à l'an IX, tout en continuant ses plaidoyers et en étant professeur de belles lettres au Collège des amis réunis. En 1803, il éprouva deux

désagréments. Il fut obligé d'abandonner le barreau, parce que la nouvelle organisation exigeait des diplômes universitaires qu'il ne possédait pas, et il brigua les fonctions de secrétaire général de la préfecture que Huet de Coetlizan obtint à sa place ; cette double déconvenue le décida à quitter Nantes où était née, en 1796, sa fille Mélanie, connue depuis dans les lettres sous le nom de *Mélanie Waldor*, et il vint s'établir à Paris pour ne plus s'occuper désormais que de journalisme et de littérature. Sous l'Empire il dirigea le *Journal des Curés* ou *Mémorial de l'Église gallicane*, subventionné par le gouvernement pour soutenir les principes du Concordat, traduisit les *Métamorphoses d'Ovide* et résuma la *Vie des Saints*. Sous la première Restauration, il collabora au journal royaliste *La Quotidienne*, mêlant sa voix à ceux qui reniaient 89, ne voyaient dans la Révolution que des crimes et dans l'Empire que son despotisme. Sous la seconde Restauration, il fonda le *Mémorial religieux, politique et littéraire*, puis les *Annales politiques et littéraires* qui devinrent le *Courrier*, organe des doctrinaires. De 1824 à 1831, il fit à l'Athenée un cours d'histoire littéraire de la France, et fut décoré de la Légion d'honneur sous le ministère Salvandy, en février 1839. Secrétaire général de l'Académie celtique, puis de la Société des Antiquaires de France, président de la Société philotechnique et de la deuxième classe de l'Institut historique, membre du comité grec et du comité de la paix, etc , il mourut à Paris le 16 mars 1846, laissant, outre sa fille Mme Waldor, un fils né à Nantes en 1798, qui fit représenter à l'Odéon un drame intitulé : *Walstein* en 1829, et publia en 1847 une *Histoire du Saint-Simonisme*. Villenave, on le voit, était un homme à opinions successives, s'étant donné pour objectif de toujours hurler avec les loups. Pour une fois qu'il s'écarta de son programme, en résistant à la Montagne, il risqua sa tête. Aussi y resta-t-il fidèle ensuite.
— O[n].

136. — N. WATIN

Je n'ai pas retrouvé quels étaient la profession, la date et le lieu de naissance de cet obscur martyr qui mourut à Paris de ses fatigues avant de comparaître devant le tribunal révolutionnaire, mais le motif de son arrestation consigné sur l'écrou de la prison des Saintes-Claires à la date du 4 novembre 1793, est tellement extraordinaire qu'il me donnera le mot de la fin. Nous avons vu un malheureux arrêté par ce qu'on avait trouvé chez lui un livre de blason, un autre parce qu'il possédait un gilet de chasse fleurdelisé ; celui-ci fut arrêté, — devinez pourquoi, je vous le donne en mille ; on ne pourrait pas le croire si ce n'était inscrit sur le registre, — il fut arrêté « en même temps que le domestique du comte de Menou, *auquel il ressemble* » ! — Le comble, c'est qu'on avait deux comtes de Menou puisque le véritable faisait aussi partie de la colonne. De cette façon on était bien sûr de ne pas le manquer. La plume tombe des mains quand on rencontre de pareilles énormités. — R".

APPENDICE

NOTES ADDITIONNELLES
RELATIVES AUX 132 NOTABLES NANTAIS

A. — AUBRY aîné et AUBRY jeune

D'origine assez ancienne, la famille Aubry de la Fosse aujourd'hui éteinte, dont nous avons cité deux membres au début de ce travail, était, dès le XVI° siècle, propriétaire des terres de la Fosse et des Bouroliers, sises paroisse de la Chapelle-Blanche, près Bourgueil (Indre-et-Loire).

D'après le cachet de Guillaume Aubry, prieur de Marmoutiers en 1635 et supérieur en 1610, avec rang d'évêque, des couvents de Bénédictins de la province de Paris, et d'après aussi une ancienne stalle de la vieille église de la Chapelle-Blanche dont la patience a été offerte par le curé de cette paroisse à M°° Lejeune de la Martinais, née Chenantais, comme ayant appartenu à l'un de ses grands oncles qui en était Prieur, les armes de cette famille auraient été primitivement : *d'argent à 3 lamproies de sable accompagnées de 7 étoiles de même, 2 en chef, 4 au centre, 1 en pointe.* Plus tard, d'après l'argenterie et de vieux cachets que possède la famille Chenantais, les Aubry portaient : *de sinople à trois poissons de sable, 2 en chef, 1 en pointe, réunis par un anneau de même.*

Les derniers représentants de la famille Aubry de la Fosse ont été :

1° *René-Jean-Guillaume Aubry*, né à la Chapelle-Blanche près Bourgueil, marié, le 25 juillet 1759 à Nantes, à Catherine Fleury Doré, mort en prison, du typhus, le 5 fructidor, an II, à Paris où il avait été conduit au nombre des 136 Nantais. Malgré tous les dangers et toutes les difficultés que présentait à cette époque troublée un semblable voyage, sa femme n'hésita pas à l'entreprendre pour tâcher de sauver son mari. Elle partit accompagnée de sa jeune nièce Madeleine Fleury Chenantais. Lorsqu'elle arriva dans la capitale, M. Aubry était mort (sans postérité).

2° *Martin-Jean-François Aubry*, religieux bénédictin, cellerier du couvent de Cormery en Touraine, puis de celui de Vertou près Nantes. Emmené également comme suspect, il s'échappa dans le trajet de Nantes à Paris. Après avoir erré dans la campagne, il mourut au bout de peu de temps de fatigues et de privations. Au début du soulèvement de la Vendée, il s'était réfugié chez son frère aîné.

Les deux Aubry avaient une sœur Renée-Amable-Adélaïde-Victoire, mariée à François Chenantais de l'Offérière, receveur des Domaines du roi à Amboise, morte en 1825. — Les portraits des ces différents personnages sont conservés de nos jours à Nantes dans la famille Chenantais.

B. — René-Alexandre GARNIER

Il était fils de Michel Garnier, notaire et procureur du duché de Retz à Bourgneuf et d'une demoiselle Le Tourneur. Procureur au présidial de Nantes avant la Révolution, il exerça les fonctions d'avocat après la suppression des charges et mourut à Nantes le 5 février 1813. Il avait épousé Marguerite-Julienne Poydras, sœur de René-Claude, qui fit aussi partie des 136, et de Julien, qui fut président de la Convention de la Louisiane, en sorte que ses quatre filles eurent part aux libéralités de Julien, en 1821; mais deux d'entre elles seulement ont laissé postérité, madame *Deffez*, dont les *Solon* et les *d'Anglade* du midi, et madame *Mourain*, mariée à Beauvoir.

C. — René-Joachim GAUTIER

Il avait épousé le 20 janvier 1782 Marguerite-Jeanne Pellerin, sœur du député aux États généraux qui parle de lui dans l'extrait de ses souvenirs, que nous avons cité. — Son petit-fils Henri Gautier habite Nantes.

D. — François-Hilarion LE POT

Il appartenait à une ancienne famille d'Artois, qui portait pour armoiries : « *d'azur au chevron d'or accompagné en tête de deux étoiles d'argent, et en pointe d'un pot de même* », et qui remonte à *André*, député, en 1380, aux États généraux par les provinces d'Artois et de Picardie, pour défendre les privilèges de leurs communes. Deux de ses descendants s'établirent en Bretagne au commencement du XVIIIe siècle, *Pantaléon Le Pot*, inspecteur des Fermes du roi au département de Redon, et *Jean-François*, son frère cadet, baptisé à Arras le 20 septembre 1708, qui épousa en 1738, au Croisic, Jeanne *Hervagault de la Héaule* et mourut en 1745. Né à Nantes en 1741, *François-Hilarion* était fils de ce dernier. Il épousa en 1768 Marie-Françoise *Pottier de la Richerie*, dirigea une maison de commerce dans l'Ile Feydeau à Nantes, et fut échevin de cette ville en 1782. Compris au nombre des 132, il mourut à la prison d'Angers, pendant qu'un de ses fils *Prudent*, né à Nantes en 1769, rejoignant l'armée royaliste, était fusillé à l'abbaye de Pontron en Poitou. Un autre de ses fils, *Alexan-*

dre épouse, en 1812 Antoinette *Barbier*, fille d'un premier mariage de Gaspard *Barbier*, le député de Nantes sous la Restauration, que sa sœur *Marie*, avait épousé en secondes noces en 1796. Il fut administrateur des hospices de Nantes, directeur de la Monnaie de 1816 à 1828, maire de Saint-Urbain de 1816 à 1821, et mourut à Nantes vers 1852. La fille de *Marie Lepot* et de Gaspard Barbier, *Sidonie*, née à Nantes en 1800, épousa en 1821 Julien *Pépin de Bellisle*, dont *Henriette*, dame *de la Tour du Pin-Chambly*, décédée à Nantes en 1853.

CONCLUSION

La conclusion de cette longue étude se déduit d'elle-même en quelques mots.

La statistique impitoyable nous fait relever, dans les notices qui précèdent, 23 républicains plus ou moins fédéralistes, 89 royalistes, réactionnaires avérés, et 24 personnages d'opinion douteuse.

Donc, même en mettant tous les douteux à l'actif des républicains, il demeure acquis, contre l'assertion de Campardon, qu'il ne faut pas appeler les 136 Nantais un groupe de républicains fédéralistes auxquels on avait ajouté quelques royalistes ou contre-révolutionnaires, mais un groupe de royalistes et de réactionnaires avérés auxquels on avait ajouté quelques républicains.

La cause est maintenant jugée.

TABLE DES MATIÈRES

Introduction.. 1

PREMIÈRE PARTIE

Relation du voyage des 136 Nantais de Nantes à Paris, par Angers et Orléans, par le Cte Bernardin-Marie de la Guère. 15

DEUXIÈME PARTIE.

Le Procès. 63

TROISIÈME PARTIE.

Les Victimes.. 157
  1. Abraham 160
  2. Jean-Baptiste Allonneau.. 160
  3. Thimothée Arnous 161
  4. Aubry, aîné... 162
  5. Martin Aubry, jeune 162
  6. Pierre Ballais. 163
  7. René-Julien Ballan.. 164
  8. Marie-Pierre-Charles Bascher... 165
  9. Jean Béconnais. 166
  10. Jean-François Béranger, dit Mercier.. 166
  11. Charles-Joseph Bernède... 167
  12. René-Jean-Marie Biclet... 176
  13. Florentin Billard.... 177
  14. Philippe de Biré... 178
    * N... Blanchard... 179
  15. Jacques Bodin des Plantes... 179

Les noms en retrait et précédés d'un astérisque sont les noms estropiés de certaines listes.

16. Bonvalet. 180
17. Borgnier ou Borgniet... 181
18. *René-Alexandre* Bourotte.. 181
19. *François* Briand du Marais... 182
20. *Joseph* Brière.. 183
21. *Joseph* Bruneau de la Souchais.. 184
22. *Guillaume* Cassart... 185
*23 et 24. Castelan père et fils.. 185
25. *Toussaint* de Charbonneau 186
26. *Pierre-Dominique* Chardot. 187
27. *Gabriel-Louis* Charette de Boisfoucaud... 188
  * Pierre Charlemont... 189
28. *Louis* Chaurand du Chaffaud.. 189
29. *Joseph-Marie-Hyacinthe* Chauvet. 190
30. *François* Chère. 190
31. *Philippe* Cherrière... 191
32. N. Chevalier... 191
33. *Jean* Chanchy (aliàs Planchy). 192
34. Cocaud de la Villeauduc... 193
  * Clerc Mabille... 193
35. *Pierre* Colas de Malmusse. 193
36. Cotel 197
37. N. de Coutances... 197
38. *Charles-Antoine* Crespin... 198
39. *Alain* Crignon 199
40. *Jean-Pierre* Défroudal.... 199
41. *André* Delaunay.... 200
  * Armand-François Delaville.. 200
42. *Thomas* Desbouchauds.... 200
  * Descostières. 202
  * Les frères Devay. 202
43. *Jean-Marie* Dorvo.. 202
44 et 45. Dreux, père et fils. 210
46. *Pierre* Dubern. 210
47. *Dominique* Dubra... 212

TABLE DES MATIÈRES

48. Jean-Baptiste Duchesne...	212
* Dufou..	212
49. Jean-François Du Parc...	212
* Duradier .	213
50. François-Louis Durocher..	213
51. Antoine-Anne Espivent de la Villeboisnet...	213
52. René de l'Estourbeillon ..	214
53. Charles-Augustin Fauvel .	218
54. Alexandre de Fleuriot d'Omblepied...	219
55. Florenceau-Descostières..	220
56. François-Marie Forget...	220
57. François-Marie-Bonaventure du Fou..	221
58. Guillaume Fouray ou Fouré de Salembeni...	222
59. Pierre-Nicolas Fournier...	223
60. René-Alexandre Garnier .	225
61. Joseph-Armand Garreau...	226
62. René-Joachim Gautier...	227
63 et 64. Les deux Gazet du Chatellier et de la Noé	227
65. René Geslin...	228
66. Théodore Geslin...	229
67. Pierre-Charles Hamon de la Thébaudière ..	230
68. Augustin Hernaud...	230
69. François Hervé...	231
70 et 71. Joseph et Nicolas Huguet.	231
72. Jacques Issautier...	232
73. Pierre-Louis Jalliant de Chantelot...	232
74 Henri James...	233
* François-Marie Kerverseau.	233
75. Pierre-François Lamé-Fleury...	233
76. Jean Landais du Pé...	233
77. Pierre Laporte.	234
78. Henri-Nicolas Latoison...	234
79. Pierre-Alexandre-Martial Latour...	235
* Laville ...	235
80 Pulchérie Lecomte...	235

81. *Jean-Baptiste* Le Masne de Chermont. ... 236
82. *François-Hilarion* Lepot.. ... 236
83. *Julien* Leroux.. ... 236
84. *Michel-Jean* Luette de la Pilorgerie. 237
85. *Jean-Clair* Mabille des Granges. ... 238
   * Malmusse.. ... 238
86. *Bonaventure* Marguerin de Longtier.. ... 238
87. *Pierre-Jean* Marie 239
88. *René* de Martel. ... 239
89. *Jacques* Martin dit Duradier... ... 240
90. *Pierre-Julien* Maublanc... ... 241
91 et 92. *Louis-Joseph et Louis-Victor* de Menou. ... 241
93. *Pierre* Mercier ... 242
   * Mercier... ... 243
   * Montblanc.. ... 243
   * Mergerin... ... 243
94. *Denis* Mongin. ... 243
95 et 96. *Joseph et Salomon* de Monti... ... 243
97. *Jean-Louis-Adhémar* de Montréal... ... 243
98. *Jean-Baptiste-Bernard* Onfroy de Breville... ... 245
99. *Bernardin-Marie* Pantin de la Guère.. ... 245
100. *Antoine* Peccot ... 252
101. *Joseph-Michel* Pe... ... 254
102. *François-Marie* Périchou de Kerversaux... ... 260
103. *Pierre-Augustin* Perrotin.. ... 262
104 et 105. *Julien et Jean-Marie* Pichelin père et fils... ... 263
106. *Sébastien-Augustin* Pineau du Pavillon... ... 264
107. N. Pisançon... ... 265
   * Planchy... ... 265
108. *François-André* Poirier... ... 265
109. *François* du Pont d'Auberoye de la Roussière... ... 266
110. *Arthur-Charles* Pothon ou Poton... ... 267
111. *François-Amable* Pouchet. ... 267
112. *René-Claude* Poydras. ... 267
113. *Pierre-Joseph* Prébois.... ... 269

114. *François* Pussin.... 269
115. *François-Marie-Joseph* Remaud de la Gobinière... ... 269
116. *Jean-Baptiste-François* Retaud du Fresne... 273
117. *Pierre-Vincent* Roger de la Mouchetière... 273
118. *Mathurin-Pierre* Rousseau des Méloteries... 274
  * de la Roussière... 275
  * de Saint-Blancart. 275
119. *Pierre-Grégoire* Sarrebourse d'Audeville... 275
120. *Jean-Henri* Sauquet. 276
121. *Jean* Servelle.. ... ... 276.
122 et 123. *Pierre-Jean-Marie* Sotin de la Coindière et *Jean-Marie* Sotin, son frère cadet... 276
124. *Paul* Speckmann... 279
125. *Benoît* Sue.... 280
126. *Aubin-Léonard* Taillebois. 280
127. *Jean-Baptiste* Thébaud.. 280
128. *Charles-François* Thomas. 281
129. *Sébastien-Louis-Luc* Tiger. 281
130. *Philippe-Robert* Vallot.... 282
131. *François-René-Marie* Varsavaux de Henlée.. 282
132 et 133 *Louis-Joseph* et *Pierre-Marie* de Vay, frères.. 283
134 *François-Armand* de la Ville 284
135 *Guillaume-Mathurin-Thérèse* Villenave. 285
136 V. Watin. 288

APPENDICE :

Notes additionnelles relatives aux 132 notables Nantais. 289
A. — Aubry aîné et Aubry jeune 289
B. — *René-Alexandre* Garnier.. 290
C. — *René-Joachim* Gautier.... 291
D. — *François-Hilarion* Le Pot. 291
CONCLUSION... 292

Vannes. — Imprimerie Lafolye.

www.ingramcontent.com/pod-product-compliance
Lightning Source LLC
Chambersburg PA
CBHW071300160426
43196CB00009B/1369